本著作获中国博士后科学基金资助

组织、市场与国家

近代天津钱业公会与经济秩序建构

孙睿 著

中国社会科学出版社

图书在版编目（CIP）数据

组织、市场与国家：近代天津钱业公会与经济秩序建构/孙睿著．—北京：
中国社会科学出版社，2017.10
ISBN 978 - 7 - 5203 - 0395 - 8

Ⅰ.①组…　Ⅱ.①孙…　Ⅲ.①钱庄—经济史—天津—近代
Ⅳ.①F832.95

中国版本图书馆 CIP 数据核字（2017）第 089772 号

出 版 人	赵剑英
责任编辑	吴丽平
责任校对	张依婧
责任印制	李寡寡

出　　　版	中国社会科学出版社
社　　　址	北京鼓楼西大街甲 158 号
邮　　　编	100720
网　　　址	http://www.csspw.cn
发 行 部	010 - 84083685
门 市 部	010 - 84029450
经　　　销	新华书店及其他书店

印　　　刷	北京君升印刷有限公司
装　　　订	廊坊市广阳区广增装订厂
版　　　次	2017 年 10 月第 1 版
印　　　次	2017 年 10 月第 1 次印刷

开　　　本	710×1000　1/16
印　　　张	14.5
插　　　页	2
字　　　数	235 千字
定　　　价	62.00 元

序　一

孙睿博士的《组织、市场与国家：近代天津钱业公会与经济秩序建构》新著即将出版，值得祝贺！她的著作出版问世，一方面为近代中国金融史研究的园地中增添了一本很有特色的金融史专著；另一方面，可以肯定，因为她在专著中所持有的视野、分析的角度和提出的问题，能够推动金融史、行业史和社会史诸领域的研究工作者，进一步思考已有的研究成果并获得深入研究的契机。

为更好了解孙睿博士这本专著的特色，可以先来看看该书的篇章结构。

该书共分九章。第一章概述了明清时期商业的兴起与社会变迁；明清市场秩序研究的视角回顾，包括习惯法视角、组织视角和社会学视角；以及明清市场秩序与行业组织的分析。并以湖南行规为分析对象，论述了自己对明清行业组织秩序逻辑的看法。

第二章到第八章是该书的中心和重点部分。从第二章开始的四章中，分别论述了天津钱业公会的历史沿革、政府建制与钱业公会的关系、钱业公会与清末民初的货币秩序（以公估局为对象重点分析）、钱业公会与天津金融市场（以汇票、铜元、交易市场的构建和与银行业间的关系为重点），第六章以天津钱业清算习惯为中心，重点分析"川换"与"拨码"的形成、特色与矛盾，以及公库建立并取代川换和拨码的过程。第七章以钱业公会和商事纠纷为主线，分别分析钱业公会在商事调节和商事法律方面的地位和作用。第八章则集中探讨了天津钱业公会的组织结构，分别从钱业公会的入会要求、组织管理以及财务管理等方面分析钱业公会的内部状况，并进行了评论。

第九章进一步对钱业公会的各方面特点进行了提炼和总结。最后尾论的部分提出了一个中心同时也是值得思考的问题："市场是一种社会生活"。

用孙睿博士自己的话来说，是想通过自己的研究，回答这样两个问题："其一，从明清到近代的传统行业组织，其实承担着重要的实践性秩序维持的作用，这种作用在近代政府构建自身经济管理职能之际，有什么新的变化？其二，传统中的行业自治与政府管理之间又形成了什么关系？"

通过对天津钱业公会为中心的传统行业公会的研究，孙睿博士得出的结论主要点有如下几方面：

1. 在社会经济生活中，国家自上而下的建构是框架性的，主要是对社会经济生活划定一定的边界。

在具体的经济生活中，特别是历史上长期形成的商事习惯中民间已经建立的规则和体系，其中具有的对社会（包含市场）权威性的认可，国家难以改变。

在政府职能转变的空档时期所产生的矛盾与压力，恰好是行业组织发展的新出口。在近代中国，关于市场秩序事务中，政府需要钱业公会配合维持货币稳定、上报经济信息、承担灾后维持、参与司法实践等等。公会通过回应这些新的要求，得以发展壮大自己。与明清时期相比，公会既回应了社会也回应了政府。

政府的建构意愿中，出于对经济秩序的稳定和社会的发展，往往需要给予商人更大的空间：承袭明清传统相对自由发展的行业组织，到晚清民国逐步由国家制度化时，实际已经具备了比较成熟的发展体系。政府的制度化并没有影响行业组织的实质运行逻辑和市场权威。政府能够利用这种社会管理结构，也能够引导它，但却很难重塑。这样的历史过程，实际展示了一种传统社会结构面向现代的可能途径。

2. 政府—商会—钱业公会形成了一个多权威中心的市场治理模式。

钱业公会、商会、政府的边界，三者都不能无限地扩展。三者在各自权威所控的领域中，相互协调合作。存在各自的边界，加强了这种多权威中心市场治理的稳定性。

政府最大的意义在于维持市场的开放性以及紧急状态中的决断权。

通过自己的研究，孙睿博士指出，工商业秩序不能简单地依托习惯与某种乡土式的道德信任，遵守规则在工商业逐利中是一种成本，必须要有切实可信的市场权威来保证，行业组织便是此种权威的代表。政府对行业组织有要求，相对于行业组织是上位的，具有重要的影响，行业组织也需要呼应政府才能生存，但是行业组织的市场权威不仅仅来自政府，所以不具有政治权威保证。正是因为行业组织不具有某种固定的政治权威，它才没有超越市场和行业的地位，反而需要尊重市场与行业。

3. 经济公共性的承担——民国时期，主体在社会。

孙睿博士认为，明清社会的发展造成的巨大张力是农业社会的秩序传统如何面对生机蓬勃的商业社会。在这里，与其说是政府将商业留给了民间，不如说是政府自身与社会发展（例如商业流动性增强）产生了不同步性，而这种不同步性才产生出商业组织的空间。传统政治治理理念并没有赋予政府管理基层社会的主动性，政府对自身也保有某种克制。此种理念赋予了政府面对民间社会的宽容和消极。不愿过多干扰，也不愿过多参与，这构成了明清行业组织生发的空间。

而这种空间形成了一种实践性的市场权威。市场权威明显的与政治权威有所分离。市场权威的构建是一种经济实践的积累——在钱业公会中表现为政府对公会基层治理能力的依赖，例如实践性的司法解释等，都表现出这种权威结构的分离。

而行业理性一定是由行业组织而非个体来承担，因为单个个体逐利的动机总是强于遵守秩序的克制。在此研究中，钱业公会所表现的理性分为内外两个层面。

内在层面表现在理性节制与信用扩展的谨慎。外在的规范典型表现在秩序层面。公会对市场秩序的维持首先在提供制度上。从钱业恢复之际的汇票行市到后期的金融交易市场，公会提供一个相对制度化的交易平台。其次，在晚清货币问题上，钱业对公估局设立的坚持，是平息市面混乱的重要因素。

因为有组织的存在，能够公平公正地将短期内某种程度个体层面的节制与牺牲，变成行业共同遵守的准则，不至于使个体因为遵守规则而造成某种经营的成本和利益的让渡，变成商业的不利因素。

在此过程中，重要的是，公会的效力需要面向市场。它需要实现市面交易对秩序的需求，更需要对信用稳定进行保证，公会保持了谨慎保守的组织结构和行事作风，而政府不会赋予钱业公会市场以外的其他权力，包括经济性垄断，这样才能保证市场环境的相对纯粹。

显然，孙睿博士的研究与我们一般习见的经济史或金融史的研究有很大的不同，孙睿博士的研究重点，不在于对天津钱业公会来龙去脉的梳理和史实的分析，贯穿整个研究中的重点，是经济学或社会学的分析方式，重点在于思辨，视角和问题意识比较强，把对钱业公会组织的变迁放在一个横向的时代特征和纵向的行业历史发展中去分析。该书集中探讨的是公会组织与社会秩序以及围绕此问题的相关的秩序建立和地位作用。

我想，孙睿博士这项研究的价值，不仅仅在于她是首部对天津钱业公会研究的专著，填补了在此领域中的此前研究空白。更重要的是这部著作中提出的与习见的研究方法的不同，其中特别是对一些前人研究方式或观点的反思，能够给读者启发或思考：例如仅仅将同业公会作为政府与社会的"中间组织"进行研究的视角，是不是足够？或者说行业组织是因为什么因素而成为一种社会经济治理的中间组织？又或者说"习惯的"和"中间的"这两种视角，都忽视了明清乃至近代中国社会逻辑——政府和社会在本质上不具有对抗性。"民间"、"中间性"的组织，本质上与政府有指向上的共同性。行业组织的存在主要面向社会和政府的等等。由此，也更能凸显作者在尾论中提出的问题："市场是一种社会生活。"但是，也正如日本的市场与美国的市场并不完全一样，我们在走向社会主义市场经济的过程中，明清以来的市场发展和行业组织在其中所起的作用和进行的制约，在今天看来哪些是具有共同性的东西，哪些是中国社会长期形成并适合中国国情的东西，哪些具有正向的积极的因素，哪些在今天看来是需要进一步认识和克服的负面因素，需要我们进行研究和清理。孙睿博士的研究，在这些方面无疑已经具有积极和先行的意义。

当然，正如金无足赤一样，孙睿博士的研究，也存在一些可以商榷或可以进一步探讨的地方，例如上篇与后面的衔接显得较为突兀，尤其该专著是探讨天津钱业公会的专题研究，可是在所举探讨明清行业组织的秩序逻辑时，所举的分析对象是湖南的行业行规，为何不采用天津明清以来的行业组织为例呢？是因为难以找到明清天津行业组织的资料才造成这种状况的吗？但无论如何，这里的处理使人有生硬之感。再如作者探讨的是天津的钱业公会，注意的是明清以来中国商业习惯在近代的演变和延伸，这没有问题，可是近代天津的另一金融行业公会——天津银行公会的情况是不是也存在作者所说的这些情况呢？尽管天津银行公会成立于 20 世纪初，且是一种新型金融机构的行业组织，可是作者在研究天津钱业公会时得出的这些结论与天津银行公会相比，是不是也能成立呢？其中是不是有相同和相异的地方？如果有，又表现在什么地方？作者如能在著作中做一些比较和交代，效果和说服力必能更加全面则是可以肯定的。

总之，说到这里，笔者都感觉自己有些求全责备了，但从笔者角度来看，以孙睿博士的积累和能力看，是可以做到这一点的。当然，也许在不久的将来，孙睿博士的另一新著就将回答这些问题，这也将是笔者的期待。最后，笔者想再一次向孙睿博士的努力和做出的成绩表示祝贺和敬意。

是为序。

复旦大学历史系 朱荫贵

2017 年 4 月 5 日

序　二

  孙睿博士的著作的《组织、市场与国家：近代天津钱业公会与经济秩序建构》是在其博士学位论文《市场秩序与行业组织：近代天津钱业同业公会研究》基础上完成的。出版在即，我有幸先睹鸿篇，甚为欣喜。

  市场是经济史研究的重要主题之一。学界的市场史研究大致为三类：一是对市场形式的研究，即市场的空间结构、市场格局的研究；二是对市场内容的研究，即对商品交换、供求关系、价格体系等状况的研究。作为商品交换的领域，市场隐含着错综复杂的经济关系；三是对市场制度的研究。市场本身也有效率问题，交通状况、市场组织、交易方式、流通渠道、有关市场运作的制度（包括正式制度——法律、政策以及非正式制度——习惯、习俗等），都会影响市场的效率，其中市场制度对市场效率的作用尤应得到重视。该书的选题便是市场制度。

  天津是近代中国北方的第一大口岸城市，也是北方贸易的结算中心，金融业比较发达。但迄今很少对天津金融行业组织的系统研究。该书以近代钱业公会为研究对象，着重探讨行业组织与市场秩序之间的关系，具有较高的学术价值，同时，对完善今天的市场治理体系，也有一定的借鉴意义。作为首部系统研究天津钱业公会的成果，该书有一定的开拓性，作者对公会的组织演进、市场治理体系中政府与社会组织的关系、社会转型中商法与商事习惯的相互适应与矛盾冲突等问题提出了独特见解。

  在博士论文写作期间，作者仔细查阅前人研究成果，认真学习与论文相关的理论方法与专业知识。继而，在收集、整理档案、报刊、时人回忆等资料的基础上，将钱业公会置于近代社会变迁的视域内，综合运用历史学、经济学、社会学、法学等学科的理论方法，重点从钱业公会的产生、钱业公会开办公估与金融交易市场、钱业公会对行业习惯的维护与改进等方面，考察钱业公会在构建近代金融市场秩序中的作用，阐释钱业公会与政府在维持市场秩序中的职能与边界，透视近代社会转型中国家与行业组织的复杂关系。

与两年前的博士论文相比，现在书中的开篇和结尾部分变化显著。开篇增加了对明清时期传统商业秩序的梳理和观察，这也是作者一直关注的研究领域。这样的安排能够使读者在进入核心论述部分之前，对同业公会与市场秩序的历史流变有所了解，突出传统性、历史性因素的延续。结论部分相比之前更具综合性，作者试图将市场的构建——即真实历史环境中的市场秩序进行还原，立足中国经验，寻觅观察市场秩序、行业组织与国家关系的新视角，这一视角包含对传统国家与社会整体意义的理解、对简单地套用"中间组织"研究框架的反思以及对中西历史实践差异的解释。作者认为中国传统秩序同样具有走向现代的可能性，主张对传统习惯地考察和探索，既不能轻易以法律来比附，更不能简单用西方秩序的逻辑框架去解构。

当然，尽管作者对行业组织与市场秩序之间的关系做了较深入的研究，但受本书研究对象与选题的局限，如何重新认识与诠释传统社会以及近代以来市场制度的变迁仍有大量工作要做。以书中所提的近代市场治理框架来看，本书对政府与商会在维持市场秩序中的行为作用论述尚不够充分。若进一步深化对构建天津金融市场秩序的认识，还须加强对近代天津金融业的两个行业组织——银行公会与钱业公会相互关系，以及它们与商会、政府相互关系的研究。

期望作者再接再厉，日后向社会奉献更加丰富的研究成果。

是为序。

中国社会科学院经济研究所 刘兰兮

2017 年 4 月 15 日

目　录

引论：行业组织
　　——理解近代经济社会 ………………………………………（1）
第一章　明清时期行业组织与经济秩序概论 ……………………（9）
　　第一节　明清商业发展简论 …………………………………（9）
　　第二节　明清市场秩序研究视角回顾 ………………………（13）
　　第三节　明清市场秩序与行业组织 …………………………（16）
　　第四节　一个整体性描述：晚清湖南行规研究 ……………（26）
　　第五节　晚清湖南行规的秩序结构分析 ……………………（35）
第二章　近代社会变迁与行业组织 ………………………………（45）
　　第一节　近代的社会、政府与行业组织 ……………………（45）
　　第二节　近代行业组织研究梳理 ……………………………（46）
　　第三节　近代天津钱业公会：一个代表性研究 ……………（50）
第三章　天津钱业公会的历史沿革 ………………………………（58）
　　第一节　钱业公会历史简述 …………………………………（58）
　　第二节　政府建制与钱业公会 ………………………………（61）
第四章　钱业公会与清末民初的货币秩序 ………………………（66）
　　第一节　设立公估局的背景 …………………………………（67）
　　第二节　设立公估局的经过 …………………………………（77）
　　第三节　公估事务的结束 ……………………………………（84）
　　第四节　小结与评论 …………………………………………（85）
第五章　钱业公会与金融市场 ……………………………………（89）
　　第一节　钱业公会与金融交易市场 …………………………（89）
　　第二节　钱业公会与货币市场秩序 …………………………（99）

第三节 行业之间——钱业与银行业 ·················· （109）
第四节 小结与评论 ······························· （113）

第六章 近代天津钱业清算习惯的研究 ················ （116）
第一节 川换与拨码 ······························· （117）
第二节 作为习惯的"川换债权的优先偿付" ·········· （122）
第三节 川换拨码的矛盾及解决 ···················· （130）
第四节 小结与评论 ······························· （135）

第七章 钱业公会与商事纠纷 ························ （138）
第一节 钱业公会与商事纠纷 ······················ （139）
第二节 钱业公会与司法调查 ······················ （145）
第三节 一种困境：钱业公会与司法解释 ············ （151）
第四节 小结与评论 ······························· （158）

第八章 钱业公会组织结构探析 ······················ （160）
第一节 钱业公会入会要求 ························ （160）
第二节 钱业公会组织管理 ························ （174）
第三节 钱业公会的财务管理 ······················ （182）
第四节 小结与评论 ······························· （187）

第九章 再论政府、社会与行业组织 ·················· （190）
明清商业社会与经济秩序 ·························· （191）
近代转向与行业组织 ······························ （192）
构建行业整体：天津钱业公会组织的变迁 ·········· （195）
继承与边界：钱业公会的组织逻辑 ················ （196）
钱业公会与市场建构 ······························ （197）
开放性：行业组织约束与市场 ···················· （199）
秩序的实现：钱业公会与政府 ···················· （200）
近代行业组织：观点、方法与展望 ················ （202）

尾论：市场是一种社会生活 ·························· （207）

参考文献 ··· （210）

致谢 ··· （220）

引论：行业组织
——理解近代经济社会

无论现实还是历史，市场是社会科学研究的重要主题。在真实的历史环境中，市场既不是完全的，也不是一劳永逸的存在，市场的维持与发展需要解释。在每一个具体社会环境中，市场既不是教科书里抽象逻辑的自然延伸，也不是纯粹的经济规律的实现。市场是嵌入在不同社会文化背景中的经济交往方式。明清以及近代时期，中国基层社会中市场的维系依赖于行业组织。因此，重新理解行业组织对中国市场乃至当今经济社会的构建是一种新的观照。

经济制度理论的批判与反思

古典经济学理论中的"完美市场"，是研究现实的思想逻辑而非现实本身。制度经济学的解释成为理解市场与秩序的理论原点，自然成为经济理论分析市场制度的基础。诺斯在《西方世界的兴起》① 中认为，中世纪后期在西欧国家间的竞争中，正是那些发展出有效率的所有权安排的国家——如荷兰与英国，在近代走在了世界前列。这些制度安排，有利于市场的扩大，交易的便利及信息传递等，使得个人的努力能够得到对应的回报（个人收益接近社会收益）。因此，是西方重视"所有权"意义制度构建了市场，进而推动了技术革命和日后的工业革命。

---

① 参见［美］道格拉斯·诺斯、罗伯斯·托马斯《西方世界的兴起》，厉以平、蔡磊译，华夏出版社1999年版。

诺斯的研究使学界和社会开始意识到制度的影响，制度也成为解释近代中西方发展路径差异的重要视角。制度指向了西方发展的动力，确立了西方从"不成熟"走向"成熟"的历史。但是，"增长是制度激励的结果"是一种单向度的思考逻辑，预设了一种现代理性的观察标准。权利的诞生不是进步导致的——虽然从结果来看是进步的——而是在某种条件下的适应。人不是因为某种目的理性才去构建市场，人们利用市场实现自己的愿望，同时市场在实践中也赋予人们在经济交往中更丰富的东西——包括理念和习惯。市场制度作为一种历史实践，其内涵应是丰富的。市场实现效率，也实现其他东西，而恰恰是一些效率以外的东西才能反过来重塑市场。因此，此时的诺斯没有明确的一个重要问题是：什么决定了制度的选择？这也成为日后他在研究中回答的核心问题。

在《经济史中的结构与变迁》① 中，诺斯认为确立能够提供个人最大激励的产权制度是重要的，而国家在其中起着关键作用，但是产权与国家理论背后，存在着一个社会特定的意识形态。它体现了对具体制度公平和道德性的判断和理解，减少制度执行与监督成本。到《理解经济变迁过程》② 时，诺斯没有更多强调意识形态，而认为经济参与者的认知、交往、感受与决策是更关键的。这些活动的背景，则是在历史性行为经验中发生发展的——例如文化的意义。

诺斯认为制度的路径发展是使得交易费用降低以及鼓励个人收益不被侵害；而解释各个国家制度选择的时候，却不得不回归到意识形态和文化层面。这种矛盾性暗含一个问题：**微观个体的经济行为追求自身利益最大化，所以促进个人收益最大化的制度安排是"好"的，但是在不同历史情境和社会环境中所形成的制度集合，却不尽相同，也不由个人利益决定。是什么原因造成了行动与结果的偏差？**诺斯也意识到制度选择中，经济理性并不是目的，也不是动机，人们构建、选择制度的标准并不一样。或许经济增长与制度效率，都是一个社会在一定时期的某

---

① 参见［美］道格拉斯·诺斯《经济史中的结构与变迁》，陈郁、罗华平译，上海三联书店1994年版。

② 参见［美］道格拉斯·诺斯《理解经济变迁过程》，钟正生等译，中国人民大学出版社2008年版。

种结果，是社会选择了一种模式，这种模式带来了制度效率和经济增长。但是这种模式最终为什么被选择，个体理性与"好"的制度之间又是什么关系，诺斯似乎并没有明确。

市场机制可以理性地被理解，市场规律可以严格地存在，但市场的构建与维持，则是每一个地域和文化都需要面对的问题。现代市场机制中的开放与自由竞争，是建立在保证"私人权益"的个人主义价值基础之上。无论古今中外，私人权益都是重要的，但是实现"私人权益"在历史上存在很多可能性，不仅是一种国家与法律的"理性"下才能的确立，仅仅以法制角度理解的保证"私人权益"实际上是一个非常"现代"的对市场机制的解释前提。它忽视了某种市场领域的公共性，也忽视了市场的历史性。且市场的成熟也不仅限于以国家对"所有权"和"契约"的保证为前提。权益的保证是一种个人与他者互相承认，本质上是依赖于实践与理念的互动，保证的基础应该追溯于社会与历史中。具有公共意义的制度提供，并不限于国家。

因此，"个人"并不是简单地加总就构成了"集体"，市场的公共性——包括长期利益的维持、市场公共福利以及坚守某种价值（诚信）的主体能否得到相应回报等——依旧需要处理个人与集体、短期与长期这类范畴的问题。现代市场理论，将这类问题的处理指向近代西方兴起的"个人理性"与"法律制度"框架。这是一种比较好的历史实践结果，也是当今大部分国家的目标与选择。但并不能将此当成唯一的历史结局，交易的实现和市场的构建是多元的，历史的结果是开放的。对历史过程的思考，应该也是多元的，延伸至对当下的理解。

在西方文艺复兴与个人主义兴起之后，以制度经济学视角研究市场，某种程度上说是一种解构。它将一种非常符合现代诉求的因素从传统中提炼出来，让它们作为主要因素，指向现代经济的成功结果。其他的，要么被忽视，要么被理解成滞后发展的因素。从经济史角度出发，本书的研究毋宁说是一种还原，是一种观察而不是抽离，将整体的经济行为实践看成一种过程性的存在。选取行业组织，是需要一种对市场影响最重要的实体作为依托，观察在一个特定的文化历史环境中真实的市场环境的构建。

近代"国家"与"社会"的重构

自古以来商业便是中国社会一股不可或缺的力量。到明清时期，商业在社会生活的重要性远超以往。交易的扩大、市场层级增强和全国性的市场流通，以及商业的长期化、职业化（商帮）和商路的形成都可以说明，商业与市场的发展不再是零碎和杂乱无章的。此时的商业社会治理，已经超出了以农业社会为基础、静态式的框架。但政府没有提供整体性的制度建设，也无意过多干涉。构建、维持相应市场制度的任务，便落在了会馆等行业组织上。依靠地缘脉络，市场与行业有了秩序性依托。由商帮而延伸出的会馆，成为构建中国近世商业秩序的基础，提供之后出现的公所以及同业公会组织逻辑与原始框架。

至近代，提供中国最大多数商业实践秩序的并不是政府，而是遍布大小城市乡镇的同业组织。1935 年，燕京大学学生吴志铎在通县（北京通州）第一区调查，提及"全区商店分二十五（25）公会，共四百四十九（449）家，有不在公会者二百二十六（226）家……其不在公会者多为烧饼铺与小杂货铺等"。[①] 由此可见，加入公会是一个商户经营成熟的表现，行业组织是商业与市场构建的关键角色。步济时（J. S. Burgess）在 1928 年研究北京的行会时，认为它"有利于理解中国经济的基本结构，西方工业和商业扩张的影响和作用"，"一个非政府组织承担并运行了在西方观念中的地方政府职能，它给政治控制带来了光明"。[②] 如果我们需要把握明清乃至近代商业及市场发展的过程，那么从行业组织切入是一个可取之法。

近代中国在被迫面对西方的同时，也在被西方影响和改造。除了战争、动乱、革命这些轰轰烈烈的主题外，中国的社会结构的重塑在缓慢发展。社会变迁打破了政府与社会的疏离。西方社会国家的形成和扩张，是伴随着公民权利和民族意识，随着国家从贵族封建结构中独立出

---

① 吴志铎：《北通县第一区平民借贷状况之研究》，北平燕京大学经济学系 1935 年版，第 11 页。

② ［美］步济时：《北京的行会》，赵晓阳译，清华大学出版社 2011 年版，第 16 页。

来，国家赋予公民权利构建自身合法性，同时以此作为国家能力的基础，承认个人与国家的双重义务，加强财政能力，管理经济社会。

而近代中国在构建现代意义上的国家时，"国家"首先被理解成急切地需要"对抗外辱"，国家的建立是为了"自强独立"，这些跟西方民族国家与个人权利的确立恰恰相反，中国更强调的是国家权力扩展。国家结构向下延展指向了对基层社会的进一步制度化。商会等组织的成立，便是典型。于"富强"有直接意义的，便是对经济力量的组织和控制，其中也包括市场中的行业组织。国家与社会两者同时在重塑自身。

最有意思也是最重要的地方，是近代"国家"意义下经济体制形成的路径，并不是单向度的，而出现了一种逆向——社会反而在国家建制中重新要求自己的位置，以这种要求来交换实现国家的基层管理需求。具有经济公共意味的制度，通过行业组织重新确立，得到强化和整合。传统行业组织走向近代，不得不承担着社会国家角色转变的磨合，同时自身也在适应社会与政府新的要求。随着国家角色的转变，近代最主要的市场构建体现在政府与行业组织的互动上。

研究脉络

因此，本书研究的核心便是近代经济秩序的构建。经济生活中的公共意义和制度究竟在怎样的结构和环境中被实现？政府角色真如我们所理解的，仅是一种"积极"或者"消极"意义的存在？基层行业组织在国家转向和市场秩序中应如何理解？行业组织有没有自我治理的框架，而框架又来自何处？这一系列的问题都能够从近代经济秩序构建的历史实践中得到观察。

研究是在近代国家与社会之间的互动和张力中展开的。国家角色的转变构成了行业组织变迁的重要影响因素，但是，在研究中我们能够发现，国家不构成行业组织权威性的来源。行业组织存在一种历史的延续性，组织承载的社会和经济意义才是其权威性的来源。国家也并不是超然的，政府的态度间接地提供给组织一种合理化意义，但是这种意义必须通过市场才能实现。

因此，首先应该解释行业组织在近代之前的状况。功能和意义是两个层面的问题，"因此"观察明清行业组织也应有内、外两种视角，内向的指向组织本身。即理解它在明清时期如何形成，存在的意义是什么，行业组织有什么样的内部治理逻辑保证其理性和延续。外向的则指向了功能意义，即明清时期它承担了政府和社会的哪些诉求等。总的来说，明清行业组织基于乡土性的社会脉络，将商业发展的集体理性寄托于有强烈地缘关系的会馆等组织中。会馆的存在意义是乡土脉络的延伸，是客居他乡时一种集体情感的回归，天然地构成了商人们互相理解和支持的基础。在此之上，会馆成为政府管理社会流动性的依赖，并且政府倾向于秩序的维持，因此在牙行与会馆两种具有市场秩序构建功能的组织中保持了中立态度。会馆作为一种代表性的行业组织，既有存在的意义，也有存在的空间。

行业组织内部的逻辑结构，则是通过对《晚清湖南商事习惯报告书》附录后269个行规进行统计分析。可以明确地看出，行业组织构建了一种相对完整的经济秩序体系，包括交易质量、公平、意愿自由、承担政府差务以及市场进入退出等规则，还包括组织内部选举以及财务管理、公职人员的责任等规定。并且，行业组织构建的秩序结构中，"公意"成为合法性的来源和组织自我约束的基础。

主体部分是关于近代天津钱业公会与经济秩序的研究。对天津钱业公会的分析集中于两方面：（1）公会与政府之间如何相处与发展（近代国家与社会的构建）。（2）公会自身的组织逻辑和如何实现市场秩序（社会自身的继承性、独立性与理性来源）。政府与公会被放置在一个动态的历史叙事中——既不是简单的功能意义，也不是静态的组织研究，而是**将政府、社会和组织作为一种关系性存在去探讨**。在公会历史沿革中，政府的政策意图成为公会组织形成的契机，而市场秩序的提供成为公会存在的权威实现。钱业（钱庄业，是近代基层工商业金融服务提供的核心）的交易与金融市场构建更需要行业的联合与支持，尤其在没有中央银行体制存在的情况下，金融流动性以及信用风险的化解更离不开行业组织。天津钱业公会构成了行业集体理性——不做投机，谨慎以及对风险的警觉。

从天津市面上看，在应对整体的货币危机中，政府的作用是必要的，公会成为实践性的力行者——开办公估局、换领银元稳定市面等，从中可以理解晚清政府管理经济的观念与市场发展之间的差异。铜元问题尴尬，凸显缺乏基层行业治理依赖时政府的无力。这说明了在近代时期，政府并不具备基层经济治理的权威意义，真正的基层经济秩序提供和维持在钱业公会，进一步地通过公会作为商事习惯与司法解释的权威显现出来。近代天津钱业纠纷，承袭传统的调解为先以及钱业特有的专业性，使公会成为同业乃至金融业的司法实践权威。但是司法权威解释是否能够被普遍接受，又构成了商事习惯效力的窒碍所在，也可看出国家权威向下难以简单延伸和行业组织面对习惯的社会接受度的局限。

行业公会这种格局中，是否能够类比西方城市行会形成某种政治上自治的权利？抑或公会的权威存在哪些约束？可以看出，约束首先来自公会的市场权威本身。公会存在一种强烈的责任意识，对行业信用的负责以及对流通票据效力的保证，使得公会权威有某种天然的收缩姿态。市场权威永远面对实践性的检验。其次，在行业公会的结构中，其他行业公会构成了行业之间比较平等的关系，也有讨价还价的基础。最后，在市场开放性上政府是中立的，它并不因为公会承担了治理职能就有所偏向。公会构成的市场权威并没有与政治结构形成某种固定的联系，来自市场的终归回到了市场。公会即使是行业权威，也无法形成垄断性。

近代国家治理的延伸，给行业组织提供了更具体的制度框架，在这个意义上行业组织有被整合的趋势，组织也恰好借此整合自身。根植于社会的市场权威，使得组织在实质上依旧存在与国家相处的空间和资本。但无论是国家还是行业组织，两者都不构成类似于西方城市行业组织与封建政权意义上的"自治结构"，因为在中国，两者从根本上没有对立意义，也没有对抗性的存在基础。

近代中国形成的经济治理格局，使得行业组织恰好在国家权威增强中确立了自己的位置，也因此构成了国家经济治理的基础，但行业组织的市场权威性，实质是传统中国社会分权的延续。这种分权式的结构好处就在于那些最贴近行业实践的问题，都能够得到及时和恰当的解决。国家与社会之间是一种收缩层级性的治理格局，即社会主动或被动地承担着解决行业问题的责任，只有当问题突破行业边界，才会出现在政府面前。政府具有的最高权威，作用旨在协调与救急，行业组织的权威与政府之间的距离，保证了组织的约束首先回向市场而非政府。

　　文中方法拉杂不一，既有经济学也有历史学、法学和社会学。要回答那些能够真正关怀社会的问题，方法必然是多元的，希望能够用"问题"统摄方法的驳杂，也希望本研究对近代中国经济治理的发生发展乃至现代本土市场治理的问题有所助益。上下求索，管中窥豹，敬请方家指点批评。

第一章　明清时期行业组织与经济秩序概论

明清商业发展的走向与社会治理结构之间的关系，没有突破性意义。商业没有独立意义，需要在农业社会中寻找依托，这构成了明清时期行业组织诞生的起点。商业与市场仍是"民生"范畴事务，政府将商业和市场秩序的维持调整交给了民间。组织的合理性，与其说是经济意义，不如说是一种乡土文化的实现。因此本章集中讨论会馆的生发机制和对社会政府的回应，以及与另一官方制度"牙行"的关系，展现明清时期商业社会和市场治理的逻辑。

第一节　明清商业发展简论

一　明清商业的兴起与社会变迁

明清时期，中国社会经济发生显著变化之一是市场经济的扩大和深化。吴承明先生认为"在中国，16 世纪即明正德至万历前期，商品货币经济有颇大发展，已为史学界公认。实则，这种发展也引起了社会某些具有近代化倾向的变革，并出现启蒙思潮。这正是它不同于秦汉、宋代两次商业繁荣之处"。① 从现象上看，明清之际商业的发展最典型表现在大商人资本——商帮的兴起。兴盛的商业使得社会身份与思想发生动荡，士商互动的加强，成为社会阶层变化的特点之一。随之而来商人地位实质上的提高和职业选择——"弃儒就商"——的出

---

① 吴承明：《经济史理论与实证——吴承明文集》，刘兰兮整理，浙江大学出版社 2012 年版，第 118 页。

现。无论在知识分子还是老百姓观念中，商业已经被认同，"十六世纪以后的商业发展也逼使儒家不能不重新估价商人的社会地位"①。商品经济的繁盛，引起晚明的崇奢竟新之风，商业促使社会流动的加强与诞生于农业安分守本的观念在人们心中互相激荡。商业发展冲击了既有的观念，出现了对传统伦理秩序范畴解释边界的试探，例如对个人欲望的肯定，对逐利行为在一定程度上的肯定和褒扬，这些伴随着阳明学的民间化，冲击着整个社会。② 明清商业社会比以往的朝代发展得更加深远。

回归到本书所要探讨的主题，任何商业行为，如果不是抱有绝对的投机，都需要遵循某种秩序性的脉络，以此作为基础和延伸。商业的发展出现了如此不同于以往的情势，它和明清社会结构之间具有何种关系？商业能否利用既定的社会结构作为构造自身秩序的基础？抑或能否松动、改变明清社会的基本结构，进而重新构造自身的秩序？

首先，可以肯定的是明清市场结构的巨大变化。在施坚雅（G. William Skinner）③ 的区域社会与市场划分影响下，学者对明清时期区域性市场结构的发展有一些基本判断。明清时期的市场已经发展出具有层级性的复杂结构，大致有地方性初级市场、城市市场、区域市场和全国性市场④。每一层级的市场，对应着不同的交易需求和交易结构。例如，清代粮食和纺织品全国性的交易网络形成，是商品市场深化的重要表现。粮食商品化的深入，意味着几乎所有的商品能够直接或间接地参与到粮食交换中。棉纺织业出现了"农家自给性副业，发展为商品

---

① 余英时：《中国近世宗教伦理与商人精神》，安徽教育出版社 2001 年版，第 198 页。

② 对此时社会判断的研究，参见［加］卜正民《纵乐的困惑——明代的商业与文化》，生活·读书·新知三联书店 2004 年版，以及吴承明《现代化与中国 16、17 世纪的现代化因素》，《经济史理论与实证——吴承明文集》，刘兰兮整理，浙江大学出版社 2012 年版，第 265—288 页。

③ 参见［美］施坚雅《中国农村的市场和社会结构》，中国社会科学出版社 1998 年版；《中华帝国晚期的城市》，中华书局 2000 年版。

④ 相关研究参见李伯重《十九世纪初期中国全国市场：规模与空间结构》，《浙江学刊》2010 年第 4 期；李伯重《中国全国市场的形成：1500—1840》，《清华大学学报》（哲学社会科学版）1999 年第 4 期；牛贯杰《17—19 世纪中国的市场与经济发展》，黄山书社 2008 年版；张海英《明清江南商品流通与市场体系》，华东师范大学出版社 2002 年版。

性副业，以致发展为商品性主业的明显趋势"①。这些都指向了经济结构正在进行的变化。王国斌认为，明清时期经历的斯密型（主要以分工为优势来整合经济要素）增长，提供给此时中国不低于同期欧洲的生存条件，而此时两者都面临着人口增长的压力等。

在此时的中国社会结构中，商业的独立意义并不凸显。② 明清时期的商业发展，不具备从观念到制度的独立解释话语（这种意义在晚清兴起的"重商"社会变革中方能体现）。社会阶层的界限虽然松动，绅商之间的联系变得接近而多元，人们的生活逐步面向市场，但是根植于农业的宗法社会，以及由科举而运转的传统权力结构并没有被改变。③商业自身发展也不具有突破性要求，没有出现一种能够解释个人利益与社会财富的新观念，反而将商业的理解回溯到延续千年的儒家伦理之下。经商从来不是个人和家族世俗追求的终点，更多的是一种手段。国家既没有一个自上而下的商业管理体系，更不承认单纯的财富积累与权力结构有直接关联。商业对于社会，反而需要证明自身是在儒家构建的理性与道德规范之内。④ 毋宁说，商业的发展和市场的深化是依托于某种传统社会的结构和延展脉络中。

二 政府与商业管理

在探讨商业与传统社会结构关系之前，首先要考察政府，它的行为决定了商业与社会结构的某种边界。明清时期，政府认识到商业的扩大与深化是一件于社会有益的事情。王国斌在比较分析近代早期欧洲及明清时期中国内部的国家与经济关系时，认为"中国国家对于商人与市

---

① 方行、经君健、魏金玉：《中国经济通史清代经济卷（下）》，中国社会科学出版社2007年版，第1335页。
② 对市场与社会结构变迁的判断研究，参见吴承明《现代化与中国16、17世纪的现代化因素》，以及［美］王国斌《转变的中国——历史变迁与欧洲经验的局限》，李伯重、连玲玲译，江苏人民出版社2010年版。
③ 卜正民的研究便指向了这一点。他研究了晚明时期商业发展给社会带来的冲击，但是这种冲击却仍在传统社会的框架之内。详见［加］卜正民《纵乐的困惑——明代的商业与文化》，生活·读书·新知三联书店2004年版。
④ 关于此研究和判断，参见余英时《儒家伦理与商人精神》，广西师范大学出版社2004年版；王日根《明清民间社会秩序》，岳麓书社2003年版。

场持积极态度，因为商人与市场的活动带来社会效益。一些中国官员甚至相信商人能够完成官员难以胜任的任务。在 18 世纪，关于粮储问题的讨论中，这种观点反复被提出宣扬"。① 在政府眼中，商业并不构成与农业的替代关系，反而是相辅相成的。这也说明，此时商业的发展依旧在政府可以影响的范围之内。

其次，国家层面上存在一种复杂的政策传统。一方面，国家选择积极干预控制某些经济活动，这些经济活动并非局部或单一的，而是整体性的。例如采矿和盐，既有财政意义又有政治意义。另一方面，国家并没有过多深入私人性经济活动中，甚至选择间接依赖这些私人经济活动达成目的，例如市场监督、赈灾，等等。可以看出，商业秩序，尤其是贴近商人日常行为习惯等调整的秩序，政府并没有进一步的治理理念和措施。在县一级的地方政府，没有独立意义的对市场调整监督的责任，市场被看成"民生事务"的一部分。典型的经济上违法行为是私盐和私铸钱，政府规制角度是从扰乱社会秩序而非单纯的经济秩序角度出发。② 或许在清代法律层面对经济行为调整上，出现了某种从国家法律到商业习惯的同构性③，但这无法说明政府在有意地建构某种类似西方法律的秩序框架，毋宁说市场秩序是政府与社会共享一套儒家意识形态的结果，到了晚清兴商务、修商律的时候，才显示出政府某种程度上认可商业独立意义及商业对社会再塑造的作用。

---

① ［美］王国斌：《转变的中国——历史变迁与欧洲经验的局限》，李伯重、连玲玲译，江苏人民出版社 2010 年版，第 107 页。

② 现代意义上职能分明的对经济的管理，并没有体现在政府职能中。这并非是以现代社会标准去否定传统地方政府，而是说明以现代标准去观察传统政府行为，恰好显示了政府给经济自我管理留有很大空间。瞿同祖研究清代地方政府时认为，地方政府治理注重秩序性的维持，秩序性维持也构成了政府干预经济事务的动机，而非管理调控意义。参见瞿同祖《清代地方政府》，范忠信、何鹏、晏锋译，法律出版社 2011 年版。

③ 孙丽娟研究清代商业秩序时认为，清代存在一种自上而下的商业秩序架构。从清代政府行为到商业社会实践，实际存在一个统领作用的"帝王条款"——"市廛"五条，即"私充牙行埠头""市司评物价""把持行市""私造斛斗秤尺""器用布绢不如法"。基本能满足维护商事交易的安全、公平、合法、等价等秩序。这五条被基层的商业组织融化在商业的规则和行为中。但实际上，她的分析潜在地以西方法律规范化与理性化作为研究的语义背景，由此处观察而入。这种视角并不能阐述明清市场秩序自身的主体性所在，也无法解释明清市场秩序在日后的发展趋向，更不能牵强论述明清市场秩序与西方经济中法制体系的关联。参见孙丽娟《清代商业社会的规则与秩序》，中国社会科学出版社 2005 年版。

所以，商业与社会、国家在面对市场活动中，没有将市场秩序从其他具有民间性的社会活动中分离开。在国家与社会共同追求一种稳定持久秩序的意识形态下，政府没有动力也不必要过多干涉民间经济活动。政府选择将市场中的纠纷与争议交给与该行为发生最切近的群体来处理，并且规定秩序与调解纠纷主要依赖商事习惯，前提是这种纠纷与争议在政府对社会治理的框架内。① "地方官员在这些市场内收税，偶尔也承担监控角色，有时也参与市场建设，但多数情况下还是将市场的维持和运转留给商人去解决"。②

第二节　明清市场秩序研究视角回顾

一　习惯法视角下的观察

对明清商业与市场秩序的最典型解释角度之一便是习惯法。传统商业秩序的维持，具有强烈的习惯法特性。梁治平对习惯法有如下定义："习惯法乃由乡民长期生活与劳作过程中逐渐形成的一套地方性规范；它被用来分配乡民之间的权利、义务、调整和解决他们之间的利益冲突；习惯法并未形诸文字，但并不因此而缺乏效力和确定性，它在一套关系网络中实施，其效力来源于乡民对于此种'地方性知识'的熟悉和信赖，并且主要靠一套与'特殊主义的关系结构'有关的舆论机制来维护。自然，政府的认可和支持有助于加强其效力，但是它们并非习惯法所以为'法'的最根本特征"。③ 高其才同样也持有类似的观念，并且强调"习惯法是独立于国家制定法之外，依据某种社会权威和社会组织，具有一定的强制性的行为规范的总和"。④ 虽然，他们都不否认习惯法的前提是国家与社会共同享有一套观念体系，但他们更多强调

---

① 从法律史角度研究社会与国家秩序互动的典型代表是梁治平。参见梁治平《清代习惯法：社会与国家》，中国政法大学出版社 1996 年版；以及 [英] S. 斯普林克尔《清代法制导论——从社会学角度加以分析》，张守东译，中国政法大学出版社 2000 年版。

② [加] 卜正民：《纵乐的困惑——明代的商业与文化》，生活·读书·新知三联书店 2004 年版，第 73 页。

③ 梁治平：《清代习惯法：社会与国家》，中国政法大学出版社 1996 年版，第 166 页。

④ 高其才：《中国习惯法论》，中国法制出版社 2008 年版，第 3 页。

一种习惯法的自为性，即习惯法有一套自身维持解释的逻辑，并且国家权力并不能轻易动摇这种逻辑。相对于纯粹经济学范式中对秩序的研究，习惯法无疑更加综合，也更能切近中国传统的秩序结构。

但是，从习惯法角度切入也会有些许不足。**商业与市场秩序中，不仅是商事习惯自为性的问题，也不仅是解释秩序本身，而是需要解释商业与市场秩序如何能够实现的历史过程。**这其中既要体现秩序意义，也需要阐述秩序背后的依托。最关键的是中国与西方秩序研究中，是否真的能够寻找出内涵对应相似的"法律"，以及以此为据的"法律"与"习惯"，能否涵盖中国传统秩序的核心要素，本身也值得去思考。习惯法作为一个研究视角，应能够更明晰地体察传统中国社会秩序的层次和结构。但习惯法究竟处于何种位置，习惯与习惯法之间的界限，既与权力无关，在实践中又存在模糊的、动态的区分，仅从"习惯法"的考察似乎并不能给明清时期商业秩序研究提供可以更清晰地观察市场、社会与国家的视角，也难以更进一步地展现国家与秩序的互动关系。传统中国的经济秩序似乎不是一种实体性的制度，而是某种关系性的存在——在国家、社会与行业组织之间。

二　组织视角的观察

对明清商业、市场秩序的考察，很大一部分是从具体的组织角度切入。经济学中理解组织的意义，主要是以制度经济学的研究为起点。市场并非如古典经济学假设那样自然，市场也是需要构建和维护，现实中使用市场也是有成本的。[①] 制度经济学将市场组织视为降低交易成本的制度安排，例如协调交易冲突、提供交易秩序等。在宏观历史分析中，有效率的市场交易制度安排，才是能够解释西方经济增长的重要因素，其中需要经济组织对此的实现，包括对规则与习惯的解释、对契约关系的限度确认，等等。[②] 对经济组织的解释便延伸到组织与制度内生性问题上。

---

① 参见［美］科斯《企业、市场与法律》，盛洪、陈郁译，上海三联书店 2009 年版。
② 参见［美］道格拉斯·诺斯《经济史中的结构与变迁》，陈郁、罗华平译，上海三联书店 1994 年版。

　　内生性问题需要回答经济制度与组织的诞生、发展、变化和消亡等的原因，组织自身能够以什么样的方式自我维持。诺斯①认为，组织更多的是受到很多组织以外的因素影响，例如认知、知识与意识形态等。而格雷夫②倾向将制度与组织看成一种历史实在。制度与组织，包括规则、信念、规范等不同要素，具有某种结构性特征，也具有一定的能动意义。制度与个人之间能够建构一种互动，制度提供认知、协调与信息的基础，延续了交易中最核心的准则。他赋予了经济组织一种自我的意识，但是组织的持久性，却需要与恰当的信念和规范具有互相支撑关系。

　　可见，制度经济学中，对组织的探讨从组织的功能意义层面逐步走向对组织的维持与变迁的探讨。但是，组织的功能意义绝不是组织存在的基础，也不是组织变迁的动力。虽然诺斯与格雷夫意识到这些，并且也尝试着在历史经验中，抽象出某种具有解释力的因素。两人的观点，毋宁说是将更多的因素，如认知、文化、意识形态等作为对组织理解的基点。

三　社会学视角——镶嵌

　　组织的理解中，社会学对经济行为的研究中，有一个典型的代表——嵌入性。美国社会学家格兰诺维特（Mark Granovetter）③认为对经济行为的观察，不能单用理性去解释，而是一种情景化的真实存在。人们之间的行为，不止于线性的互动，而更具复杂意义。经济学分析中，社会关系的历史性或结构性的镶嵌问题是被忽略的。从更广泛的社交、认同、地位与权力出发，社会结构与市场的关系，或许是研究经济组织另一的视角。这样可以将由经济学等剥离出的、抽象的因素舍弃，把经济组织的研究放入某种特定的文化与社会背景中，在组织、国家与

---

　　① 参见［美］道格拉斯·诺斯《制度、制度变迁与经济绩效》，杭行译、韦森校，上海三联书店2008年版。

　　② 参见［美］阿夫纳·格雷夫《大裂变：中世纪贸易制度比较和西方的兴起》，郑江淮等译，中信出版社2008年版。

　　③ 参见［美］马克·格兰诺维特《镶嵌：社会网与经济行动》，罗家德译，社会科学文献出版社2007年版。

社会的互动关系中阐述组织的存在、发展与变迁。综合习惯法与制度研究，回归到情景化的解释，以及对三者关系动态的历史过程阐述，正是本书试图采取的视角。

第三节　明清市场秩序与行业组织

明清时期市场秩序的维持主体，是基于民间社会的某种结构和脉络。这样的结构形成的行业组织大约有以下几种：会馆、公所以及体力劳动者形成的帮会等。① 它们构成了工商业扩展的依托。行业组织在明清时期发展的历史过程，是本书考察市场秩序的切入点。以组织为出发点（不局限于组织本身），分析国家、社会与市场之间的互动，虽然并不能够展示明清商业市场秩序的全貌，却能够把握秩序结构的清晰脉络。在这些组织中，会馆是较早出现的，也是明清时期最发达的。帮会性质组织对商人的影响比较间接，而公所主要兴起于清中后期，在展现普遍的历史延续性方面略逊于会馆。以下将重点集中在会馆上。

一　会馆与商人

（一）商业发展的依托：宗族与会馆

明清时期，商业发展依托的结构主要有两种，一个是宗族，另一个便是会馆。宗族于商人，首先是个体意义的支撑，即对商人个体生存、生活以及社会关系的建立，等等。其次宗族还构成了某种经营性制度的支持。例如，科大卫认为"在明清时期，没有任何组织比家族和宗族更适合于为商业、企业提供一种制度性基础"，"在那个时代，一个成功的商人似乎有义务提携他的族人进入商界。所以，当贸易进一步扩大，同一宗族的人往往会聚集在这个成功商人的四周"，"从中国历史上看，宗族或家族却是最有效的经济组织方式，其所从事的经济活动不仅仅限于消费，还包括生产和贸易"。② 可见，宗族是明清时期商业制

---

① 全汉昇是最早研究中国传统行会的学者之一。此分类参见全汉昇《中国行会制度史》，百花文艺出版社 2007 年版。

② ［英］科大卫：《近代中国商业的发展》，周琳、李旭佳译，浙江大学出版社 2010 年版，第 79—80 页。

度化的一种理性选择。而唐力行①进一步认为，宗族是商人以血缘亲缘为凭的组织。宗族可以提供资金、人力、组织基础，并且获得某一商业领域的垄断利益，商人依靠宗族，在市场上具有竞争优势。同时，宗族作为社会资本，能够与政府发生联系。从整个商业兴衰角度上讲，宗族作为商业组织，也需要面对严酷的市场环境。但可以肯定的是商业依托宗族，缓冲市场与政府的外在压力，成为商业扩展的一种制度基础。而由此演化出对传统中国社会乃至现代华人企业家族性的大量探讨，成为企业史的研究热点。

会馆则是商人所依凭的另一种社会组织。最初建立会馆是一种私人性行为，或许仅用以聚会讲学，如 1771 年吉安府志中记载的明正德年时，青原会馆因以讲阳明学而设，是"非经常性讲学聚会的所在"。② 最早的会馆大约出现在明朝永乐年间（1403—1424 年），是安徽芜湖人在北京设立的芜湖会馆。③ 明中期之后，在京会馆逐步转变成为服务科举应试、联络同乡官员的试馆，即士人会馆。中国会馆志中，将会馆定义成"一种地方性的同乡利益群体整合组织，创建会馆的目的在于'以敦亲睦之谊，以叙桑梓之乐，虽异地宛若同乡'"。④ 会馆的存在，或许并没有如此明确的利益整合目的，反而是在他乡的苦闷孤独以及同乡生活经验的分享与理解是其建立最根本的因由。

（二）会馆之精神：祭祀与乡缘

会馆中存在精神性的依托，首先是对神灵祭祀，更重要的是乡土情结的实现。会馆内多供奉自己的乡土神，例如"福建人奉林默娘为天后圣母，山西人奉关羽为关圣大帝"⑤。乡贤也被祭祀，如徽州人多奉朱子，但会馆奉神非常多样，也不限于某种地域，例如湖广会馆也祭祀关公等。神灵并不做严格的区分，多神供奉说明会馆对于神灵是属事原则——所求之事情的差别。因此，与神灵祭祀相比，会馆之凝聚，更重

---

① 参见唐力行《商人与中国近世社会》，浙江人民出版社 1993 年版。
② 何炳棣：《中国会馆史论》，台湾学生书局 1966 年版，第 15 页。
③ 具体参见何炳棣《中国会馆史论》，台湾学生书局 1966 年版，第 14 页；王日根《中国会馆史》，东方出版中心 2007 年版，第 39 页。
④ 胡德平等：《中国会馆志》，方志出版社 2002 年版，第 1 页。
⑤ 王日根：《中国会馆史》，东方出版中心 2007 年版，第 392 页。

要的是乡缘。

乡土给予个人生活实在的、亲密的经验积累和情感归宿。全汉昇先生认为会馆是中国固有之乡土情结的结果，实现客居与回归乡土的一种张力。

> 他们以生死于故乡为本，虽有时为生计所迫而做客他乡，事业成功后却要衣锦还乡，即不幸而失败死亡的时候，也希望能够把遗骨归葬于先人之墓。所以他们在他乡住上数代，仍呼祖先出生之地为故乡，同时亦仍被所在地的人目为客籍。一旦外出做官，做买卖或者从事其他工作的时候，以同乡之谊来做成一种团结是当然的事情。而且，历来政府对于地方事业都委地方人民自治，结果增加了后者的地域观念，他们心中的他乡人几与异种人无异。这样一来，土人对于他乡人的嫉视，甚至虐待侮辱，是常见的事了。因此，他乡人为保护其生命财产计，便依同乡之谊来组织相互救济的团体。复次，中国祖先崇拜盛行，谁也希望死后埋葬于祖先的坟地内，故祖或父客死他乡时，其子孙辄不以数千里为远，不辞千辛万苦地把祖或父的遗骸运回原籍安葬。可是在交通不便盗匪横行的中国，以一人之力来完成这种义务是很困难的，实赖于同乡人之同心协力。尽这种作用的团体组织就是会馆。①

如果说神灵祭祀是给予会馆显扬的精神标志和某种心理约束，乡缘则在心理上给予客居异乡之人现实的慰藉，因此形成了一种能够理解和维护客籍人士的力量，对抗"异乡"中生存与发展等需要共同面对的问题。会馆所形成的社会心理张力，尤其是对商人而言的"故乡"之情，是最根本的组织精神依托。乡土的意义并非是抽象的，在会馆中，乡土经验的分享和牵绊，构成了某种行为的共识和界限。

（三）商业的延伸：会馆超越宗族

明清时期，行业组织的形态主要以会馆形式存在，带有地域性特点。在研究视野中，会馆更多地被看成一种社会组织，缓和消融着明清

---

① 参见全汉昇《中国行会制度史》，百花文艺出版社2007年版，第95—96页。

国家与社会变化的矛盾，经济整合仅是其中的功能之一。明清商业的发展伴随着会馆的扩张。从整体上看，明清市场网络的深化、地域版图的辽阔、交通商路的畅通等，构成了商业发展的重要背景。因此商人会馆兴盛背后之原因，首先是商业本身。在省城都会中，如苏州、汉口、天津、广州、福州等，商业会馆十分繁盛。1813 年（嘉庆十八年），嘉应会馆在苏州设立，立碑所言"姑苏为东南一大都会，五方商贾，辐辏云集，百货充盈，交易得所。故各省郡贸易于斯者，莫不建立会馆，恭祀明神，使同乡之人，聚集有地，共沐神恩"。① 商业跟随着乡缘脉络展开。会馆对于商人的意义，在科大卫看来，是商人团体制度化的表现，是商人的某种自我意识萌芽。

> 宗族是一个制度化的地域群体，它通常拥有为官府所认可的社会地位，它的庇护网络通过血缘关系发生作用，并包含在其组织框架中；但是当商业的制度化要求商人必须能够代表自身的时候，会馆便应运而生了，它代表着商人的集体形象。在会馆的制度框架之中，庇护关系从外部施加到各个从事商业的家族。换句话说，只要血缘关系存在，宗族的庇护就会继续下去。然而商人却来去无定，唯一保持不变的只有会馆。②

科大卫以他对宗族的研究为视角来观察会馆，会馆成为宗族性庇护网络的一种补充，是解决商人需要扩展各种关系——而宗族却无法同时扩展庇护网络——的制度构建。会馆于商人，同宗族一样也是现实的理性选择。

但是会馆的意义不仅于此，商人与会馆之间的关系比起宗族与个人之间，更加松动也更有构建的余地。通过参与会馆的具体事务，商人与会馆互相影响。在参与之中，才能认可并接受规则的约束。会馆承担了明清时期最基层的市场秩序构建。并不单纯的为某种"庇护网络"，会

① 江苏省博物馆编：《江苏省明清以来碑刻资料选集》，生活·读书·新知三联书店 1959 年版，第 391 页。

② 参见［英］科大卫《近代中国商业的发展》，周琳、李旭佳译，浙江大学出版社 2010 年版，第 97 页。

馆还作为一种组织和制度，将商业与社会、商业与商人、商业与政府之间的关系进行整合。理解此时的经济组织，功能意义并不等于能解释它的存在。在秩序构建中，我们需要去理解，会馆究竟满足了国家和社会的哪些诉求而使得自身存在合理化？为什么商人能够将市场秩序构建与维持托于会馆，国家对此的态度又是如何？

二 会馆与公所关系探讨

在解释会馆与经济秩序之前，需要对会馆与清代中后期所出现的另一商业组织——公所的关系进行说明。商业公所的勃兴约在鸦片战争之后。一部分公所承袭了会馆的变迁，成为不分籍贯、行业性质明显的公所，更突出了组织专业性要求。① 那么公所与会馆是否能够称为商人组织的不同发展阶段？

对此有两种代表性观点。一种以彭南生为代表，认为"工商业会馆公所之间并没有一条不可逾越的界限，作为商人行会发展两个阶段，显然不合历史实际"。② 另一种以吴慧为代表，认为公所具有会馆不具备的专业化趋势，是商人组织较大的转变。清代中期以后，会馆呈现停滞而此时公所发展迅速。但是公所与会馆在当时人们眼中的区别并非清晰。祭祀中，公所偏重于行业神而会馆偏重于乡土神灵。并且，公所将会馆的很多职能简化，比如不再提供住宿，仅作为议事之地等。③ 还有的学者对此持保留态度，但更近于吴慧。④ 例如，王翔的研究认为近代苏州丝织业同业组织变迁中，同治年间重办的云锦公所，已经与之前的传统行会有着很大区别，之后，云锦公所逐步演变

---

① 参见吴慧《会馆、公所、行会：清代商人组织演变述要》，《中国经济史研究》1999年第3期。

② 彭南生：《行会制度的近代命运》，人民出版社2003年版，第18页。

③ 参见吴慧《会馆、公所、行会：清代商人组织演变述要》，《中国经济史研究》1999年第3期。

④ 陈亚平以18—19世纪重庆的商人组织为例进行研究，认为公所偏重于办事场所和同业组织，但这些职能在会馆中也有体现，由此推断会馆到公所是一种商业组织变迁的趋势。参见陈亚平《清代商人组织的概念分析——以18—19世纪重庆为例》，《清史研究》2009年第1期。丁长清也认为会馆和公所功能有着相当的重叠，但公所主要以行业命名，表现出行业性的加强。参见丁长清《试析商人会馆公所与商会的联系和区别》，《近代史研究》1996年第3期。

成近代苏州丝织业的同业组织。① 因此,公所的出现可以说是中国传统工商业逐步走向专业化的一种趋势,会馆与公所的并存以及功能上的重叠,说明了在传统行业组织变迁中,需要回应对传统因素的继承性以及不同行业不同情况的复杂局面。公所确实起着行业性整合与规范的作用。② 公所对行业整合甚至出现跨地区的情况。1910 年至 1930 年的江浙皖丝茧总公所体现出当时行业跨地区之间的联合,这样能从更大范围上维护行业秩序。③ 这种整合也涉及乡缘的联合,晚清上海四明公所起到了联合当时在沪的宁波商人、增强宁波商人竞争力的重要作用。④

可见,在清中后期出现的公所,虽然与会馆在功能和时间上有过共存,但前者体现出专业化的趋势是后期行业组织发展的一个方向。公所与会馆之间并不能清晰地以功能或者乡缘简单界定,两者更多的是一种相似和继承性。因此,从会馆的变迁来观察行业组织与经济秩序,比起公所更能展现长期历史变迁意义,也不妨碍对问题的说明。

三 会馆与政府:一个秩序视角

由上所论,明清时期商业秩序维持需要超越宗族的建构。市场秩序与一般道德和律令的区别在于,它不仅是观念和个人伦理意义上的遵守,秩序的遵守需要现实意义的(非理念性质)反馈。规则需要一定的约束,并且要满足市场中对公平和利益的某种诉求,因此,商业秩序需要某种依托。从历史实践中观察,会馆是秩序的依托之一。除了满足政府对社会管理的需要之外,会馆的组织建构更多来自民间诉求,这说明会馆具有两种属性,它既满足了政府需求,对民间社会来讲又是适合的。

---

① 参见王翔《从云锦公所到铁机公会——近代苏州丝织业同业组织的嬗变》,《近代史研究》2001 年第 3 期。

② 贾战伟与郑阳对乾嘉之际苏州梨园公所的研究表明,公所承担着管理、约束伶人,规范演出市场的作用,并以此为平台为行业争取权益。参见贾战伟、郑阳《乾嘉时期苏州织造衙门下辖的梨园公所》,《艺海》2013 年第 10 期。

③ 参见魏文享《行业意识、组织网络与社会资本——江浙皖丝茧总公所的兴起与运作(1910—1930)》,《近代史学刊》第 2 辑。

④ 参见何新会《晚清上海四明公所初探》,《中共郑州市委党校学报》2007 年第 6 期。

（一）会馆与政府治理需求

从政府实际管理上看，明清时期是基于一种静态的农业社会治理理念。政府尽可能的"小"而期待民间的自为。例如明朝开国时，全国雇用的文官不足 8000 人，官俸极低[①]。这是一种收缩性质的国家管理。静态理念的官僚体制，使得官员们既没有办法也没有意愿去跟随商业社会发展而建制新的管理模式，社会公共性建制仅凭政府提供显然不可能。但人口的流动与商业的发展相辅相成，客居异乡之人的管理是地方政府面临的问题。

客居异乡的商人与当地居民之间的融合是一个社会问题。何炳棣的《中国会馆史论》从人口迁移角度研究会馆，偏重于将会馆看成一种社群融合的组织。在四川、两湖移民较多的地区，会馆数量也多。并且这些会馆既有士人的，也有商人的[②]。实际上，商业人口于社会的隔阂，比想象的还要大。1928 年对北京的行会调查中，提到"在一个距离北京城东 30 英里的燕郊镇里，居住着 2300 人的一个集市村镇，当地官员在谈到当地人口时，完全忽略了在这里从事商业活动的 700 人。这些商人在过去 100 年间迁移到这里，却至今没有被当作这个村里的成员"。[③] 1928 年与明清时期相比，城市与乡村对待外来人口一定是不同的，但对乡村环境中的描述可以推想基于乡土对外来的抗拒。

会馆的存在，最关键的是政府管理流动人口有了现实的制度依托，也使得客居异乡的人有了乡土凝聚的寄托。1802 年（嘉庆七年），在北京的河东会馆重新整修，立碑所言：

　　余惟俗勤而俭，人恬以愉，河东之美，古也有志矣。忆自丁未始来京师，见士大夫多以风流相尚，而朴诚之气，吾乡未之或改。

---

　　① 详细内容参见黄仁宇《明代的财政管理》，《剑桥中国明代史（下卷）》，中国社会科学出版社 2006 年版，第 94 页。也见黄仁宇《十六世纪明代中国之财政与税收》，生活·读书·新知三联书店 2001 年版。

　　② 关于会馆与移民的关系可以参考何炳棣《中国会馆史论》，台湾学生书局 1966 年版，第 31—80 页，第四章会馆的地理分布（上）以及第五章会馆的地理分布（下）。以及王日根《中国会馆史》，东方出版中心 2007 年版，第 254—263 页。

　　③ 〔美〕步济时：《北京的行会》，赵晓阳译，清华大学出版社 2011 年版，第 27 页。

俗子或以西人之陋之。至圣天子示敦朴为天下倡，而吾乡人若向风独先，霑化独厚者，岂非土厚水深，禀诸山川既异，而陶唐氏忧深思远，有虞氏薰解时阜，又司马子长所谓风教固殊者哉……盖风北枝南，人情尤甚，且将用养之义来告，不愿其依日月而忘云也。……数典不忘祖，守瓶不假器，是馆也修，有兴无废，有守无失，第一义也。①

这篇碑刻资料阐述了会馆承接政府与社会秩序的建立的关系。王日根认为"明清商业的发展，总体上并没有激烈的冲破传统的要求，而是力图追求理智的规范，主要着眼于对社会弊端的针砭和传统道德的修复，而不在于重新创造一个新的社会形态"。② 所以，会馆表现出对官民相得秩序的呼应。地方性风俗与国家的倡导同构于会馆的精神中。需要进一步考虑的问题是会馆与政府之间是否存在某种程度的边界，即会馆是否具有一定程度的独立性和自主性，会馆的合理性与政府的认可之间有何关系。材料中显示出，国家并没有参与提供一套会馆应该遵循的秩序与程序，会馆回应国家的号召来支持自己，但是回应国家号召的理由，却立足于乡土之经验积累的"河东美俗"。"河东美俗"之发展，更多的是立足于乡土。会馆众人对自身所承袭的"河东美俗"的追溯和继承，才是它能立足之原因。

（二）会馆与牙行：市场秩序的稳定与开放

明清时期，政府建立的维持市场秩序之组织之一是牙行③。牙行主要的职能是评定物品等级、作为买卖之间的中介，官牙还需要缴纳牙税和贴税，并代政府征收一部分商税。与此同时，牙行也发展出某些市场性功能，例如商品存储、代客买卖以及经营客店等，甚至扩展到一定程

---

① 参见《重修河东会馆碑记》，李华《明清以来北京工商会馆碑刻选编》，文物出版社1980年版，第69—70页。

② 王日根：《中国会馆史》，东方出版中心2007年版，第508页。

③ 关于牙行的研究，参见陈忠平《明清时期江南市镇的牙人与牙行》，《中国经济史研究》1987年第2期；燕红忠、李凤《清代的牙商及其经营特点》，《中国社会经济史研究》2013年第1期；燕红忠《清政府对牙行的管理及其问题》，《清华大学学报》（哲学社会科学版）2012年第4期；胡铁球《"歇家牙行"经营模式的形成与演变》，《历史研究》2007年第3期；胡铁球《明清歇家研究》，博士学位论文，华东师范大学，2010年等。

度的商业信用保证。在交易量较大的行业，如木材、丝绸、药材、茶、粮食等，牙行的存在更为重要。但是，牙行反而给予商业会馆建立一种外在刺激。牙行与商业会馆之间，存在着紧张感。

政府管理牙行有两个不同层面：官牙和私牙。官牙由官府设置，私牙则是领取牙帖。牙行于市场管理之问题在于它的垄断性，而这种垄断性与政府赋予的市场权力结合起来，难以受到市场本身制约。无论是官牙还是私牙，政府出于维持秩序的需要，必须满足管理的诉求。颁发资格就是一种管理手段。牙行形成某种特许资格，但这种资格背后，并不是以牙行是否能促成交易活跃市场为准，而是便于征税等满足政府需求。在一个理想状态中，牙行与促成交易、满足管理要求、增加税收的目标应该是一致的，但现实中却非如此。

牙行于商业的伤害首先是牙帖维持问题。牙人资格需要评定，但是在明清时期，牙人资格的评定标准是非市场化的，或者说与市场活跃程度无关。例如，出于殷实之家，回避官员亲属、商人联保等。这些都非常重要，但同样也是拟类于传统社会管理的静态化，没有出于交易量及商人口碑等这样的市场性标准。牙帖很有可能被冒顶、转让甚至出租。其次，牙帖数量的问题。出于管理，牙帖不能过多，但是固定数量的牙帖与市场交易的增长之间有着天然的矛盾。在清朝，还夹杂着地方财政与中央财政的问题（雍正耗羡归公后，地方以牙帖为由筹集资金）。这些政府管理中的腐败与混乱，通过牙帖传导到商业中，反而成为商业需要克服的问题。最后，在现实的交易中，由于以上问题的积累，导致牙行抬高物价，随意抽佣、欺行霸市的现象屡禁不止。即使是京城首善，也不免受累。1753 年（乾隆十八年），桐油行立碑《公建桐油行碑记》所言：

> 自生理以来，绝无开行店□，亦绝无经济评价。必本客赴通自置搬运来京，报司上税，始行出卖，其由来固匪伊朝夕也。无何，有网利傅天德者，既不开行，又不评价，不知执何年月日之帖，平空索取牙用，捏词叠讼，哓哓不已，幸蒙督宪大人……牌批云"凡一切不藉经纪之力者，俱听民自便，毋得任其违例需索，扰累

铺户，致于未便"。①

所以桐油业以此为凭，建立组织。即使到了 1932 年（民国二十一年），在《山右临襄会馆为油市成立始末缘由专事记载碑记》中提到，"惟吾油市成立以来，并未受经纪牙佣之影响。乃有民国初年，忽有油业专行之设。系匪人行贿临时当道，自称京兆财政分厅所，勒令我油市即时停止，由彼估价买卖，收受牙佣"。② 这则材料为民国时期，记述油行历史流变，从中可窥，以牙行名义讹诈商户，已经成为社会性的某种恶习。可见，商业会馆之组织功能的一部分，便是对抗由牙行导致的市场交易混乱。庆幸的是，地方政府并未偏袒牙行，政府认为追求秩序的稳定是首要的，在秩序意义面前，会馆与牙行能够抗争。

那么，政府又是通过哪种方式去影响会馆？首先政府并未提供给商业会馆一个官方的制度框架。会馆从筹备、管理与运营，以及人事安排和财务层面，在笔者所见材料范围内，没有政府主动干涉的记载。其次，有功名、官员背景的人参与，是官方影响会馆的途径之一。以非制度化的方式去影响会馆，是具有一定的积极意义的——基于同乡之人的号召力，通过个人建立会馆与政府之间的沟通渠道。例如，几乎绝大部分会馆碑文书写者，都是有功名的人。例如前文所提桐油行会馆，立碑之人为"监生郝成山 监生王明天"等人。这可以看成商人利用士人较高的社会地位来提升自身，但没有记载表明，这些有功名之人以此为凭干预管理。

因此，以会馆为代表的行业组织，构成明清时期基层经济秩序的依托，主要因为它诞生于民间乡土的社会心理诉求，而同时又可以为政府解决社会管理问题。会馆与牙行之间构成了某种对抗，在秩序维持层面，两者没有等级关系。面对会馆，政府并未有意去构建相应的制度框架，反而是官员的身份提供给会馆某种支撑和便利。既然政府给予会馆成立相对自主的空间，社会以及其他方面也没有对其产生压抑，那么会

---

① 《公建桐油行碑记》，李华《明清以来北京工商会馆碑刻选编》，文物出版社 1980 年版，正文第 2 页。

② 《山右临襄会馆为油市成立始末缘由专事记载碑记》，李华《明清以来北京工商会馆碑刻选编》，文物出版社 1980 年版，正文第 27 页。

馆的存在和发展，需要自身具有某种程度的自为性，它必须而且能够构建一套成熟的管理和规则体系。并且，将这套体系贯彻到商业社会发展中去。

第四节 一个整体性描述：晚清湖南行规研究

本节所展现的，是晚清时期发生在湖南的行业组织一种整体性意义的建构。整体性的考察是希望探讨中国社会在前近代时期市场是否能够在一种自主意义上提供秩序，即提供经济生活的基本行为框架和理性。"自主"并不意味着国家的超然，从以下的分析中可以看出，国家与行业之间构成了某种回应。"自主"则是指主体性、根本性的行业规则和秩序能够由行业本身来决定，包括规则和秩序的修改，等等。

如前文所述，明清时期的行业组织构成了政府管理社会以及行业秩序的依托。1785 年，河南舞阳北舞渡山陕会馆《公议杂货行规碑记》的行规，可以看出此时的行规初步构建了商业行为的框架。

一：买货不得论堆，必要逐宗过秤，违者罚银五十两

二：不得合外分伙计，如违者罚银五十两

三：不得沿路会客，如违者罚银五十两

四：落下货本月内不得跌价，违者罚银五十两

五：不得在门外拦路会客，任客投至，如违者罚银五十两

六：不得假冒名姓留客，如违者罚银五十两

七：结账不得私让分文，如违者罚银五十两

八：不得在人家店内勾引客买货，如违者罚银五十两

九：不得在栈房门口树立招牌，只写某店栈房，如违者罚银五十两

十：每年正月十五日演戏各家具有齐备，如有违者不许开行

十一：有新开行者，必先打出官银五十两到店吃饭，俱要饭钱①

---

① 参见张正明《晋商与经营文化》，世界图书出版公司 1998 年版，第 47 页。

这里的规则大致可分成两类：一类是对市场交易秩序自由与公平的维持，另一类是对同业之间交往的规定。这两类规则在之后有哪种发展趋势，又在整体层面上构成什么样的秩序逻辑？这样的历史继承与变迁，以晚清《湖南商事习惯报告书》[①] 附录后 269 个行规作为研究对象来说明。

彭泽益先生在《中国工商行会史料集》中收集了晚清《湖南商事习惯报告书》附录后 269 个行规。报告书中将商业（广义的）分为 12 类，包括手工业、金融业、交通运输业、服务业等各个行业。按书中所提及的统计，共有 133 个不同行当，条文数为 2636 条。以下统计数据均出自于此。行规覆盖时间从 1787 年到 1909 年。此处的研究将 269 个行规作为整体，即广义的商业范畴——符合明清时期政府和社会的理解——与农业相对的意义。另外，统计中不去严格区分商业和手工业（实际上也很难区分，例如纯粹的手工业也有贩售活动，糕点店既收徒做糕点也贩售，难以剥离掉商业属性，因此一并研究）。这样的整体研究也避免了某种因研究者主观选择而造成的片面性。

一 晚清湖南行规的统计情况

表 1-1　　　　　　　　晚清湖南行规时间分布情况

（此处仅统计具有明确朝代纪年的：共 180 个）

年号	乾隆 1736—1796	嘉庆 1792—1820	道光 1821—1850	咸丰 1851—1861	同治 1862—1874	光绪 1875—1908	宣统 1909—1911
行规数	2	2	11	3	9	121	32

表 1-2　　　　　　　　晚清湖南行规地区分布情况

地区	武昌	益阳	武冈	巴陵	安化	武陵	邵阳	湘乡	新宁	湘潭
行规数	135	20	19	16	13	13	12	10	6	4

---

① 参见彭泽益《中国工商行会史料集》，中华书局 1995 年版，第 190—533 页。

地区	浏阳	株州	桃源	永顺	会同	宁乡	平江	新化	其他	总和
行规数	3	3	2	1	1	1	1	2	7	269

表1-3　　晚清湖南行规行业分布情况（依照报告书中行业分类）

行业	行规总数	包含行业及行规数量
特许商	24	盐1，茶3，典1，丝1，磁1，竹木2，粮食5，灰1，棉花1，鱼3，油蜡1，药材1，马辔1，牙行1，山货行1
通货商	7	银号2，汇票简章1，钱号4
杂品商	12	山货1，斋2，南货2，京货1，广货1，杂货1，贩卖果实1，照相1，彩票2
麻丝棉毛皮革物商	25	丝线4，绸布庄3，花布1，夏布1，布店3，靴鞋店7，干湿靴鞋2，皮箱1，西货毡毯扇业1，绣局1，毛货1
文章用品商	11	书业4，笔店2，墨1，砚1，刻字3
制造商	61	篾店5，龙须草席1，磁器1，香4，纸烛1，伞4，纸10，染纸1，窑货1，缸坛1，弹花1，剪1，综绳1，鞭爆蚊烟2，纸爆1，泥1，雕1，明瓦1，玻璃1，铁3，京刀2，裱店2，竹木伞1，石穆锯泥1，木行2，锯1，纸扎3，角盒花簪1，纸盒1，灯笼1，戥秤2，炮1，圆木1
被服装饰商	28	成衣店10，原典衣庄1，袜店1，靴帽店1，帽庄1，首饰1，点翠2，包金担2，眼镜1，梳篦1，古玩玉器1，整容4，衬铺2
饮食染料及药材商	38	槽2，酒席2，杜康庙2，饭2，面2，米粉1，甜酒粉馆1，酥食汤点1，豆腐它粉水粉1，烘糕1，豆豉1，白缺烟袋2，烟店6，茶馆1，染坊4，靛布2，生药5，戒烟1，槟榔1
矿属商	17	铁2，铸1，锡2，铜6，冶3，炭3
农产物商	19	碓户3，粮食槽1，米业1，磨1，糖1，漆6，木号2，菜3，粪1
动物商	7	屠业4，牛皮坊1，鱼虾业1，鸡鸭烧腊1
交通商	19	客栈4，船3，毛板2，官轿竹木载1，箩9
总计	268	

二　晚清湖南行规的分类特征

对这2636条条文进行分析，依据整个样本量的特征，参考相关文献及前人研究，以共性特征考虑，采用以下分类：

（一）关于各行会内部管理的规定

这些规定旨在对内部公共性活动进行管理和规范。可以分为：

1. 关于祭祀的规定，包括祭祀活动以及管理物件等

祭祀活动的管理和费用筹集往往和行业其他费用在一起，因此将其归为行业费用。纯粹祭祀活动条文方归于此类，例如书业规定"行内敬祝文昌帝君，以崇主义。每年瑞诞之期，凡我同人，理宜各整衣冠，集坛庆祝，以昭诚敬"。并借此颁行规定："同人以本年三月十五日庆祝财神瑞诞为始，所订新章，亦于此日通行。"① 刻字业规定"每逢二月初一晚，凡入庙庆祝者，必整肃衣冠以昭诚敬，倘衣冠不齐整，不得与祭，亦不得与席，凡我同人，各宜遵循自爱"。②

2. 关于差务的规定，包括应官差赋税，以及厘金的征用等

如茶业规定"茶厘照章完纳外，凡地方要公应输捐者，公同酌议，照箱额包额摊派"。③ 纸扎店规定"迎春播种差事，系归值年人专办，长善各铺户每岁各出帮差钱一百文"。④ 应公劳务有碓户"承办科场各项米石，向有旧规，各户勇跃奉公，毋得临期规避"。⑤

3. 关于公共事务费用的规定

一部分是对祭祀费用的规定，如木行"鲁班先师瑞诞，值年收捐，每人香钱六十四文"。⑥ 还有一般公费筹集。如甜酒业规定"同行合共六十家，每家捐钱二串文，以作公项，归经管轮流生息"。⑦

---

① 《书业条规（省城）》，彭泽益《中国工商行会史料集》，中华书局1995年版，第283—284页。

② 《刻字店重定条规（省城）》，彭泽益《中国工商行会史料集》，中华书局1995年版，第299页。

③ 《茶业条规（省城）》，彭泽益《中国工商行会史料集》，中华书局1995年版，第201页。

④ 《纸扎店条规（省城）》，彭泽益《中国工商行会史料集》，中华书局1995年版，第366页。

⑤ 《碓户公议行规（省城）》，彭泽益《中国工商行会史料集》，中华书局1995年版，第475页。

⑥ 《木行条规（省城）》，彭泽益《中国工商行会史料集》，中华书局1995年版，第343页。

⑦ 《长善甜酒粉馆同行公议条规（省城）》，彭泽益《中国工商行会史料集》，中华书局1995年版，第420页。

4. 关于行会内部组织管理的规定

如对于值年的责任规定，对于争议处理程序的规定等，此处后文详细讨论。

（二）关于行业内市场经济行为相关的规定

如交易、价格、度量等因素。根据明确的文字内容，可以分为：

1. 对于度量衡的规定

例如盐号规定"照盐行法较立公议准盐秤，照油行法较立公议钱平正秤，又立公议花秤，均交值年经营"。[①] 山货行要求用秤之核准："一议各店所用之秤，定期每年三月十六日齐送至公所，将颁请正十六两官法，公同较准烙盖火印为记，每店出进通用"。[②]

2. 对于交易规则的规定，这其中包含对于银钱准衡及交易公平的规定等

银钱方面如布行规定"我行出入文钱，均照街市通用，不得违例"。[③] 黑茶业规定"规正兑算，产户兑账，每串钱给行用钱五十七文，作九四三兑算，不得抹尾短算"。[④] 交易公平原则首先体现在买卖自愿上，如怀邦药材业规定"买卖交易各货，三面议价，看货隔宿，不许退货改票"。[⑤] 山货行规定"各货买卖，任客投店，不得懒截勾引，悄添价值，希图牵扯夺买"。[⑥] 典衣业规定"买主入门，姑无论生意成否，总由客便，不得高声呼唤，有失商体"。[⑦] 其次是强调公平原则本身。

---

① 《盐号条规（省城）》，彭泽益《中国工商行会史料集》，中华书局1995年版，第201页。

② 《山货店条规（省城）》，彭泽益《中国工商行会史料集》，中华书局1995年版，第241页。

③ 《布店条规（武冈）》，彭泽益《中国工商行会史料集》，中华书局1995年版，第263页。

④ 《黑茶条规（安化）》，彭泽益《中国工商行会史料集》，中华书局1995年版，第204页。

⑤ 《怀邦药材行公议条规（省城）》，彭泽益《中国工商行会史料集》，中华书局1995年版，第227页。

⑥ 《山货店条规（省城）》，彭泽益《中国工商行会史料集》，中华书局1995年版，第241页。

⑦ 《原典衣庄条规（巴陵）》，彭泽益《中国工商行会史料集》，中华书局1995年版，第336页。

如京货行规定"会内乡间卖货,务须公平交易,不得乱卖"。① 花布行规定"卖布价值,听鹿角买价涨跌,不得高抬低减"。② 典衣业规定"门市贸易,必须公正和平,言语清白,不得任意诈欺,有碍客路"。③

3. 对于质量要求规定,包括货物与工艺质量两方面

如生药店规定,"开设生药店及医症卖药,总要以真药发给,毋得以假药哄骗射利,倘有哄骗,一经查明,公同逐革,如违禀请惩究"。④ 粮食行规定"谷米落价后,高低眼色,自有不一,毋得以便宜之米指鹿为马,欺瞒买客,自行起坡"。⑤ 工艺方面如靴鞋铺规定,"客司做货,向有上中下三等,应做三等公议,不许做剗空作假。倘有不遵,紊乱条规,罚戏一台"。⑥

4. 对于价格规定,包括物品和劳务

例如香店条规(武陵)一章中对 40 种香的价钱有详细规定。⑦ 总的看来,对于工作价格的统一规定比对物品价格的规定要严格许多。另外还有对价格变动的规定。如斋店规定"各色糕饼牌价涨折,每月朔望由香主公平酌议,垂牌各店门首,一律照议发售,不得私行增减。如有低价滥售,攒图渔利者,查出罚钱肆前八百文,以儆效尤"。⑧

5. 其他规定

没有明确提到以上分类,但均指向维持交易的公正、对以往习惯的

---

① 《零星京货店条规(武冈)》,彭泽益《中国工商行会史料集》,中华书局 1995 年版,第 247 页。

② 《花布帮公议条规(省城)》,彭泽益《中国工商行会史料集》,中华书局 1995 年版,第 262 页。

③ 《原典衣庄条规(巴陵)》,彭泽益《中国工商行会史料集》,中华书局 1995 年版,第 336 页。

④ 《生药店条规(省城)》,彭泽益《中国工商行会史料集》,中华书局 1995 年版,第 446 页。

⑤ 《粮食行条规(巴陵)》,彭泽益《中国工商行会史料集》,中华书局 1995 年版,第 221 页。

⑥ 《靴鞋铺条规(省城)》,彭泽益《中国工商行会史料集》,中华书局 1995 年版,第 374 页。

⑦ 参见《香店条规(武陵)》,彭泽益《中国工商行会史料集》,中华书局 1995 年版,第 312 页。

⑧ 《斋店条规(湘乡)》,彭泽益《中国工商行会史料集》,中华书局 1995 年版,第 245 页。

改良等，单独列出是因为具有行业特殊性规定。例如，安化黑茶业规定"成交归包后，客商加灰印为记，产户或将灰印变动，斟换茶包，一经查出，从重处罚。如运夫在途撞坏印记，货色相对者，不在此例"。①

（三）关于市场权力划分与继承的规定

体现出行业对于从业人员以及行业准入的规定。入行规定最主要包括学徒与开店规定。大体上对于徒弟入行规定，都为出一进一，一般需要向行会缴纳会费和向行内报名备份的要求。例如，酒席店规定"我同行带徒弟，凡衙内铺店，无论伙计多寡，只准出一进一，出师时须报明值年总管，入庙渤碑，每人钱一千文，演大戏一部敬神，以进师之日起，限半年为度，不许过期。有不尊者，系本师之过，查出罚油十斤"。"我行凡有参师者，须先入庙报知总管值年，指名系某人之徒，如确无混杂情弊，始许渤碑，公议上会钱五串，演戏敬神，即以进师某日为准，有不遵者，系师之过，公议罚油十斤入庙敬神。"②

新开业者，类似于新纳徒弟，需要缴纳费用并需要行会接纳。酒席店规定"我同行新开铺面，每牌费钱十五串文，改牌者出钱七串五百文，先捐入庙，然后挂牌，不遵者，罚油十斤""有外行之人新开铺户，请我行内之人帮贸，必须言明行规，上会挂牌，如言明不上会者，我行内不准帮做，倘有不遵，查出罚戏敬神""我行新开铺面，倘与未入行之人合伙，又有记名之徒，必先报知值年渤碑，钱五串文，酒席四桌，入庙演戏一部"。③ 有的行业更是细化到门面格局的规定，如白缺烟袋店规定"新开铺店，对门左右转弯抹角，对照左右，上下均隔铺面四家，方许开张，毋得滥贸"。④ 而特别的是对于门牌的继承原则，一般只承认父子或者嫡系继承，其他继承，一律按外人入行算。酒席店规定"嫡派子侄开原牌者，免其牌费，以及门徒仍开原牌者，出备牌

① 《黑茶条规（安化）》，彭泽益《中国工商行会史料集》，中华书局1995年版，第204页。

② 《酒席店条规（省城）》，彭泽益《中国工商行会史料集》，中华书局1995年版，第410页。

③ 同上。

④ 《白缺烟袋条规（省城）》，彭泽益《中国工商行会史料集》，中华书局1995年版，第425页。

费钱七串五百文归公，合伙不准"。①

对行业内人员行为的限定，包括做工、雇用、经营范围、雇主与员工约束以及对工作时间的规定。做工规定一般针对做工的种类，做工要求等。如长善银号规定"客师帮店，不理正艺以及私情等弊，查出公同革议，不准做艺。"② 干湿靴鞋店条规规定"客师在店做艺，不得在外揽货包做"。③ 典型的工作时间的限制，如斋馆规定"零工客师如遇店东赶货加做晚工，以开灯时起，二更后止作为一工，照给工钱一百二十八文"。④ 对新增雇用，一般都需要缴行规钱。如面粉店规定"外来粉店面馆客师，亦应备行规钱照上，分别数目入公，倘有不遵，行内铺家均不得雇请"。⑤ 并且会有禁止乱挖员工的规定，如笔店规定"两帮店主，所请客师如在伊店相安，他店不得剜请。倘唆哄出店，暗地剜请者，一经查出，公议罚钱贰串文入公，毋稍徇碍"。⑥

（四）惩罚与监督

在每个行会内部管理，经济行为或者市场权力划分之中，都有惩罚性质的表述，如"公同议罚""违者议罚"等，大量存在于条文中间。此处惩罚与监督，是指一个条款明确仅指惩罚与监督。例如，绸布行规定"以上各条禀请宪示刊刻石碑，凡我同行务期照规尊行，如有紊乱规章，公同议罚"⑦ 等，主要用以归类明确，并不具有更多意义。

从以上统计中，再进行一次条规覆盖程度的统计分类，能较清晰地

① 《酒席店条规（省城）》，彭泽益《中国工商行会史料集》，中华书局1995年版，第410页。
② 《长善银号公议条规（省城）》，彭泽益《中国工商行会史料集》，中华书局1995年版，第230页。
③ 《干湿靴鞋店条规（省城）》，彭泽益《中国工商行会史料集》，中华书局1995年版，第277页。
④ 《斋馆条规（省城）》，彭泽益《中国工商行会史料集》，中华书局1995年版，第244页。
⑤ 《面店粉店条规（省城）》，彭泽益《中国工商行会史料集》，中华书局1995年版，第417页。
⑥ 《笔店条规（省城）》，彭泽益《中国工商行会史料集》，中华书局1995年版，第289页。
⑦ 《绸布庄前定条规八则》，彭泽益《中国工商行会史料集》，中华书局1995年版，第259页。

指出晚清湖南行规集中于哪类事务。例如，在一个有 10 个条文的行规中，共出现了 4 种类别的条文，分别是祭祀、度量衡、用工规定和惩罚，计为 4 次。如此 2636 个条规，共有 1439 次。这样做是为了防止一个种类出现多个条文，影响分类占比，进而夸大或者缩小对于条文类别的统计分析。在这 1439 次中，统计如下：

表 1 - 4　　　　　　　　　　　行业类别统计

行规类别	单位（次）	占总类别数比例	占各自类别比例
行会内部管理	331	23%	100%
祭祀	42	2.92%	12.69%
公共事务管理	158	10.98%	47.73%
差务	55	3.82%	16.62%
费用	76	5.28%	22.96%
市场规则	494	34.33%	100%
度量衡	32	2.22%	6.46%
交易规则（银钱）	19	1.32%	3.85%
交易规则（度量）	13	0.90%	2.63%
交易规则（公平）	68	4.73%	13.77%
质量要求	31	2.16%	6.28%
价格规定（物品）	50	3.47%	10.12%
价格规定（人工）	73	5.07%	14.78%
其他（各行业特点）	208	14.46%	42.11%
市场权力划分与继承	559	38.85%	100%
进入（用工）	110	7.65%	19.68%
进入（学徒）	125	8.67%	22.31%
进入（开店）	156	10.84%	27.91%
限定（做工）	41	2.85%	7.33%
限定（雇用）	73	5.07%	13.06%
限定（经营）	5	0.34%	0.89%
限定（雇主与员工）	37	2.57%	6.62%

行规类别	单位（次）	占总类别数比例	占各自类别比例
限定（工作时间）	12	0.85%	2.20%
惩罚与监督	55	3.82%	100%
总计	1439	100%	

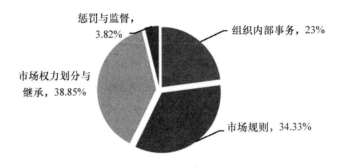

图 1-1　行规类别比例

第五节　晚清湖南行规的秩序结构分析

通过以上分析，能够清晰地观察到一个庞大细微的商业秩序体系。晚清《湖南商事习惯报告书》中，这个体系已经长期存在并被商业组织所构建、维持。以本章开篇提及的1785年（乾隆五十年）《公议杂货行规碑记》相比，晚清时期湖南行规延续了行业组织对内管理和对外交易与市场的规则制定两大职能，进一步延伸出关于市场权力划分的规定。整体上看，它系统地囊括这三大主要部分。接下来的问题是体系的维持要素——认同感、合理性、执行力以及政府在其中所扮演的角色。

一　行规的合理性

（一）认同感与合理性

首先可以看出，祭祀是重要的。培养从业人员超越利害的"诚敬"心理，是行业精神意义的表现。具有仪式性、整合性的祭祀活动，也构成了对行内公共事务处理的契机。但是，祭祀在整个规则体系并未占很大比例，祭祀也并不是认同的核心。祭祀不构成一种超越的意义。1928 年，步时济研究北京的行会宗教活动中，"37 个行会中的 9 个行会（24.3%）过去有宗教祭奠，现在都停止了"①，原因包括经济（生意不好）和新观念的扩大。并且"在一些行会里，明显可以看出宗教祭奠是马马虎虎的"，行会自己的人对祭奠的看法包括"是个传统，没什么真用处"，"没什么真正的意义"。特别地，在北京景泰蓝业行会说"行会人对经济事物非常热心，但对宗教事务没有什么兴趣"。② 因此，从业人员对行业组织的条规认可，需要寻找其他更为信服的认同基础。

实际上，规则的认同感来源于对行业整体利益与个人生计关系的认识。报告书中 1909 年湘乡茶行序言，总述立规缘由："近因人心不齐，苟且图利，往往得不偿失，匪特号主莫获赢余，而园户亦因之失利。"③ 1891 年省城粮食行条规前言："行店有条规，生意所以无欺诈。今我长善粮行，酌定章程，俱从公议。或照古法，或立新章，总以诚信通商为上，毋取巧，毋恃强，俾得风俗朴纯，财源茂盛。是则我行所同心属望者。"④ 这种认同，不仅有一种口号式的言语和道德文化意义，它包含某种实践性积累的结果。⑤ 1928 年北京行会调查中，当询问到什么是行

---

① ［美］步济时：《北京的行会》，赵晓阳译，清华大学出版社 2011 年版，第 151 页。

② 同上书，第 155 页。

③ 《绸茶业条规（湘乡）》，彭泽益《中国工商行会史料集》，中华书局 1995 年版，第 202 页。

④ 《粮食行条规（省城）》，彭泽益《中国工商行会史料集》，中华书局 1995 年版，第 216 页。

⑤ 1715 年（康熙五十四年），京城仙城会馆创建中，碑文所言"人知利其利，而不知利自有义，而义未尝不利。非斯馆也，为利者方人自争先后，物之徵贵贱，而彼幸以为赢，此无所救其绌，而市人因得以行其高下刁难之巧，而牙侩因得以肆其侵凌吞蚀之私。则人人之所谓利，非即人人之不利也耶？亦终于忘桑梓之义而已矣。惟有斯馆，则先一其利而利同，利同则义洽，义洽然后市人之抑塞吾利者去，牙侩之侵剥吾利者除，是以是为利而利得也，以是为义，而义得也"。可以看到相对于学者，商人们对义利关系有着更为现实和包容的理解，也更希望能够在商业行为中建立和贯彻某种价值。它不来自宗教，而是社会生活中更深层次的利害认识。详见《创建黄皮胡同仙城会馆记》，李华《明清以来北京工商会馆碑刻选编》，文物出版社 1980 年版，正文第 15 页。

会力量的来源，回答最多的是"谋生层面上的合作优势"。① 在传统中国商业实践中，经济学的理性人逐利动机并未否定，而是将个人行为与行业集体进行梳理，放在一个秩序框架中。商业逐利中，需要限制个体无节制的行为，在短期与长期、个人与行业之间权衡。经过明清几百年的实践经验积累，行业组织清晰地理解到，是秩序与规则而非其他因素，才能对抗短视逐利带来的长期负面影响。因此，行业组织最重要的是个人逐利的行为与长期利益之间的维持。因为有组织的存在，能够公平公正地将短期内某种程度个体层面的节制与牺牲，变成行业共同遵守的准则，不至于使个体因为遵守规则而造成某种经营的成本和利益的让渡，变成商业的不利因素。换句话说，长期利益的维持，被平均地分担到每个从业者中。因此以商业组织为基础，构建实现长期行业利益的规则体系，是其合理性之一。

（二）程序原则与合理性

合理性的另一个来源，是组织程序规则——"公议"。1907—1908年出版的日本《支那经济全书》，其中研究中国会馆与公所一章提到"清国商业之习惯，遵守公议，以为一定之规则。其公议之内容，如商品取引（即交付货物），荷造（即包装），度量衡，金钱引渡（即交付银钱），割让（即折让），买卖价格，佣人系用法。其他之货物税，罚金，种种规定，无不以公议为标准"。② 日本人调查认为，会馆具有规定秩序的合理性来源为"公议"，这是明清商业组织最重要的层面之一。在传统中国的经济生活中，理性来源之一是"公私"分明。"工人对管理控制之所以能接受，主要是能接受它所代表的集团权威，而不是接受单独的领导个人。"③ "公议"在此处不仅具有价值意义，还具有程序和规则意义。表现在对组织内部治理的透明、公正以及"不私属"的流动性保证。

除了制定规则时的"公议"原则外，首先是成员对内部事务，在具体人员任用和监督上贯彻"公"的原则。最核心的是对组织管理人

---

① ［美］步济时：《北京的行会》，赵晓阳译，清华大学出版社2011年版，第179页。

② 彭泽益：《中国工商行会史料集》，中华书局1995年版，第109页。

③ ［美］步济时：《北京的行会》，赵晓阳译，清华大学出版社2011年版，第114页。

员选择的规定。

（1）人员选举。大部分条文类似于书业条规中的"每届公举总管二人，值年四人"①，选举的规则主要为公推和轮举。大多选举任期为总管3年左右，值年1年左右，值年人数3—8人不等。有的还规定了总管更替要顾及新旧交替以及土客问题，如钱店规定"旧总管四人内，酌留客本两籍各一位，新旧各半，轮流交接，以资熟手而免误公"。② 有的则设计了投票选举规定，"今集议用投票法责立总首，附首各一人"。③

（2）管理人员责任要求。1）财物管理，并且规定交接的方式以及经营问题。一般需要"务将银钱出入凭众核算，张贴晓单，全数交卸""倘有移私抵公，下手不得接理"。④ 或规定"倘下班亏空银钱，上班值年认赔"。⑤ 皮箱店规定"迁交值年，必须账项银钱及什物等件三日内概行清交。存单毋得草索，所有公项，归经管人掌放，注载总簿，红黑诸惟经营是问。每月收放，不得徇情迟缓"。⑥ 2）值年有征收会费相关责任。如书业规定"每人出备钱二串文交值年收入归公"，并且当经费不足时需要值年主动筹集，"每人每日抽收日捐钱二文，以每月初二十六由值年上街收取"。⑦ 3）对祭祀事务的管理。如钱店规定，对公庙内的"灯彩、铺垫、什物、器皿"，要求"均登簿记"，"每届新旧交接，当面照簿点验交接"，"外行人等不准租借"。⑧ 4）监督行规的施行。如芽菜

① 《书业条规（省城）》，彭泽益《中国工商行会史料集》，中华书局1995年版，第284页。

② 《钱店公议条规（省城）》，彭泽益《中国工商行会史料集》，中华书局1995年版，第234页。

③ 《书肆简章（桃源）》，彭泽益《中国工商行会史料集》，中华书局1995年版，第287页。

④ 《书业条规（省城）》，彭泽益《中国工商行会史料集》，中华书局1995年版，第284页。

⑤ 《绸布庄后定条规十条（省城）》，彭泽益《中国工商行会史料集》，中华书局1995年版，第260页。

⑥ 《皮箱店条规（省城）》，彭泽益《中国工商行会史料集》，中华书局1995年版，第273页。

⑦ 《书业条规（省城）》，彭泽益《中国工商行会史料集》，中华书局1995年版，第284页。

⑧ 《钱店公议条规（省城）》，彭泽益《中国工商行会史料集》，中华书局1995年版，第234页。

业规定"议每年公举值年首事，稽查临差逃避，沿街买卖，及不公平抢行夺卖，口角相争，假冒顶替，雇请外人，私带徒弟，先不通闻"。①

（3）管理人员行为约束。最主要是保证交替，强调不准恋管、贪渎和公事公办。如纸扎店规定"值年首士，必须轮流更换，所存公项，不许一人独握，以杜侵蚀之弊。如有持强羁管者，公同作议重罚，永禁不准管理公项"。②

可见，商业组织内部管理中，"公"的原则贯彻始终。组织公共事务管理一项，就占整个条规类别统计的10.98%。不但主事之人需要推举，并且有任期规定以及对人员管理责任和约束。在任期间，或许还有同行对主事人能力与人品的间接考量。公共权威的操持在行业组织内保持了一种流动性。

反观来看，这是否能够归于西方组织中的朴素民主性？答案是否定的。1928年的调查中，当提及行会力量是否来源于"民主要求"时，回答是空白的。"行会人毫无疑问地没有认为自己是民主团体"。③ 行业组织秉承的"公共性"，应该从传统中国实践理性中去理解。

行业中每个从事经济活动的个体，以"私"意为出发点，通过组织形成行业认可的"公"意。这不仅是程序意义的，还是共识构建的过程。毋宁说秩序的合理首先是实质性的，其次才是某种程序意义。团体理性的"公"，应该而且存在于每个人的"私"意中，即使是"公议"，也不具有绝对意义，而是需要商讨来确定公议内容的合理性。④

---

① 《芽菜条规（省城）》，彭泽益《中国工商行会史料集》，中华书局1995年版，第495页。

② 《纸扎店条规（武陵）》，彭泽益《中国工商行会史料集》，中华书局1995年版，第368页。

③ ［美］步济时：《北京的行会》，赵晓阳译，清华大学出版社2011年版，第179页。

④ 关于中国的公私关系，探讨比较深入的是沟口雄三。简单地说，他首先肯定，在中国"公"具有原理性和超越意义，在社会层面具有批判意义，构成了政治话语中的公平与合理的指向。另外，他认为跟日本相比，在共同体中，中国的"公"更有某种"私"的干预，以此作为公共性的基础。日本是严格的，家门之外便是公领域，自己所属的场域构成了公的基础。而中国的"公"是人际关系的体现。但是，在中国组织内的"公"，在实践中即使是某种关系性的体现，也不能就此认为没有合理性。并且，具体观察中，显然公意具有某种理性。参见［日］沟口雄三《中国的公与私·公私》，郑静译、孙歌校，生活·读书·新知三联书店2011年版。

它和民主的差异在于，个人独立的意义并不被强调。私意到公意的过程，跟个人自由意志无关，毋宁说它是中国人处理公共事务的方式：私意之融合。结合组织管理层的权威，私意便被整合入公意。公的作用就是行业理性的表达。理性还体现在对管理人员责任要求上——"位高而责重"。规则制定从来不着眼管理人员有什么义务和权利，强调的都是责任。

（三）惩罚与执行力

在实践中，不可能所有人完全基于规则的"认同"和"合理"就会遵守。外在执行约束体现在惩罚条款中。惩罚的轻重，也贯彻了"公"的原则。逃避公共事务，伤害公共利益的惩罚，往往最重。一般而言，没有各个行业通行的惩罚标准，但是整体上看具有某种层次，这种层次显示出对"公"的维护。仅发生在个人之间的行为，如抢夺客师，亲友行私这类的，惩罚的方式较轻，主要为补交会费或者罚款。如省城笔店条规言客师"倘唆哄出店，暗地剃请者，一经查出，公议罚钱贰串文入公，毋稍徇碍"。① 对于违反交易公平这类行为，不尽差务等，伤害整个行业利益的，惩罚最重，有没收货物，逐出行内，或者罚大戏。如屠业"设票以防漏捐。如无票宰杀，查出罚钱二串文，二次罚钱八串文，三次革逐"。② 丝线店条规规定"嗣后制作货物，均应切实改良，以期渐臻起色，利益均沾。凡作假取巧弊端，即宜革除，以振商业"。③ 惩罚钱财的处理，往往指向的也是公共事务，如罚戏、罚酒和香火钱之类的，除了表明行为伤害的是公共利益之外，还包含了对公共利益的恢复，利用了比较和谐的解决方式——一种基层礼制的体系。

对违背者"逐出行内""革除"，实质来源于"集体放逐"的力量。集体放逐，就是将违背者"开除"的机制。最重要的是，需要让违反规则的人相信，行业整体能够一致行动。那么行业是否能够一致行

---

① 《笔店条规（省城）》，彭泽益《中国工商行会史料集》，中华书局 1995 年版，第 289 页。

② 《漆店条规（武冈）》，彭泽益《中国工商行会史料集》，中华书局 1995 年版，第 438 页。

③ 《丝线铺公议条规（益阳）》，彭泽益《中国工商行会史料集》，中华书局 1995 年版，第 257 页。

动？1886 年，玛高温（D. J. Macgowan）所著《中国的行会》一文中提到，行会的"联合抵制"，"对所有冒犯者的排斥，都是尽其所能的，并且行会在抵制过程中拥有巨大的权力"。① 马士（H. B. Morse，1855—1934，1847 年毕业于哈佛大学来华，考入海关）在 1909 年发表《中国行会考》，认为"中国所有的行业公会，在每个商行的职责的详尽和成员中需要利益的完全一致方面，则是相同的。它们的章程不是形同虚设，而在实际上被实施，在这一点上，也是相同的"。② 在外国观察家眼中，晚清商业组织具有极强的凝聚力，我们有理由相信，商业组织的集体放逐同样也具有相当可信性。

二 政府与行业组织

从内部管理到惩罚机制，从认同感、凝聚力到规则的制定、实施，晚清中国的商业组织形成了一套比较完整合理的制度体系，而且有着相当的自主性，那么政府的角色又是如何？马士认为，"在中国，政府仅仅是一个征税和维持秩序的机构，就它对商业界事务的干预而言，它不是针对行政官员的个人利益的动机，而是基于非经济或商业原因的伦理原则。行会已经与政府分离并独立地发展起来；它们已经形成自己的组织，追求自己的目标，制定自己的规章，以自己的方式或方法约束他们自己"。③ 在西方观察家眼中，政府在商业组织的形成发展中作用非常间接。

行业组织与政府直接的关系，便是差务和赋税的承担，这构成了组织公共事务相当的成本，也是行业纷争的焦点。例如，磁业言"我等磁业向有牙帖科差，兹又奉牙厘局示，加捐并派缴常年岁捐，以办地方要政"，所以磁业对私受非常反感，"如无行单，不得私自完厘起入，以免乘间混进城门逃捐漏厘"。④ 此种成本甚至会非常沉重，丝行业条规说道："近因人心不古，常有自行暗卖，行虽知觉，碍于宾主情面，不便认真。在少者原无足计，多有整千两数百两，私自售卖，**以致行中**

---

① 彭泽益：《中国工商行会史料集》，中华书局 1995 年版，第 10 页。

② 同上书，第 68 页。

③ 同上书，第 66 页。

④ 《磁业条规》，彭泽益《中国工商行会史料集》，中华书局 1995 年版，第 213 页。

生意日微，不惟缴用差费不敷，实在有亏成本。即按卯每无厘金可报，究其底细，外间私售之货不减行内所销，实属不成事体。若不及早整顿，将来受累滋深，只得邀集同人，并请买卖各号，公同商议，重整旧规。"① 差务和赋税成为商业组织被政府承认的原因之一。另外，行业组织也协助政府管理工作，如省城（长沙）饭店条规有"安宿客商，必须查明宾客姓名，来历清楚，随登号簿，候局稽查"。②

官方对行业组织的承认，首先表现为"稽核在案"。如钱店公议条规："今者同行各户增定章程，既蒙各大宪俯赐批词，严加整饬"。③ 所以，条规中常常体现"纳税承差，宪章历奉"，成为对商业规则权威的支撑。类似明确得到政府承认，在整个 269 个行规共有 54 个，占整个行规数量的 20.07%。

除此之外，行业纠纷处理，得到官方认可之后，能够上升到某种普遍意义。如红白纸店有一则纠纷："红白色纸店，买卖向来听客自便。于光绪十六七年，复有粗纸行店主，图索行用，阻拦起货，控经善宪孙、姜两次断结，嗣后仍照断案，一律遵行。"④ 在商业纠纷处理上，政府是解决纷争最有力的组织。整体上看，此时政府的存在依旧延续着前文所述的秩序性管理，从未主动干预商业，也并未改变商人团体组织逻辑。但是，随着商业的开展和争议的增多，政府具有的权威成为商业社会构建所需要的。这些对政府旨在恢复秩序、保证公平的需求，会构成对政府职能的新的诉求。这些新的诉求，糅合了晚清对外部因素的呼应，在近代体现在政府职能向商业领域的延展。

三 对"市场权力"的一些说明

需要说明的是，清代湖南商业规则体系中有相当一部分是市场权力

---

① 《丝业行条规（武陵）》，彭泽益《中国工商行会史料集》，中华书局 1995 年版，第 212 页。

② 《饭店条规（省城）》，彭泽益《中国工商行会史料集》，中华书局 1995 年版，第 414 页。

③ 《钱店公议条规（省城）》，彭泽益《中国工商行会史料集》，中华书局 1995 年版，第 233 页。

④ 《红白纸店条规（省城）》，彭泽益《中国工商行会史料集》，中华书局 1995 年版，第 327 页。

划分的规定，以及对物品和劳务价格的规定。这部分是研究商业组织最具争议的地方，以往将此看成传统中国行会"封建性"的表现。西方观察家眼中，这也构成了一种"阻碍企业自由经营和个人创造自由的控制体系"。①

例如关于价格规定。有的是对物品价格的规定，如香店条规（武陵）一章中对 40 种香的价钱有详细规定。② 对于劳务价格的统一规定比对物品价格的规定要严格许多。书业"上壳每百本工资贰拾肆文，磨书打眼，每万工资叁拾贰文"。③ 还有对价格变动的规定。如斋店规定"各色糕饼牌价涨折，每月朔望由香主公平酌议，垂牌各店门首，一律照议发售，不得私行增减"。④ 再比如前面所提对学徒以及开业、继承牌号的规定。这些规定限制了市场的自由，也造成了某种市场进入的门槛，究竟应该如何理解？

首先，在地区性市场的行业构成之外，还存在某种"行商"。这些商人并不承担政府的义务，也不承担行业义务。例如，省城的箆店条规"曾因乡间无耻之徒来省，沿门钻做，亦有肩挑来城买卖，亦有外行混作等弊，何成规体？"⑤ 所言的就是游商不承担集体义务。这些规则旨在排除市场竞争中的不公平，因此要被行内排除，而非行业垄断性的排斥。

其次，对价格的规定和继承的规定指向了同一个问题：传统市场产品的区分度和人口压力。能够规定工艺或者价格标准的，产品的同质性往往大于异质性。如果同样的产品或者工艺，以价格作为手段竞争，整个行业需要承担相当的损失和打击。规定价格和继承等问题，是在平衡

---

① 主要来自马士的观察，参见彭泽益《中国工商行会史料集》，中华书局 1995 年版，第 69 页。

② 参见《香店条规（武陵）》，彭泽益《中国工商行会史料集》，中华书局 1995 年版，第 312 页。

③ 《书业条规（省城）》，彭泽益《中国工商行会史料集》，中华书局 1995 年版，第 283 页。

④ 《斋店条规（湘乡）》，彭泽益《中国工商行会史料集》，中华书局 1995 年版，第 245 页。

⑤ 《箆店条规（省城）》，彭泽益《中国工商行会史料集》，中华书局 1995 年版，第 301 页。

整个行业利益和以邻为壑的个体竞争关系。从另一个侧面显示出传统手工业与人口职业选择发展的艰难，"多余劳动力是理解行会组织垄断性特征的必要前提"。①

进一步地，传统行业组织暗含一种对市场利益进行分配，保证经济机会的平等。市场于工商从业者不仅是竞争意义，更是生计意义。市场权力的保守和限制，在手工业中更加凸显。1928年的北京行会调研中，存在一种手工业和商业行会的分化。手工业行会更注重祭祀意义团结和学徒制度的延续，商业行会则体现出伙伴友谊的团体精神。手工业行会中，入行之后才会被分配工作机会的情况时有发生，如搬运工行会；并且应对物价上升而要求工资的调整中，行会力量远胜于个人。商人行会，经营个人就可以代表作为一个商店入会，而手工业中，往往是个体性的。商业行会往往对资产有要求，并且与新兴的商会走得更近。从行会的权力角度来看，手工业行会与商会之间甚至表现出一种竞争关系。传统手工业行会的权威因商会的存在有所减弱，但在商人行会中并没有如此。

总的来讲，近代之前，中国最基层的经济秩序是以诞生于民间的行业组织为核心而构成的。行业组织构建一种调控市场秩序的体系。这种体系包含了秩序稳定、市场的公平、政府义务和保守的市场权力等因素。它的合理性和认同感不来自任何超越的意义（如祭祀），而是来自公私协调之下的个体利益与行业利益的平衡，以及组织规则的公共性实现。这些都不只是单纯地回应现代意义的市场与竞争的构建。它回应的是商业社会变化带来的经济和社会问题。最大的变化是明清时期行业组织所带有的乡缘性特征，被逐步上升的行业集体意义所代替。政府的意义相对仍是间接的。无论是组织内部秩序或市场秩序，构建的主体还是行业组织。这些成为进入近代行业组织研究的背景与起点。

----

① ［美］步济时：《北京的行会》，赵晓阳译，清华大学出版社2011年版，第33页。

第二章　近代社会变迁与行业组织

第一节　近代的社会、政府与行业组织

晚清的巨变给予中国社会的冲击是巨大的。李鸿章惊叹的"三千年未有之变局"背后，不仅是军事性的，还看到了世界性国家规则、内部制度到经济形态、文化意识的种种差异，而这些差异带着"先进"和"现代"的压力走进中国。世界以民族国家为单位，即以"国家"作为整体和代表进行交往。传统中国国家的意义和存在状态与晚清世界体系的其他国家完全不同①，冲击一步步地传递，国家的压力向下渗透到社会。因此近代中国的痛楚不仅来自外敌入侵、割地赔款，同时也来自国家作为一个整体，在西方帝国主义时代的商业与资本竞争压迫下，自觉不自觉地转变。

近代中国从秩序稳定为共同追求的理想形态中，逐步向"富强"的民族国家理念迈进。这就要求国家重新建制自身的职能以对抗外界压力，进一步地调动社会资源去实现"富强"的目标。民族国家格局的竞争中，政府就会有愿望去建构向下延伸的能力，在基层社会建立新的控制力和权威。传统的"无为而治""藏富于民"的经济治理理

---

① 传统中国国家体系构建和理念，是秩序恢复性的，在此之中并不对社会做更多要求。国家也无意去构建更深入的基层结构。更进一步地，是国家和社会追求秩序的和谐，包括各自状态的合适以及双方关系的合适，因此国家面对社会具有一定距离，也留给了社会自我调整的空间。关于传统中国国家以及相关治理理念的论述，参见赵汀阳《天下体系——世界制度哲学导论》，中国人民大学出版社 2011 年版；[英] S. 斯普林克尔《清代法制导论——从社会学角度加以分析》，中国政法大学出版社 2000 年版；[美] 王国斌《转变的中国——历史变迁与欧洲经验的局限》，江苏人民出版社 2010 年版。

念被逐步放弃,取而代之的是国家在经济中有所作为的诉求——包括地方和基层职能的扩展。在罗志田的《国进民退:清季兴起的一个持续倾向》① 中,以清末地方财政面对新的职能扩展而造成的种种压力为例来展现此种变化。孔飞力 (Philip. A. Kuhn) 探讨中国近代国家和社会治理问题中,也看到了地方性自主治理的要求和国家能力不足的矛盾,到民国时期,"富强"的追求集中于经济和军事,忽略或者压缩了思想的多元和自治民主的空间。这些显示出国家建构过程中的张力。② 经济实力成为"富强"的一部分,作为直接对国力增强的要求,典型表现在晚清时期的洋务运动对经济与军事的回应。总之,近代国家职能的构建,首先会打破传统社会与国家治理松散的状态,其次是国家与社会重新定义各自的过程,国家的需要向下探索社会的回应,社会自身也在回应着国家。

这种试探构成了近代行业组织变迁最重要的制度和政策背景。面对相对自主的基层经济治理格局——传统行业组织,国家希望拥有更直接的经济管理秩序,但是在建构过程中,传统社会治理中"稳定"秩序的诉求也会存在。这两者的张力使得国家的基层经济控制体系构建既不是一个从上到下单向度的渗透,也不是任由基层意志向上发展。国家与社会的关系具有多种维度。其中,在传统社会中已经存在的会馆、公所等行会组织,成为承载近代国家与社会重构的微观基础之一。

第二节　近代行业组织研究梳理

近代同业公会最普遍的产生方式是对传统会馆和公所的继承和突破。③ 整体来讲学者们认为近代行业组织最显著的特点表现在传统与现

---

① 参见罗志田《国进民退:清季兴起的一个持续倾向》,《四川大学学报》(哲学社会科学版) 2012 年第 5 期。

② 参见 [美] 孔飞力《中国现代国家的起源》,陈兼、陈之宏译,生活·读书·新知三联书店 2013 年版。

③ 参见魏文享《近代工商同业公会的社会功能分析 (1918—1937)——以上海、苏州为例》,《近代史学刊》第 1 辑,2001 年版。

代之间的继承性，这也是国家与社会良性互动的结合点。① 传统行业组织面对近代社会变迁，大多采取了积极应对的姿态，表现出较强的适应变迁能力。② 典型的行业组织变迁的结果是不再强调独占性，封闭性和排他性特征在近代市场环境中难以为继，行业组织表现出更加注重包容和团结的姿态。③

近代行业组织首先需要回应外界环境巨变的压力。通商口岸的外向化和资本主义化，以及商品经济和市场结构的密切关系④，是传统行会直接面对的市场环境。社会思想和制度的变化，如清末西方民主思潮、法律知识的广泛传播⑤对传统行业组织也提出了新的要求。外界的压力逐步转化成国家政策和制度，如1904年商会诞生、1929年南京国民政府颁布《工商同业公会法》，提供了行会变迁的制度供给系统，并且存在商会和西方同业公会的示范影响，等等。⑥ 这些都构成了传统行会需要面对的社会压力。

其次是传统行业组织改变自身的空间和动力问题。最主要的是中国行会有较大的自治性，能够根据环境变化和自身生存发展的需要朝着新

---

① 参见朱英《近代中国商会、行会及商团新论》，中国人民大学出版社2008年版；《近代中国经济发展和社会变迁》，湖北人民出版社2008年版；《近代中国同业公会的传统特色》，《华中师范大学学报》（人文社会科学版）2004年第3期；彭南生《近代工商同业公会制度的现代性刍论》，《江苏社会科学》2002年第2期；魏文享《中间组织——近代工商同业公会研究（1918—1949）》，华中师范大学出版社2007年版；黄福才、李永乐《论清末商会与行会并存的原因》，《中国社会经济史研究》1999年第3期；杜希英《民国时期天津货栈业同业公会探析》，《邯郸学院学报》2013年第2期。

② 参见邱澎生《商人团体与社会变迁——清代苏州会馆、公所与商会》，博士学位论文，台湾大学，1995年；赵良宇《近代商业组织的嬗变与城市社会变迁》，《河南师范大学学报》（哲学社会科学版）2010年第4期；朱英《近代中国经济发展和社会变迁》，湖北人民出版社2008年版。

③ 参见［美］罗威廉《汉口：一个中国城市的商业和社会（1796—1889）》，江溶、鲁西奇译，彭雨新、鲁西奇校，中国人民大学出版社2005年版；朱英《中国传统行会在近代的发展演变》，《江苏社会科学》2004年第2期。

④ 参见虞和平《鸦片战争后通商口岸行会的近代化》，《历史研究》1991年第6期。

⑤ 参见宋钻友《从会馆、公所到同业公会的制度变迁——兼论政府与同业组织现代化的关系》，《档案与史学》2001年第3期。

⑥ 参见彭南生《近代中国行会到同业公会的制度变迁历程及其方式》，《华中师范大学学报》（人文社会科学版）2004年第3期。

方向调整。① 相对于西方行会的严格，中国行会组织和结构上更具多样
性，有利于传统行会向同业公会转化。② 另外，城市环境发展中对基础
性社团的构建要求，成为传统行业组织的另一种回应。行业组织构成了
城市管理的重要结构。③ 行业组织在其中相互协作、共同制定商业活动
的法则，更大联合的商会也离不开它们。④ 总的来说，学界认为近代行
业组织的变迁是内外因的综合作用。⑤

　　在近代行业组织与其他组织的关系上，首先要面对的就是商会。近
代商会是在清政府回应富强与利权外流的压力下出现的，是一个半官方
组织。1903 年清政府设立商部，1905 年天津商会设立。商会更接近于
国家行政建制意义，而行业组织更近于商业社会本身。近代行会与商会
关系的研究中（例如山西地区），可以看到即使在商会成立之后，商民
更易接受的还是同乡同业的行会。而商会则更多介入政治，保障商民利
益，两者并行不悖。⑥ 其次，不同政权时期商会与同业公会的关系也在
变化。例如在北京政府时期，南昌商会与同业公会之间平等与松散的关
系。南京政府期间则是平等与抗衡。同业公会相对于商会，更接近商人
自身。⑦

　　行业组织的存在状态，也并非如政府规制一般统一，而呈现多样
性。例如民国以后，上海的行业组织有的将公所改组成公会，或者成立

　　① 参见虞和平《鸦片战争后通商口岸行会的近代化》，《历史研究》1991 年第 6 期。
　　② 彭泽益对民国时期北京手工业组织研究认为，中国行会的多样灵活是显著的。参见
彭泽益《中国行会史研究的几个问题》，《历史研究》1988 年第 6 期；《民国时期北京的手工
业和工商同业公会》，《中国经济史研究》1990 年第 1 期。
　　③ 参见［美］罗威廉《汉口：一个中国城市的商业和社会（1796—1889）》，江溶、鲁
西奇译，彭雨新、鲁西奇校，中国人民大学出版社 2005 年版。
　　④ 参见王日根《晚清至民国时期会馆演进的多维趋向》，《厦门大学学报》（哲学社会
科学版）2004 年第 2 期。
　　⑤ 朱榕通过考察上海木商组织演变，阐明行业组织近代化程度与内部成员的构成、观
念的更新、组织形式的演变、功能设置的转化以及外部社会环境（尤其政治环境）变迁产生
互为因果。参见朱榕《上海木业同业公会的近代化——以震巽木商公所为例》，《档案与史
学》2001 年第 3 期。
　　⑥ 参见韩晓莉《新旧之间：近代山西的商会与行会》，《山西大学学报》（哲学社会科
学版）2005 年第 1 期。
　　⑦ 参见张芳霖、李大鹏《政府、商会、同业公会关系研究——以 1906—1937 年江西南
昌为例》，《江西社会科学》2013 年第 1 期。

地区间的公会、联合会。但仍有公所和会馆，一个行业内公所与公会并存，各有自己的势力范围和组成人员。① 有的研究者认为这种情况是一种具有资本主义经济某些特征的混合型同业组织，因为辛亥革命前后上海已有较多的从旧式行会演化而成的商业同业公会，民族工业行业中也开始有少数试办公会，但大多还没有完全摆脱旧式行会组织的影响。② 但另一种观点，以张忠民为代表，认为相较于清前中期，恰是开埠后行业组织出现兴盛局面，代表传统经济向市场经济转变的内涵。并且根据当时社会经济情况变化，晚清上海出现调整行规的现象，很少借助官方力量，也适应了新的市场关系。③

以上的研究为我们勾勒出传统行业组织在近代社会经济环境中的复杂性。近代的外部冲击对于商业组织的影响不容忽视。复杂性不仅在回应外部冲击，也有传统社会组织变迁中的继承性，以及对经济与政治联系更加紧密的要求——商业关系多元化，这些都要求商业组织具有多维度的秩序结构。行业组织的变迁，体现出一种社会和经济的综合影响，也间接指向近代市场秩序的复杂性。最重要的在于传统行业组织应对变化的关键是保有的自主性和灵活性。

研究者们大体上采取了一种"内外"两分法的研究框架，这种范式很自然，因为近代直观展现是一种"内外"模式。但此类范式掩盖了很多问题。首先，行业所面临的外部因素和国家所面临的外部因素不能等同起来，国家所受到的外部冲击会内化成对自身的一种调整，这部分才是行业组织最直接的问题。政治以及经济的大环境冲击之下，对变化的反应可能会出现一种不同步性。而行会对于哪种外部因素敏感，又会针对哪种外部环境进行自身的调整，需要分别看待。

其次，行会自身的变迁和行会对经济或社会功能上的回应需要区别。行会的灵活性或许是应对不同的经济和社会功能，而行会自身的变

---

① 参见徐鼎新《旧上海工商会馆、公所、同业公会的历史考察》，《上海研究论丛（第5辑）》1990年版。

② 参见黄汉民《近代上海行业管理组织在企业发展与城市社会进步中的作用》，《中国近代城市企业·社会·空间》，上海社会科学院出版社1998年版。

③ 参见张忠民等《近代中国的企业、政府与社会》，上海社会科学院出版社2008年版，第122—140页。

迁需要结合行业特点和文化因素，综合考察行会内部人员组成、行会选举、处理事务程序等这类问题才能说明。最后，国家的意义需要细致分析。国家在所有纠纷的终极判定上具有权威性的影响，并且近代国家以法律、政策形式制度化经济秩序。但是商业与市场实质问题的解决，需要考察国家和行业组织之间的互动，不仅是国家政策的变化，更是社会组织结构和关系的变化。

第三节　近代天津钱业公会：一个代表性研究

探寻近代社会环境下商业与市场秩序的现实状态与变化，研究路径之一是通过一个典型的行业组织对市场、政府与社会变化的回应，以及自身如何去构建某种秩序结构来完成。延续前文的思路，秩序的变迁需要考察行业组织与政府之间的关系，微观的个体观察能够展现出这种关系发展变化的过程以及问题。因此，本书将重点探讨近代天津钱业同业公会在晚清民国时期的秩序构建和维持问题，希望能够回答：（1）在近代政府延展经济权力、加强基层控制的要求下，天津钱业公会是如何反应的？（2）公会面对市场秩序要求的建设和局限以及在维持秩序中的作用与限度；（3）在近代，天津钱业公会能够延续传统的哪些因素，又发生了哪些变化；（4）进一步的从明清到近代，政府与商业市场秩序之间，究竟有怎样的逻辑结构，如果存在某种两者相处的关系，又是靠什么维系，是否具有某种边界、层次和内生性？

一　研究对象概述：钱业与天津

（一）钱业发展与近代社会

近代中国本土的金融机构有两大类：票号和钱庄。近代中国的金融业发展格局，是"三足鼎立"——外资银行、华商银行和钱庄。清朝中后期的票号，由于对官僚借贷的依赖以及改组银行的保守，民国时期普遍衰落了。票号所涉及的最核心的官款业务被银行所替代，而钱庄却不同。钱庄最早的形态便是货币兑换，随着业务的增加，在兑换中存在一部分的流动性资金，随之便开始了简单的借贷。晚清民国时期，基层工商业所依赖的金融机构不是银行，而是钱庄。票号兴盛的时候，大多也将资金贷放给钱庄，由钱庄再贷给工商业者。据 1884 年《申报》报道，上海钱庄吸收票号资金多至"二三百万两"。[①] 从与本土工商业的关系角度来看，钱庄则是金融的核心。

钱庄与工商业关系可以从以下几个方面体现出来。

首先，钱庄主营的是信用放款。信用放款非常符合商人的习惯，而且信用放款要求机构必须非常了解商业往来、货物收售以及个体商人的信用等情况才能经营，钱庄能做到这一点说明它与工商业来往的紧密。

其次，钱庄的设立很多就是商人自己，或者是为商人服务的。如天津的钱庄（钱庄在北方称"银号"）很多都与棉布纱布业有关，天津晋丰银号背后就是棉布业四家合资设立的。而上海的钱业与工商业关系也非常密切，早期的沙船业、豆米和土布交易均离不开钱庄。

再次，钱庄的经营方式也非常符合商人要求。钱庄经营不限时间，随到随办，而银行则有时限。钱庄分布非常广泛，而银行仅在通都大邑。钱庄手续简便，银行相对复杂。钱庄不论业务大小，均乐意办理，而银行并不积极做零散的小笔业务。另外，钱业成为近代金融票据信用和结算的核心。典型为上海的庄票。庄票的流通大大加速了工商业的运转。商人到内地采买货物，无须持有现金，只需上海钱庄的庄票即可，类似于今天银行的远期支票。因此，票据贴现业务主要也是钱业在做。外商与本土商人打交道中，庄票也是进出口信用的保证。

最关键的是金融市场中的银拆和洋厘均由钱业掌握，银拆是金融机构互相拆借的利率，而洋厘是银元折合九八规元（上海地区银两）的市价，因银元、银两并用，兑换市价以对两者的市场需求为标准。上海的洋厘行市，由钱业每日议出。

最后，在没有中央银行制度之前，钱业起着同业流动性维持和票据贴现最后的清理权意义。甚至包括货币制度的维持，也依赖于钱业。例如公估局的设立，起着估定银两成色、维持货币流通秩序的重要作用。

因此，钱庄业在近代的意义非常重要，是本土工商业发展的重要支撑。且因金融与信用问题，政府对其的态度能够作为工商业的典型代

---

① 中国人民银行上海市分行编：《上海钱庄史料》，上海人民出版社 1960 年版，第 15 页。

表。金融行业组织对政府、社会和自身的敏感性和秩序意义更加凸显。

（二）近代天津城市概况

天津位于华北的东部，临渤海，在海河下游。河流的集中有利于发展水运。在宋、辽之际，便有戍卫的军事意义。到了元代，由于制盐发展以及京师漕运需要，天津（直沽）的政治和经济意义上升。明永乐之时，建天津卫。大运河的畅通，加上天津优越的地理位置，在明中期之后，天津便成为北方新兴的商业重镇。清初期，天津的经济功能便超越了一般性军事防御功能，经历了废卫为州，改府设县的行政管理改制。1860 年《北京条约》签订之后，天津便成为华北唯一的通商口岸，内地的农副土特产的输出与外国商品的输入逐步成为新的市场结构。"到 1900 年以前，天津进口贸易总额比开埠初期差不多增加 5 倍（61903755 海关两），出口贸易总额增加 9 倍（15700807 海关两）"。[①]天津的贸易地位逐步上升，超过北京，成为华洋贸易的重镇，也成为北方的商业与经济中心，如俄罗斯商人将恰克图的茶叶和呢绒贸易在天津进行转口，并且开埠之后天津成为土布贸易最重要的地区之一。1865 年，"全国输入本色土布 1545433 匹，天津一口即为 515899 匹，约占 1/3，高于汉口和烟台"。[②]清中后期开展洋务运动，天津成为北方兴办洋务的重镇，近代的新兴工业发展地区。

（三）近代天津的钱业

不断发展中的商业与经济，使得天津的金融业非常兴盛（例如天津是票号的发祥地，山西票号第一家日升昌，就是颜料商雷履泰为了解决到京津与四川一带兑取现银的问题而开设的。随后日升昌在平遥设立总号，在北京天津设立分号）。天津钱业被誉为"百行之主"，在一般商人眼中，钱业比银行业更重要。"天津商业一般的都是资金少而业务多，所以流行赊销交易"，"由于商业是以信用赊销交易方式，而钱业的定期放款、活期透支放款，也都采取信用方式，利率一般是月息六厘至一分五厘，同时服务周到，从早到晚随时都可以存取款项"。[③] 可见，

---

① 罗澍伟编：《近代天津城市史》，中国社会科学出版社 1993 年版，第 167—168 页，本书中关于近代天津历史情况也出自此书。

② 同上书，第 193 页。

③ 刘嘉琛：《解放前天津钱业析述》，《天津文史资料选辑（第 20 辑）》1982 年，第 156 页。

钱业在业务上以及习惯上非常适应传统商业交易周期和习惯。

天津钱业最初以货币兑换为主要业务。1931 年（民国二十年）钱业公会忆述行业缘起提及："咸丰十年（1860 年）开港通商，由是华洋杂处，五洲交通，时际承平，民殷物阜，物价低廉，市场交易向以制钱为本位。商人来此购货，须以银易钱以薪合习惯。钱业之兴，此为嚆矢。"① 可见最初主要业务在于兑换，这时候钱业"以兑换制钱、银锭、及国发钱贴等为主要营业"，"虽间有存放款者，为数亦不大"。② 当时钱业的主要经营形式为"换钱铺"和"银钱局"，兼营钱业的还有首饰楼。③ 随后便逐步发展为主营借贷、汇兑等业务的银号。钱业"从清宣统年间（1909—1911 年）的五十二家，至民国二十六年（1937 年），发展到一百数十家之多。这三十年是天津钱业历史上健康发展时期，主要是由于钱业的经营方式、方法，适合于当时社会经济发展需要"。④

（四）研究说明

由上可见，天津钱业公会是一个由传统行会发展到近代的行业组织，钱业在天津的发展相对成熟、兴旺，市场的因素会更受重视，行业对市场反应也会敏感。它接近于某种现代意义的"成熟"行业。而政府建立经济权威以及控制影响经济的意愿，首先会表现在银行、钱业等金融业上（近代的历史事实表现得非常明显：政府逐步建立起以国家为中心的银行体系）。从行业角度来看，金融业属于"百业之首"。钱业操控着商业资金流通和周转，行业的特殊性给予钱业公会更多的市场工具，比如对公单、划汇工具等的控制，钱业公会的自治性会得到加强。自治性的行业组织和国家政策，在具体的历史实践中的关系显得更

---

① 王子建、赵履谦：《天津之银号》，河北省立法商学院研究室 1936 年初版，附录三章则，第 31 页。

② 同上书，第 2 页。

③ 很多材料中可见最初钱业的形态。如王子建、赵履谦《天津之银号》，河北省立法商学院研究室 1936 年初版，第 2 页："首饰铺虽亦兼营兑换钱银，镕制元宝，及收存款项等业务，然只视为副业。"杨固之、谈在唐、张章翔《天津钱业史略》，《天津文史资料选辑（第20 辑）》1982 年，第 91 页："查早期专营兑换业务者都系个人设摊而贾。称之为'兑钱摊'，也称'钱商'。"刘信之、曹雅斋《天津钱业琐记》，《天津文史资料选辑（总第 106 辑）》2005 年，第 57 页："早期的钱业，有银钱局，首饰楼和兑换摊三种。"

④ 刘嘉琛：《解放前天津钱业析述》，《天津文史资料选辑（第 20 辑）》1982 年，第 156 页。

为复杂。两者之间的争论、妥协、合作等的关系，如果有一个研究对象能够较好地展示这些，那么天津钱业公会便是其一。

相对于银行，钱业本身需要面对传统因素的现代转型，天津钱业的发展又需要直接面对相对开放的国际市场环境。探索历史实践的过程，观察秩序主体与结构的互动、变迁或许能够提供跨领域的观察视角。相对于理论解释，经济组织和市场秩序的研究更是一种事实探索，难以被某种抽象化的经济因素所涵盖。

天津钱业公会创建约在清嘉庆年间（1796—1820年），到1952年钱业改造完毕结束使命。本书考察时期集中在光绪末年（1900年）到民国三十年（1941年）。这时期是天津钱业发展的关键时期，也是国家建制构建初期，既有金融风潮又存在国内外政治变化引发的社会动荡。钱业公会需要表现出对秩序的承担，而政府与钱业公会对双方如何相处，均是在一种互相摸索的过程中。因此这一时期的研究更能够反映行业组织在探求自身发展以及如何维持市场秩序、如何建立维持与政府的关系等问题的深层因素。

关于天津钱庄称"银号"，此处做一点说明。天津钱业在宣统年间陆续恢复后（前期因义和团元气大伤），便有统称"银号"的趋势。1912年国民政府成立之后，大部分钱业商号进行增资，一律改称银号。一直到1947年在国民政府要求下，方才改称"钱庄"。① 天

---

① 详见刘嘉琛《解放前天津钱业析述》，《天津文史资料选辑（第20辑）》1982年，第156页："至宣统年间，才又有十余家新开业者，新旧共计五十二家，从此天津钱业统称'银号'。"1947年国民党政府强令银号增加资本，全国统一名称，银号改称为"钱庄"。但是在民国三十七年（1948年）六月三十日，钱业公会还在向社会局呈请"本会会员谦丰银号函称敝号遵照部令，改称钱庄"。银号改称也非朝夕。事见《天津市政府社会局：为银号改称钱庄备案事给钱商公会指令（附呈）》（1947年7月9日），天津市档案馆藏，档号：401206800-J0025-2-001805-011。关于开始统称银号时间，杨固之、谈在唐、张章翔《天津钱业史略》（《天津文史资料选辑（第20辑）》，第99页）中提到"光绪二十七年（1901年）"后，成立的钱庄"名称一般不用钱铺或钱号，改称'银号'"。而《天津通志·金融志》第287页中所述："1912年国民政府成立之后，市面渐趋稳定，商业获得发展。钱铺、钱局、钱庄、银号大部分增大了资本（1914年就有以集资10万两行化银创立的晋丰银号），并一律改称为银号，并以兑换为主改为以存款、放款为主营业务，走上了正规途径。"斟酌考虑，宣统年间恐有此趋势，但不会完全统一。而在国民政府成立后，统称"银号"更为可行。本处采取《天津通志·金融志》的说法。

津的银号无论从经营、功能和人员特点上，都与钱庄无异。为了叙述不产生混淆，本书一律称之为"银号"。无论何种时期的天津钱业同业组织，除非加以说明或是原文引用中不做更改，其他均称"钱业公会"，特此说明。行文中农历纪年均为大写，而公历纪年均为阿拉伯数字。

另外，本书对市场秩序范畴的界定，接近于格雷夫的看法。市场秩序实际上是一种行为秩序。在格雷夫看来，是"处于特定社会地位的人们根据特定的社会情景采取或可能采取的行为"。[①] 从这个角度上讲，市场秩序包括了能够影响市场参与人的一切制度化和非制度化的因素，例如，行业组织、法律、习惯、观念，等等。这样的理解看似宽泛，对近代中国而言，经济秩序很难与任何一个现代意义的"法律""正规制度""规则""习惯"等对应起来。毋宁说，秩序中由于各个参与人所处的社会地位不同，他们对秩序的反应也有所不同。因此，秩序在本书中体现为某种历史经验的结果，一种社会与国家的张力。

二 研究与资料说明

（一）关于天津钱业的研究

天津钱业的研究目前关注度并不高。近人研究主要有林地焕，他认为清末民初的银号，实际上是中小工商业者营业资金融通的最重要金融机构，促进了对外贸易与新式工业的发展。天津银号的发展是货币金融制度缺失和银号经营上便捷的综合作用。但在金融风潮中显示出银号的资本金薄弱、喜好投机等特点，促使银号合伙经营。

他进一步认为，银号与华商银行及外商银行体现出相互依赖关系。但银号由于资力不够雄厚，无法长期以低利贷款方式大量投资新式工业以促进国家的工业化，而且银号过分注重人际关系，未形成制度化的经营方式，以致放款范围受到局限，未能全面资助中小工商业。在组织方面的传统合伙制，在经营方面的无限责任经营方式，社会经济形态的传统性、社会态度的保守倾向、家族中心组织上的限制、企业精神的缺乏

---

① ［美］阿夫纳·格雷夫：《大裂变：中世纪贸易制度比较和西方的兴起》，郑江淮等译，中信出版社2008年版，第23页。

等因素，阻碍钱庄脱变为银行。①

除了简单地认为银号未能全面资助中小工商业这点之外，该类研究的问题还有两方面。第一，对银号先验地判断银行就是其历史归宿。金融业从传统向现代需要转型，这毫无疑问。但以此将路径单一划定，忽略了多元的可能。第二，"注重人际关系"以及对关于传统、保守、家族、无限责任经营等论断，不仅对钱业，而且对中国传统商业都形成了一种误判。它的先入为主提炼不出"人际关系"在商业交往中的合理之处。此类判断，既没有区分商业究竟为什么注重人际关系，也没有说明注重的是哪种人际关系，更难以去厘清传统商业建立长期合作与人际关系之间的机制，因此过于简单绝对。总体看来，传统性因素究竟是否成为压抑钱业成长原因，需要更进一步分析，尤其以西方经验为观察点，更难以说明传统金融业的运作逻辑，分析传统金融业的缺点也会出现偏差。

另外，王静对天津钱业的"红帖"进行研究，认为红帖本来作商家年关周转之资用。滥发红帖冲击金融秩序，间接造成通货膨胀，助长行骗之举。而对此钱业公会表明坚决的反对态度，与商会态度一致，两者体现出维持市场秩序的意义。②此研究中，钱业的风险有一种膨胀的趋势，具有自律性特点体现在行业组织——钱业公会上，也能看出钱业公会于行业发展有一种理性克制的意义。

（二）研究资料情况

本书所用的资料，主要有两部分。一是天津档案馆公开出版的《天津商会档案钱业卷》，一共 29 卷。该书分为法规制度、机构设置、人员管理、会议记录、通电通告、业务往来、银钱业同业公会、银钱业与天津商会、造币厂、公估局、货币发行、金融风潮、案件纠纷、统计资料等部分。全书均为一手资料影印合集，其中包含大量天津钱业公会的相关记录。另一部分是天津档案馆馆藏卷宗。其中关于钱业的卷宗达到 400 多卷，是研究钱业公会的宝贵一手资料。因此是本书主要资料来

---

① 参见［韩］林地焕《20 世纪初金融风潮与天津钱庄》，《城市史研究》1998 年第 1 期；《论 20 世纪前期天津钱业业的繁荣》，《史学月刊》2000 年第 1 期；《清末民初天津金融市场的帮派》，《城市史研究》2000 年第 1 期。

② 参见王静《清末民初天津市场上的"红帖"》，《历史教学》2006 年第 7 期。

源之一。

其他方面集中在时人调查和地方文史资料。1935 年（民国二十四年）河北省立法商学院的王子建、赵履谦对天津银号做了较详细的调查，调查报告为《天津之银号》，是重要的时人研究。《天津地方志·金融卷》记录了钱业公会变迁的大致情况。天津的《大公报》《益世报》对钱业影响市面的重大事项均有记载，也是本书资料来源之一。《天津文史资料》中钱业人士相关回忆也可作为资料互相参照。

第三章　天津钱业公会的历史沿革

第一节　钱业公会历史简述

天津钱业同业组织出现的时间在清嘉庆年间[①]，由钱商贾兆麟等人倡议，名为"钱号公所"，此时钱业并不发达。天津成为通商口岸后，随着市面兴起，钱业得到一定发展，"公所恢复活动"。[②] 那时的钱号公所（钱业公会）事务不多，"屋仅三楹，事务清简"。[③] 组织也松散，只是"遇有事情发生时方通知同业集会讨论，没有经常的具体工作"。[④]

1900 年（光绪二十六年），公所（钱业公会）因"事繁会数"进

[①] 关于天津钱业同业组织起源，大多数材料中认为成立时间在嘉庆年间。如杨固之、谈在唐、张章翔《天津钱业史略》，《天津文史资料选辑（第 20 辑）》1982 年，第 150 页："清嘉庆年间，钱商贾兆麟等倡议成立钱号公所。"刘信之、曹雅斋《天津钱业琐记》，《天津文史资料选辑（总第 106 辑）》2005 年，第 67 页："早在清嘉庆年间，钱业经营者就组成了'钱号公所'。"沈大年《天津金融简史》，南开大学出版社 1988 年版，第 2 页："嘉庆时期（1796—1820 年）在天后宫财神殿后院设有'钱号公所'。"而钱业公会于民国二十年（1931 年）所述钱业沿革中，认为"溯查嘉庆道光年间，钱商集合地名曰钱号公所，董其事者贾君兆麟等"，此材料详见王子建、赵履谦《天津之银号》，河北省立法商学院研究室 1936 年初版，附录三章则，第 31 页。钱业在民国三十一年（1942 年）五月，在回复中华经济调查研究所调查中，对"中华金融年报调查表"，填写"成立年月为：前清嘉庆年间"，此条材料详见《天津市钱业同业公会关于查复各处调查事项》（1942 年 5 月），天津市档案馆藏，档号：401206800 - J0129 - 2 - 001043。

[②] 杨固之、谈在唐、张章翔：《天津钱业史略》，《天津文史资料选辑（第 20 辑）》1982 年，第 151 页。

[③] 王子建、赵履谦：《天津之银号》，河北省立法商学院研究室 1936 年初版，附录三章则，第 31 页。

[④] 杨固之、谈在唐、张章翔：《天津钱业史略》，《天津文史资料选辑（第 20 辑）》1982 年，第 151 页。

行了一次迁址。从天后宫财神殿后院移到北马路租房办公①，钱号公所也随之改名为"钱业公所"。经历了庚子事变，市面银根奇紧，袁世凯为平定市面，强行取缔现银贴水②，直接导致了钱业一蹶不振，钱业董事中，如金辑五、高少湘、王少山、郑彤勋，均因营业停歇而辞职③，公会活动几乎停止。

1905 年（光绪三十一年），钱业公会请求将公会附设于商会之中，这是公会发展的一大契机。此后，天津钱业公会名义上不设会长，而天津商务总会常务委员中，必有一个来自天津钱业公会，实际上此常务委员便是钱业公会会长。

此后战乱渐渐平息，钱业逐步恢复。到 1909 年（宣统元年），钱业公会才正式将会址从商会搬出来，改组更名为"钱商公会"。北京政府农工商部于 1918 年（民国七年）四月二十七日颁布了《工商同业公会规则》及《工商同业公会规则实施办法》，1923 年（民国十二年）四月十四日又颁布了《修正工商同业公会规则》④，强调了同业公会须以维持行业利益、矫正弊害为要旨，并规定了同业公会大致管理框架和

---

① 参见王子建、赵履谦《天津之银号》，河北省立法商学院研究室 1936 年初版，附录三章则，第 31 页。

② 此事在天津钱业史上称"断银色"风波，庚子事变之后，银根奇紧，要用现银就得多加价钱兑现，称之为"现银贴水"。大多数材料对此都有涉及。如王子建、赵履谦《天津之银号》，河北省立法商学院研究室 1936 年初版，附录三章则，第 32 页："庚子之役，清帝蒙尘，京津沦陷。兵灾后，商业几不可收拾。乃不旋踵而市廛栉比，气象峥嵘，实外强中干，虚张声势，银根奇窘，竟至每千两加贴水三百数十两之多"，"期时项城锐意改革，深知贴水私铸之为害，挟其雷霆万钧之力，毅然制止。螫蛇在手，断腕不惜。同业经此惩创，十不存一"。刘信之、曹雅斋《天津钱业琐记》，《天津文史资料选辑（总第 106 辑）》2005 年，第 68 页："割地赔款"，"一时银贵钱毛"，"时袁世凯任直隶总督（1901 年），严饬银钱业取消现银加色，银条必须兑现。一声令下，整个市面掀起轩然大波。持有银条者急于兑取现银，而开出银条钱号准备不足，没法应付，于是挤兑、倒闭、同业纠纷，乱成一团"。刘嘉琛《解放前天津钱业析述》，《天津文史资料选辑（第 20 辑）》1982 年，第 156 页："袁世凯任直隶总督，鉴于天津市面混乱，设立平市官钱局，采取强制手段，取缔现银贴水，造成大批钱铺倒闭，由原来的三百余家，仅剩下三十余家。有些钱铺东家破产还债，有些存款人蒙受损失，市面一片沉寂，给生产、商品交易和人民生活带来不少困难，这是天津钱业历史上的'断银色'风潮。天津钱业经历这场风潮，元气大伤。"此事与成立公估局有关，稍后详议。

③ 参见王子建、赵履谦《天津之银号》，河北省立法商学院研究室 1936 年初版，附录三章则，第 32 页。

④ 参见彭泽益《中国工商行会史料集》，中华书局 1995 年版，第 985—987 页。

非营利性质。这是首次系统地从政府层面认同工商同业组织合法地位，着手对工商同业团体进行制度规范。钱业公会也借此进入发展时期。1927年（民国十六年），钱业公会因事务繁多，希望引入一些管理人员，对董事进行改组。国民党政府颁布《工商同业公会法》后，1930年（民国十九年），钱业公会随之依照改组更名为"天津市钱业同业公会"。① 之后此名称便一直沿用下来。

日本人占领天津后，内地资金涌入天津，金融市场上出现畸形繁荣。"内地钱庄和工商业者以及地主，大量采买土产，运津销售，作为内地资金转移到天津的渠道。"这时银号数量暴增，1940年公会登记的钱庄达227家。② 因为基础性工商业的缺乏，金融市场上游资充斥，加上通货膨胀，银号业务很多倾向投机。"1939年开始，钱庄遂设立后账，用化名和假户头，从账面上套用资金或转移收益，进行投机活动，购买黄金、股票，囤积各类货物"，"还有吸收存款进后账以免缴存存款准备金"，银号为了应付敲诈勒索等，很多都建立了后账制度。后账不仅在钱业，在银行和其他工商企业也都存在，是"通货膨胀币值动荡阶段中各行业维持企业生存的公开秘密"。③ 金融环境恶化，对天津市面整体而言是系统性的。钱业公会也不免成为日本人进行经济管理的一环。例如1940年（民国二十九年）6月13日，市公署令"银钱业商

---

① 此处变革详细资料如下：杨固之、谈在唐、张章翔《天津钱业史略》，《天津文史资料选辑（第20辑）》，1982年，第151—152页："1909年（宣统元年），钱业公所又独立，同业公推张云峰、王子清、王筱舟为董事，协同原任董事主持会务，并更名为钱商公会。""1930年奉天津市社会局令，应遵照政府颁布工商同业法的规定原有之工商同业团体，均应改为委员制依法改组，修订章程。""公会遵照社会局指示，更名为天津市钱业同业公会（简称钱业公会）"。王子建、赵履谦《天津之银号》，河北省立法商学院研究室1936年初版，附录三章则，第32—33页："宣统元年改组更名曰钱商公会"，"因官直接事务日益繁多，于民国十六年内，容改组期以人材集中之法，竟因咸宜之功。董事增至九人"，"国民政府颁布工商同业公会法。载有于本法施行前，原有之工商同业团体，均应改委员制，依法改组本会会员代表。爰于民国十九年十一月间，筹备改组编订新章，经会员代表大会审查通过，并遵照功令改名为天津市钱业同业公会"。此事还可见于刘信之、曹雅斋《天津钱业琐记》，《天津文史资料选辑（总第106辑）》2005年，第67页；天津市地方志编修委员会《天津通志·金融志》，天津社会科学院出版社1995年版，第250页。

② 参见杨固之、谈在唐、张章翔《天津钱业史略》，《天津文史资料选辑（第20辑）》1982年，第134页。

③ 同上书，第135—136页。

号交易行为应由该会会长常董随时调查监督，嗣后如有业外囤积操作行为，除将该商号严惩外，应由该会长等担负相当责任"。①

在1945年之后的国民政府统治中，主要的经济管理思想是统制经济。钱业公会职能地位发生了重大变化。1946年（民国三十五年）2月，遵照《商业同业公会法》修正的《钱业公会章程》中，第一章总则的第二条明确规定："本会遵照商业同业公会法组织成立，以协助政府施行经济政策，维持同业之利益及矫正同业之弊害为宗旨。"协助施行经济政策被提到关键地位。

1951年，银行与钱业两公会合并成为金融业同业公会。在"《天津市金融业同业公会章程》中明确规定：'本会以组织和团结本业，在人民政府领导下切实配合发展工商政策，共谋本业之推进，并增进同业之共同利益及纠正个别错误为宗旨'，'凡本市区域内经营的银行、钱庄或信托商业公司已经依法登记者，不论公营、私营、公私合营均应加入本会为会员；公会组织采取委员制'"。② 1952年，钱业清理完毕，公会便在历史中结束使命。

第二节　政府建制与钱业公会

一　钱业公会与附设商会

天津钱业公会自嘉庆年间成立至1952年结束，从一个松散的公所发展到有一定建制的同业公会，这种转变的促成是市场和政府的综合作用。清政府开设商会，对钱业的发展是一个契机。

1905年（光绪三十一年）正月二十三日，众钱商上书请求将公会附设于商务总会中③，希望得到政府的支持。

---

① 天津市档案馆编：《天津商会档案钱业卷（十一）》，天津古籍出版社2010年版，第8641—8645页。
② 天津市地方志编修委员会办公室、天津图书馆编：《〈益世报〉天津资料点校汇编（三）》，天津社会科学院出版社2001年版，第250页。
③ 此事亦见天津市地方志编修委员会《天津通志·金融志》，天津社会科学院出版社1995年版，第250页。

敝行向有公所，凡有敝行一切兴革之事，齐集公所会议。嗣经理无人停办。现当商部札设商务总会，以济时艰。凡属商民，同蒙利赖。惟查敝行为各行枢纽，不先整顿无以资观感，不有公会无以资联络。是以迭经商议，拟照从前公所章程，设立公会并请附入商务总会之中，以便随时保护。①

并推举天津银号委员徐令钧为"钱行公会总理"。商会于同年正月二十九日，转请直隶天津府正堂批准。同年二月初三日，直隶天津府同意设立。政府认同之处首先在于设立公会能够联系商情，市面会因此得益。其次，是对举荐的徐令钧社会声望的肯定，希望他能领导钱业制定章程，杜绝流弊。②

商会的兴办，对同业组织的社会认同增强是一个契机，从钱业对政府设立商会以及与自身关系的认识便能体现。（1）钱业认为商务总会是为了商务兴盛和商民利益而设，"商部札设商务总会，以济时艰。凡属商民，同蒙利赖"。（2）商务总会需要公会作为一个组织联系基础，"惟查敝行为各行枢纽，不先整顿无以资观感，不有公会无以资联络"。（3）钱业公会希望依靠商会得到保护，"敝行向有公所，凡有敝行一切兴革之事，齐集公所会议。嗣经理无人停办"，"拟照从前公所章程，设立公会并请附入商务总会之中，以便随时保护"。

其次，附设于商会是天津钱业公会一个异于其他同业公会的地方。但"附设"并不是"隶属"，而是钱业公会希望借助商会，重新整顿并得以保护。这种"附设"，并没有损害钱业公会的独立性。因为从入会规则、人员管理和财务制度的商定、变更（后文讨论），商会始终都没有干涉。附设商会也是政府所乐见的，如前文所述，政府认为是"联系商情起见，如能行之得法，市面受益甚多，应准照办"③，很快同意了商会和钱业公所关于附设以及推举人选的请求。晚清国家层面上对商务的认同，使得商业得到了利于发展的外在制度环境，并且"兴商务"

① 参见天津市档案馆编《天津商会档案钱业卷（九）》，天津古籍出版社2010年版，第7135—7136页。
② 同上书，第7141页。
③ 同上。

"挽利权"的话语，给予钱业公会复兴一种外在的支撑。此时政府并没有拿出具体的制度框架去规制同业公会。

二 战后的钱业公会

1945 年之后，钱业公会逐步成为"协助政府施行经济政策"为首要、同业利益为次要的行业组织。对比 1909 年（宣统元年）、1928 年（民国十七年）、1931 年（民国二十年）的章程来看，这一点变化极其明显。1931 年，钱业公会是"以维持同业利益，矫正同业弊害及联络感情，团结团体，俾经济事业得以逐渐发展为宗旨"。① 仅 15 年，天津钱业公会从主要为自身组织利益服务的民间商业团体，变成了国家经济管理体制中的一环。但此时钱业公会仍能够实质影响政府决策。

1945 年日本投降后，钱业被国民政府勒令清理，且不准新开银行和钱庄。1945 年（民国三十四年）12 月 10 日，公会致函天津市长，提出财政部《收复区商营金融机关清理办法》中，只允许在财政部注册的开业而其余均需清理的规定非常不合理。理由有两点。（1）钱业在财政部注册极少。"津市钱业在七·七前以及七·七后，开业者共103 家"，"七·七前开业计有 56 家：领有财政部照者 3 家、领有实业部部照者 16 家、领有社会局照者 2 家、领有河北省财政厅照者 1 家、领有租界工部局捐照者 30 家、领有度支部部照者 1 家、在当地主管官署备案者 3 家。其在七·七后开业，计有 47 家：在当地主管官署备案者 5 家、领有租界局捐照者 42 家"。（2）若按此清理，仅剩 3 家，无法应对市面金融需要，且面临行业人员的大量失业问题。"我津市钱业领有财政部照者，仅有三家，其余均在清理停业之列。且我津市钱业一百余家，对于社会事业供应与需要，尚感不足，若仅以三家应付全市，恐非所及"，"就同业大多数职员而论，指日恐将失业"。

因此公会希望市长转请，七七事变之后开业的银号要进行有选择的保留。"财政部张特派员准许，七七以前无财部部照之同业，依照第三条所载，一面清理一面继续营业，至于七七以后开业之同业，亦请予以

---

① 王子建、赵履谦：《天津之银号》，河北省立法商学院研究室 1936 年初版，附录三章则，第 34 页。

甄别，法外施仁，准许保留"。① 1946 年（民国三十五年）4 月 29 日，
天津《益世报》报道"沦陷时期成立银行号已全部停业清理"，银号方
面，停业清理共 46 家。② 政府采纳了钱业公会的部分意见，将七七事
变后开业银号清理。

随后则是银号的复业。财政部公布《收复区商业银行复员办法》
中规定，"凡经财政部核准注册之银行，因抗战发生停止营业或移撤后
方者，得呈财政部核准，在原设地方复业"。③ 天津市面上随之有 41 家
钱庄呈请复业，另外，还有 8 家钱庄，是赎买其他钱庄的执照来开
业。④ 这样的行政干预给钱业秩序产生极大冲击，因为即使于七七事变
后开业的银号也存在有实力的，而前期的银号也会有经营问题。这种政
策导致了"敌伪时开业银号职工失业"，而前期银号"有力恢复的重整
旗鼓，无力恢复的则凭字号白拿股份"。⑤ 钱业市场由此失去了往日的
生气。

三　小结

本章是一个比较宏观的叙述，时间上从钱业同业组织出现开始至
1952 年钱业清理完毕结束。钱业公会经历了晚清至民国政权的变迁以
及抗战沦陷区日人占领、1945 年恢复整顿这三大阶段。总的来看，是
行业组织内化为政府管理市场秩序、贯彻政府经济管理理念的过程。在
清末设立商会之后，钱业公会得到了一种良好制度环境的支撑。晚清的
外部冲击，或许带给中国的压力，但间接使社会和政府存在某种转圜的
余地，制度构建有互动的时间和空间。而抗日战争则深刻地改变了中国
社会的结构。战争改变了国家与社会的双向互动，战争无形中从单方面

---

① 《1945 年钱业同业公会 陈述津市钱业同业困难致天津市长的呈》（1945 年 12 月 10
日），天津市档案馆藏，档号：401206800－J0002－2－00416－022。

② 参见天津市地方志编修委员会办公室、天津图书馆编《〈益世报〉天津资料点校汇编
（三）》，天津社会科学院出版社 2001 年版，第 984 页。

③ 杨固之、谈在唐、张章翔：《天津钱业史略》，《天津文史资料选辑（第 20 辑）》1982
年版，第 139 页。

④ 同上。

⑤ 刘信之、曹雅斋：《天津钱业琐记》，《天津文史资料选辑（总第 106 辑）》2005 年
版，第 59 页。

扩张了国家的力量，比起国家，虚弱的社会需要更长期的恢复，但是战后的情形包含着一种整体建制的急迫和缺位，国家的力量此时成为优先。最大转变体现在 1945 年国民政府统制经济理念下的控制增强，社会的余地进一步缩小。相对地，在抗战前，社会还保有与政府相处的实力，两者之间的关系是多维度的，具有丰富性和层次感。

第四章　钱业公会与清末民初的货币秩序

在废两改元和法币改革之前，钱业是中国货币秩序的重要维持力量。现代社会通行的信用货币，是国家统一发行。从兑换性和币材等角度上讲，无须依赖于社会其他力量。传统中国并未有统一的货币，国家只对铜钱有要求，反而对大宗交易的用银没有规定。在林满红的研究中，认为清时期首先是"商人而不是政府在确保市场上流通白银质量问题"。① 其次，中国并没有西方国家对货币主权的意识，仅在银两上标注熔铸的工匠，而不是类似于西方刻印皇帝头像，"中国政府和人民并不怎么担心使用外国银币的政治和文化意含"。② 这说明了在传统中国，货币具有的经济意义是首要的，货币能被社会接受，并不源于它的来源和制造者，而是它本身的价值和信用。政治权威不能轻易替代经济信用，国家发行需要保持币值稳定才能被接受。因此货币不以来源为限制，这给予经济社会很大的选择权，也使得货币秩序的维持是多中心的。清末民初之际，社会经济动荡加剧，表现之一便是货币秩序的混乱。清末民初的天津，政府、钱业公会与社会必须面对货币秩序问题。这也是考察近代经济秩序建构的重要方面。

钱业公会在1909年（宣统元年）迁出商会，另择新址，不仅是办公场所扩建的需要，更是发展的契机。契机来自两方面：设立公估局和整顿行市（行市指汇票行市，即建立票据交易市场），缘起都是针对货币秩序。在金属货币时期，天津市面用银的成色不一，公估则对银两的

---

① 林满红:《银线——19世纪的世界与中国》，江苏人民出版社2011年版，第40页。
② 同上。

成色质量进行统一估定评价，以杜绝交易纷争和欺诈①（上海钱业也有自己的公估局，历史悠久，对货币秩序稳定意义非常重要）。

因此，公会最重要的成就之一是建立了"众商公估局"。1930年（民国十九年）公会依照《工商同业公会法》②改组后，《天津钱业同业公会附设众商公估局简章》一并交由商会备案。简章第一条便明确规定"本公估局专估津埠众商通用之银色，故名曰众商公估局，办公地址附设于钱商同业公会，由钱商同业公会监理之"，并规定无论中外银行及各路客商运津之用银，必须由公估局估定方可："本局估定之宝银，以本局估码戳记为凭，中外官商一律使用。如无估码戳记者，即不通行。"③公估局的建立和维持，包含了政府、社会和钱业三方面的互动，也是维持天津货币秩序的核心，本章重点对此进行论述。

第一节　设立公估局的背景

一　"断银色"之前的货币及市场状况

晚清时期，政府仅规定制钱不能私铸，而对银两熔铸没有一定标准。开埠通商之后，天津工商业结算以及大宗交易均用银两——"市面来往以银条为大宗。银条通塞，以银根松紧为定"。④同治年间，钱业公会便议定天津本地银两，标准为"行平"（银两称量标准），成色含银量99.2%。⑤晚清时期，天津市面流通除了的行平化宝银（行化银），还有白宝银。白宝银为十足银色银两，行化银每1000两兑换白宝

---

①　参见天津市档案馆编《天津商会档案钱业卷（十六）》，天津古籍出版社2010年版，第13572—13573页。

②　参见《天津市各行业同业公会档案：天津市钱业同业公会民国十九年度（案卷级）》（1930年1月1日），天津市档案馆藏，档号：401206800 - J0129 - 2 - 001569。

③　天津市档案馆：《天津商会档案钱业卷（十一）》，天津古籍出版社2010年版，第9066—9068页。

④　天津市档案馆编：《天津商会档案钱业卷（十六）》，天津古籍出版社2010年版，第13569页。

⑤　参见杨固之、谈在唐、张章翔《天津钱业史略》，《天津文史资料选辑（第20辑）》1982年，第101页。

银 992 两。① 除了银两以外，天津通行货币还有制钱和银元。"制钱有清钱，浑钱之分，银元有本洋、鹰洋、龙洋之别"。②

自庚子事变后，天津满目疮痍，市面上银根奇缺。首先因为银两成色驳杂，白宝银需求增大，造成供不应求局面，白宝银升值（加色）极高。最显著的在于商业交易以及天津盐务需求，并且政府关税征用也是白宝银。"以致白宝足银加色昂贵。遂至每千两加色银二十余两。"③其次，因为银根奇缺，银两质量呈下降趋势，银炉熔铸银两便出现不足色等问题。④ 最后，铜制钱日用不足，便出现劣质的"私铸沙板制钱"充斥市面。若不考虑通胀以及市面波动因素，一般通常铜银比为 1000：1 左右，而此时"每百两银可换制钱竟达 5000 枚"。⑤ 缺少银根加上混乱的币制，使得劣质钱币泛滥而物价越高⑥，商业交易和日常生活十分困难。

二　政府的行动

庚子之乱后（1900 年以后），政府试图解决此事。首先是袁世凯召集钱业资深元老郑彤勋、朱余斋等人设立"平市官钱局"（后改名天津银号），同时命令天津县知事张涛取缔不足色的银两私铸沙板制钱（当时叫"断银色"），以法令规制严格市场纪律，但没有效果。⑦

1905 年（光绪三十一年），钱业请求试办公估。12 月 20 日商会将

① 参见刘燕武《天津行化银由宝银转为"虚银两"的过程》，《中国钱币》2011 年第 2 期。

② 杨固之、谈在唐、张章翔：《天津钱业史略》，《天津文史资料选辑（第 20 辑）》1982 年，第 101 页。

③ 天津市档案馆编：《天津商会档案钱业卷（十六）》，天津古籍出版社 2010 年版，第 14116 页。

④ 参见杨固之、谈在唐、张章翔《天津钱业史略》，《天津文史资料选辑（第 20 辑）》1982 年，第 101 页。

⑤ 谢鹤声、刘嘉琛：《天津近代货币演变概述》，《天津文史资料选辑（第 40 辑）》1987 年，第 177 页。

⑥ 参见杨固之、谈在唐、张章翔《天津钱业史略》，《天津文史资料选辑（第 20 辑）》1982 年，第 151 页。

⑦ 参见谢鹤声、刘嘉琛《天津近代货币演变概述》，《天津文史资料选辑（第 40 辑）》1987 年，第 177 页。

钱业的恳求转请上书。钱业认为现在银两来源不是问题，但是银色混乱，造成各色银两比价总在波动，这种过度的波动对正常交易造成严重影响。因此希望参照上海，设立公估局。"无论何处零整各银来津，准以津市通行行化宝银为准。预为估定，一律抵用，不准上下其手。"并推举负责人，"拟就商会公举王道宗堂总理其事，同钱业董事妥定章程，认真办理"，"仿照上海设立公估诚为扼要之举"。①

6天后，即12月26日，商会接到督宪袁世凯的批复拒绝开办，他认为设立公估局是钱商谋私利，勒索外来商民。政府本应禁绝任意贴色，无须公估。与足色的白宝银相比，不论地域、零整的银两，在他眼中都是不合理的。即使经过估定，不足色银两也不应该流通。同时，各种银两升贴水的涨跌，成为奸商获利之途。"该钱业等欲以化宝为准，意在勒揩外来商民，从中渔利，商贾将因此裹足。商务将由此败坏，且揆诸公估二字之义，则更名实不符。"②袁世凯并未认识到天津市面上货币问题的本质。③

此时天津市面的货币矛盾，是货币交易职能强化与传统商业习惯难以调和。天津传统的交易习惯要求金属货币足值和交割均要过现。交易的扩大和频繁，货币更多代表结算和价格显示等功能——一种"虚位"意义。货币与金属本身价值意义要脱离，金属质量与成色不能再构成对交易的限制。在庚子之乱后，银根紧缩的压力下这种矛盾更加尖锐。

1907年（光绪三十三年）9月1日，长泰炉房因化银掺铜案被民政部送押大理院，同业永利号认为长泰无辜，恳请免送长泰。永利号的理由便是银两成色无须再熔铸一致，以行市所定之间比价，长泰化银自有行市为定，不会因为掺铜而造成市面混乱。"街市使用之银，亦各有行市"。"长泰所化之银"，"街市间互相使用，不过成色稍低，该价值

---

① 天津市档案馆编：《天津商会档案钱业卷（十六）》，天津古籍出版社2010年版，第13569—13570页。

② 同上书，第13572—13574页。

③ 此事也可见杨固之、谈在唐、张章翔《天津钱业史略》，《天津文史资料选辑（第20辑）》1982年，第101页："光绪三十一年（1905年）钱业拟仿效上海办法设立公估局，呈请督宪核示，未经批准。"

亦自有相当之行市"。"且有低于此项银色至九成银者，亦可使用。"①
永利号亦举例天津通行行化宝银也是99.2%不足色，何以不称为假银？
可见天津市面交易中，已经不要求银两的足值，而是要求其作为一种交
易的中介。完全的足值银过现对交易没有重要意义，只需要将市面上银
色质量予以评定，进而确定所有通行货币的合理比价，到账期清算时将
差额部分进行交易即可。公估可免去各色银两熔成天津化宝才能交易的
麻烦，仅需将估定成色即可通行。

三　商民持续的努力

（一）"变通天津钱业管见"

虽然公估局的立案被袁世凯否决，但并没有影响到工商各界对建
立公估局的讨论。首先是钱业的积极反应。1905 年（光绪三十一年）
12 月 26 日，商会收到袁世凯来函的同时，也给被推举的负责人王宗
堂去信，提到公估之事应"与钱业董事商酌"，并且认为"公估不
立，银条不兴，再别无疏通之法"。虽然"督宪查核在案"，但希望
王宗堂再考虑一下"如何再为详述"——希望再次陈情说明此事，以
期立公估。②

"变通天津钱业管见，呈览花翎二品衔候选道王宗堂"③ 是一则比
较重要的材料。对应前文提及的"王宗堂"，结合内容来看，很可能出
自钱业的资深人士，或是钱业众商形成的一种集体意见。行文中急切希
望"转禀宫保大人，察核酌定章程急判示谕，以期推行"，不仅提及当
时所急需之立公估事宜，还一并提及改良钱业的诸多办法。其中表示钱
业立公估之用意，不仅在估定成色上，而是能最大限度地调用市面上的
货币。

该文认为应"速立公估"可以解决银两窒碍无法通行问题。公估

① 天津市档案馆等编：《天津商会档案汇编（1903—1911）》，天津人民出版社 1987 年版，第 348—359 页。
② 参见天津市档案馆编《天津商会档案钱业卷（十六）》，天津古籍出版社 2010 年版，第 13575 页。
③ 天津市档案馆编：《天津商会档案钱业卷（十二）》，天津古籍出版社 2010 年版，第 10292—10297 页。以下引用关于"变通天津钱业管见"的内容均出自于此，引用处不再标出。

立意不再是死板地要求银色统一，而是确定基准后能调用各方来银。"凡外来成锭杂银，又不通行。遂使候急需者，深受亏折。而缓需者，皆积储不出"，而公估后的银两可以比照化宝标准通行，差异之处由公估而定，不用再次熔铸。"似拟急立公估局，须与从前设立仅估化宝章程不同。以化宝为定名，凡外来成锭杂银，受其评量，盖用印戳后即作化宝性质通行。犹如上海专用规元，不必实有其银而诸色之银均可作规元用也。"实际上，公估最主要是向市面提供一种银两标准，意图将天津行化宝银转向虚银，便利日益扩大的商业和贸易。

从上述情况可以看出，行业与政府在理解市场上的巨大差距。行业力量具有的某种主动性——不以政府的态度（否定）为限，即使政府未作回应，钱业在当时并未放弃积极寻求解决办法。但庚子之后的天津钱业同业之间并未建立其如之后所述的、互相作为信用保证的关系，钱业公会在此时也没有形成有实力的组织。此时回应市场需要，钱业作为一个整体并回应公估局设立的要求，构成了行业内聚力的开端。不得不说设立公估局是天津钱业公会发展的一个契机。

（二）工商界的努力

此时天津工商界也认为公估局的设立迫在眉睫。有意思的是工商界讨论此事的组织框架和形式。从组织框架上看，讨论是在天津工商研究总会下进行。天津工商研究总会是附设于天津考工厂，而考工厂则是官方背景的机构，是袁世凯派周学熙，在1904年（光绪三十年）参照日本经验，设立陈列商品，以期促进交流推广、提振工商业。周学熙任直隶工艺总局总办，总局主要发展之一便将"总理工艺学堂"及"考工厂两事"作为振兴全省实业的重点。晚清振兴商务的氛围，这些半官方的机构在组织与交流层面，恰好提供给工商业一种权威的影响和商讨的平台。

1905年（光绪三十一年）12月26日，即商会收到袁世凯拒绝来函的同时，天津工商研究总会召集同人研讨、征集意见。12月28日晚，请中外银行及票庄、金店与天津钱商，形成意见——认为应该先立公估随之可行拆息（银两市场利率），"并经研定公估办法大纲五条细目、十条之问题。因一时难以决议，遂拟印刷若干张分送各号"。①

表 4 - 1 　　　　　　　　　　征集公估办法纲目问题

总目	分目	
此次议总纲	先立公估后立拆息是否相宜	答
公估办法大纲	一 选定处所应在何处	答
	二 请总理人应请何人	答
	三 请验银人应请何人	答
	四 举董事应举若干人及何人为最宜	答
	五 拟订章程禀官立案	
公估办法细目	一 银色是否宜较九九二再低，究以行用何色为宜	答
	二 平式应用何平为公估划一之平	答
	三 估费每宝应取估费若干	答
	四 不估私用之办法，应若何查究，若何拟办	答
	五 已估定之银平色，倘有查错应否公估包赔	答
	六 以前九九二色旧宝吃亏之处如何办法	答
	七 如其改色，与海关官库洋行平色当如何订定交往办法	答
	八 如其改色，凡在公估施行以前各商存欠之款如何办法	答
	九 公估局作为钱业公立，将来所有余利皆归钱业公地之用是否相宜	答
	十 公估施行之期大局定后，应迟若干日施行	答
	除以上十条之外尚有何应议之办法，务望诸位高明见教，补书于后以资恭证	

资料来源：天津市档案馆编：《天津商会档案钱业卷（十六）》，天津古籍出版社 2010 年版，第 13580—13582 页。

　　从讨论形式上看，首先对上述征集公估办法纲目问题列表，工商研究总会将此 1.2 万张送去商会，同时希望商会分送各业公会董事及会员广泛征询意见，因用银估定之事，本是全体商业利害所在。并约集

---

　　① 天津市档案馆编：《天津商会档案钱业卷（十六）》，天津古籍出版社 2010 年版，第 13578—13579 页。

"本月底一准汇交敝总会"。① 商会随后将此转发给各个行业协会和商号。

其次，在单独约集钱业讨论公估时，考工厂采取商议和投票表态办法。1906 年（光绪三十二年）5 月 1 日，天津考工厂在东马路天齐庙宣讲所开茶话会，钱业因银两之间兑换率的确定（拆息）一事争论不一。7 日之后（5 月 8 日），考工厂受政府委托，专门约集钱业共同研讨。"共请四十三家，共到三十一家，当将公估拆息之事，当众宣明，公同研究是否可行。爰举行投票法，可者书可，否者书否，以觇众态之所向，乃共三十一人均经投票认可。"并又于 5 月 15 日约集中外银行与西南各帮钱业及金店钱业再次进行商议。5 月 22 日，天津考工厂向商会函述前后召集商议稳定银色之事。② 工商界对商业与金融的关系有着很清楚的认识，市面银根流通问题必须解决。"因思工商事本相因，若商业无进步，工业究难达其目的。而细察津郡自收复地面迄今已逾数年。商业仍未起色，其故由于资本短绌，而其病实由银根滞涩。欲救此病必须设法先使银根流通。"③

考工厂认为公估之事行办关键在钱业。因考工厂本身只是提倡劝导之责，执行开办仍需要钱业仔细筹划。④ 附后材料之一是钱业中 18 家银号达成一致的草议，意见大致认为公估可行，银两标准"九八或九八五"。但"拆息暂缓，须有银根方能畅行。应先有银行或政府提倡，凡入拆息，各钱铺定明章程。某号应接□遇各号皆用银之时，可以由该银行或政府照章拆给，否则一经观坐。该字号恐立即倒闭"。⑤ 根据内容和银号名单以及银号意见，这可能是一次小范围的会议决议。拆息后缓的原因，虽然有银根缺乏的因素，但钱业此时没有组织合作的实力，各个银号之间没能建立起同业信用，因此若行拆息，即完全凭由单个银

① 天津市档案馆编：《天津商会档案钱业卷（十六）》，天津古籍出版社 2010 年版，第 13589 页。
② "敝厂奉总办道宪谕，劝设工商研究会。"详见天津市档案馆编《天津商会档案钱业卷（十六）》，天津古籍出版社 2010 年版，第 13583 页。
③ 天津市档案馆编：《天津商会档案钱业卷（十六）》，天津古籍出版社 2010 年版，第 13583—13586 页。
④ 同上。
⑤ 同上书，第 13588—13590 页。

号以市场交易方式调剂头寸（类似于现代银行之间的同业拆借），那么"一经观坐"，银号就会因资金周转问题而倒闭（此问题后文有论述）。

从天津工商界对公估的讨论中可以看出：钱业是公估具体事务的最重要承担者。但公估问题的探讨，却有着半官方机构和工商界的共同行动。考工厂的来函中明确是"奉道宪谕"约集钱业。钱业也认为"应先有银行或政府提倡"才好解决。公估涉及整个天津社会经济，对应于整体的行动，却在一种新的框架中进行。

晚清天津这种行业、社会和政府的行动框架，已经超出了前面所讨论的明清时期行会与政府的关系结构。行业与政府之间不再疏离，具有了直接的联系。政府在政策和组织上提供了工商业沟通交流的框架，但是并不影响工商业的主动性。政府（督宪）的否决，也不构成市场行动的界限。从袁世凯的反对，到工商研究会和考工厂奉道宪谕组织讨论，体现了工商界对公估迫切的要求和政府意见逐步松动的趋势。

四　开办公估与各方的博弈

开办公估还牵扯到相关各方的利益。典型的是公估对银炉的冲击，因为公估之后，无须再熔铸银两，银炉的使命也就结束了。此时还有外国银行存银估定熔铸的利益问题。

（一）银炉稳定市面的办法

银炉首先面对的是官方征税问题。因为银色混杂，良莠不齐，天津海关道蔡绍基于1908年（光绪三十四年）正月十三日发布告示，要求华洋商人一体照新章程缴纳税银。海关平100两折合行化银（99.2%）105两，折行平白宝104两2钱，洋元1元等于行平化宝6钱9分，各炉房支取银条可收用，交银要交足行化宝银（99.2%），意味着银色有低潮的部分，需要自行补足。此事激起了商界强烈反应。潮建广三帮41家商号，联名反对行化宝银亏色要由商家补足，认为此事应该由银炉承担责任。成色问题，不应该平白无故让商家担责任，并认为由炉房补足银色才是安商之计。①

---

① 参见天津市档案馆等编《天津商会档案汇编（1903—1911）》，天津人民出版社1987年版，第350—353页。

　　而银炉则认为稳定市面，不应轻易熔铸化宝银，并希望政府将"永不倾镕化宝，各色银两高升低补"备案。1908 年（光绪三十四年）3 月 26 日，全市银炉众商联名①上书，首先提到，庚子之乱后白宝加色使得银炉累赔倒闭。白宝足银"遂至每千两加色银二十余两。各炉房因亏赔倒闭者三十余家"。因此，银炉众商实在不愿轻易熔铸化宝银。②

　　其次，银炉众钱商认为，交易中用化宝为标准结算，实际上不需要现银，只用相互拨账就可以。因此，可以仿照上海豆规银（就是九八规元），即银两成色标准办法，不用再熔化宝，市面银两缴纳之后，照标准成色高升低补就可以。③ 银炉商人提倡的正是一种虚位化的办法。

　　关道宪④4 月 12 日出谕，同意银炉"照准镕升补成色"，但是究竟以哪项银两为准，差项如何弥补，没有具体的执行办法，所以希望银炉能够拟定详细的办法，并于四月又出谕催办。⑤ 5 月 29 日，银炉众钱商联名上书回复，依旧强调备案"永不倾镕化宝"，强调重新熔铸对银炉的经营压力。至于银色高升低补办法，银炉认为应该随行市价涨落，银两的使用是市场决定的，因此不宜预先规定，天津通行化宝标准很久了，可以此为准，高升低补。⑥ 从 1908 年（光绪三十四年）关道宪对公估局开办之后的回复中，可以间接证明对此确实备案。⑦

---

　　① 其时市面全部的银炉有"公裕厚、中裕厚、新泰号、裕源长、桐达号、恒利生、万丰号、庆源瑞、厚德号、瑞蚨祥"十家。详见天津市档案馆编《天津商会档案钱业卷（十六）》，天津古籍出版社 2010 年版，第 14116—14119 页。

　　② 参见天津市档案馆编《天津商会档案钱业卷（十六）》，天津古籍出版社 2010 年版，第 14116—14119 页。

　　③ 同上。

　　④ 关道宪的全称是"钦命三品衔、监督天津新钞两关、北洋行营翼长、办理直隶通商事务、兼营海防兵备道"，当时担任此职务的是蔡绍基。因此商务之事为此人负责。商会常常上书称"关道宪"或者"关道宪蔡"。详见商会保留的各种札子。例如天津市档案馆编《天津商会档案钱业卷（十六）》，天津古籍出版社 2010 年版，第 13702 页，就有"关道宪"的全称。

　　⑤ 参见天津市档案馆编《天津商会档案钱业卷（十六）》，天津古籍出版社 2010 年版，第 14110—14113 页。

　　⑥ 同上书，第 14104—14105 页。

　　⑦ 1908 年已经开办公估，宪谕"所有前次该商会所□各炉房只铸白宝永不倾镕化宝之案，即应注销"，说明此前已行备案。参见天津市档案馆编《天津商会档案钱业卷（十六）》，天津古籍出版社 2010 年版，第 13703 页。

但是，银炉众商所提议方案对于时下情况显然过于保守。首先，银炉众商并没有能够回应市面平定银色的要求。银炉众商迫切关心的是希望政府理解自身的困难，禁止倾熔化宝。但对市面银两杂色如何处理等其他要求，银炉无力应对。其次，银炉众商也没有很好回应政府对"高升低补之法"可操作性方案的要求。最后，仅凭银炉自觉来负责成色也不可行。且不论前文中潮建广三帮认为银炉本身不具备公信力，实际上在1905年（光绪三十一年）袁世凯拒绝钱业请求开办公估局之后，曾"命各炉房按实际成色盖章表明，未能收效"。① 银炉认为交易中需要将行化宝银虚位化，以此进行清算结算，不需要实际交割，也就无须倾熔化宝。但此时天津市面的问题不仅是简单的维持现状、确定成色问题，而需要调用退出市场的银根作为货币流通，并相对长久的对此有所保证。在这一点上，银炉没能回应社会的诉求。

（二）银炉的反对以及外国的压力

自袁世凯拒绝公估之后，政府层面却也有意试探公估之事。1908年（光绪三十四年）6月25日，商会"照抄驻津美国领袖领事衔理来函"，美国领事回复中提及"贵道（即关道宪）照开所有拟设公估局一事。正与本道意见相同"。② 因此推测在那个时候，政府就有开设公估局的想法。

天津银炉是反对公估的。预知会开公估，1908年（光绪三十四年）9月20日银炉众钱商上书陈情阻止。（1）认为天津与上海情况不同。上海公估局由各行商所立，抽取估验费用作为资金，已经实行很久了，但此与天津完全不同。（2）银炉认为自己的白宝没有成色问题，可以随时查证，并有政府备案。化宝则不必倾熔。银炉白宝均是政府交税所用，如果有差色，政府是拒收的，因此没有低潮的可能。并且银炉可以做到加盖字号印记方便稽查。（3）众银炉认为不立公估，可以简便货币流通，如上海豆规银一般虚位即可。天津各华洋商人交易，完全可以

---

① 杨固之、谈在唐、张章翔：《天津钱业史略》，《天津文史资料选辑（第20辑）》1982年，第101页。

② 天津市档案馆编：《天津商会档案钱业卷（十六）》，天津古籍出版社2010年版，第13590页。

以天津化宝为标准，高升低补，不需要公估。①

官方此时对公估的态度是坚定的，并未因银炉反对而动摇。同年9月25日，关道宪希望天津能够参照上海办法开办公估。② 开办具体事宜则落在众钱商身上。两日后（9月27日），政府反驳了银炉众钱商联名要求缓办公估的提议，认为公估首先有益市面。不仅是便于交税，而且能缓解市面货币紧缩问题，并且与银炉所提及的高升低补是一致的。

其次是外国的压力和维护利权的要求。9月25日，关道宪给商会的函中提及"驻津领袖美国卫总领事并裕丰官银号均请设立公估局"。③ 言称"领事迭次来文催询，若不及时议办，等一洋商会自行设立，岂不□干预国法大权旁落于人。据称上海市与津市情形为近，应照上海公估办法办理，自系实实情"。④ 外国人期望速立公估局的原因，也是因银色问题，洋商按海关要求，纳税一样会承受损失。

第二节　设立公估局的经过

一　公估局的开办

1908年（光绪三十四年）9月30日，津郡众钱商"奉关宪批饬"回复商会试办公估。第一是银色标准。"所估之银，皆以九九二色为标准，无论镕化与否照估码均可通用"。第二是章程及具体办公地点问题。"兹公拟公估草章十三条转呈宪鉴，并拟定本月初九日，假商会前院暂行试办，以救市面燃眉之急"。第三是希望华洋一体遵守。"为此公乞商务总会宪大人，恩准转移速赐出示晓谕，华洋各商一体遵照"。⑤

此后附《公估试办简章》13条。比照前文工商研究总会的"征集公估办法纲目问题"，这13条均在讨论范围之内。

---

① 参见天津市档案馆编《天津商会档案钱业卷（十六）》，天津古籍出版社2010年版，第13624—13625页。
② 同上书，第13631页。
③ 同上。
④ 同上书，第13635—13636页。
⑤ 同上书，第13638—13639页。

表 4 - 2   公估试办简章

目类	内容
宗旨、期限	公估为维持市面起见，当以验估银色为宗旨
	遵谕试办公估以三个月为期，届期查看情形，随时禀承办理
银两标准、效力	公估银两，以估码戳记为准，估定后无论华洋官商一律通用
	公估银两，仍照向章，以九九二色为准，高升低补
	碎银估定后，应归炉房倾化，以免迁换之弊
制度框架	此项公估悉由商务总会提倡，仍由总协理兼理一切事宜
	议由钱商公举董事十四员轮流值事。当值者必须亲到料理事务，不得推故委卸，以专责成
	公估处应用一切司事等人，均由众公推，仍责成取具妥保以昭慎重
	公估暂假商务总会前院先行开办，以后择定妥地再议迁移
估码问题	银色估码，不能通用，应由承估人赔补。倘有藉此争讼高低，议定罚款，请商会监视倾化，以昭核实
	公估戳记估码亟当慎重。如有伪造戳记，冒充估码及经手司事徇私者，一经发觉应请商会送官究惩
经费	议每锭抽取估费铜元两枚，作为经费
其他	现议各条系开办简章，如有未尽事宜，应随时改良，禀请核夺

资料来源：天津市档案馆编《天津商会档案钱业卷（十六）》，天津古籍出版社 2010 年版，第 13638—13639 页。

10 月 1 日关道宪批复同意，于 10 月 3 日开办。同时运宪和榷宪[1]这两方也与关道宪统一意见，向社会公开了三宪"批准开办公估简章"。九月初六日，商会说明办理公估事宜，希望照会各国领事。10 月 2 日，关道宪谕"无论何色银两洋元暂行一体收用以恤商艰。""并候函致美国驻津领袖领事查照"。[2] 10 月 3 日，公估正式开办。

10 月 6 日，商会函禀大帅、运、道、榷宪关于公估局开办后的情况。

---

[1]   运宪全称是"长芦督转运盐使司兼运使"，榷宪全称是"直隶分巡天津河间等处地方兵备道"。详见天津市档案馆编《天津商会档案钱业卷（十六）》，天津古籍出版社 2010 年版，第 13644 页。

[2]   天津市档案馆编：《天津商会档案钱业卷（十六）》，天津古籍出版社 2010 年版，第 13644—13658 页。

"于九月初九日（10月3日）开办。是日估银九万九千五十两（99050），又初十日估银十三万三千五百五十两（133550），十一日估银十万八千五百两（108500）。计三日共估银三十三万七千余两（337000），均照章，无论何色银两按九九二色宗旨。核计伸缩估验，□盖用蓝色公估字标为印证。"市面渐渐恢复平稳，与北京和上海两地的汇兑已经恢复正常①，无论是当时人的记述或是后人回忆也可证明这一点。②

对钱业公会来说，公估是值得称赞的功绩。1931年（民国二十年）在钱业公会所书的缘起中言：

> 我同业诸公，亟谋救济，审度再四，非创设公估局，以九九二成色为标准，采用高升低补之法，不能解此恶潮。同业询谋，并同当即拟订公估简章，商之于商会总理王君贤宾，其时适逢政府令行设法维持之际，于是将所拟公估办法，禀请立案予允许开办。后市场陡复旧观，计自提议至开办仅逾三日，其识见精准，手腕敏捷，非庸庸者所能望其项背。而当日官商合衷共济之精神亦有足多焉。③

从中可看出，前文中所言的"众钱商"对公估事务的上书、探讨、努力开办，是行业集体力量逐步形成的过程，钱业恢复正是以此为依托。

二 公估开办之后相关事项

公估开办之后，维持的责任基本在钱业公会身上。逐步统一市面银

① 参见天津市档案馆编《天津商会档案钱业卷（十六）》，天津古籍出版社2010年版，第13666—13667页。
② 对公估局开办后的认可，可见如下材料。"采取这些措施后，市面才逐渐趋于稳定，恢复了正常的流通和贸易"，谢鹤声、刘嘉琛《天津近代货币演变概述》，《天津文史资料选辑（第40辑）》1987年，第178页；"计自开估以来，市面渐次平定。汇款银根均已疏通。窭已着有实效"，天津市档案馆编《天津商会档案钱业卷（十六）》，天津古籍出版社2010年版，第13696—13697页。
③ 参见王子建、赵履谦《天津之银号》，河北省立法商学院研究室1936年初版，附录三章则，第32—33页。

色，增加银根，公估局不仅要对现有流通之银进行估定，还必须处理外国银行手中的低潮银问题。因此需要面对三大问题：估费、外国银行存银处理以及估银通行问题。

（一）估费不足

1908 年（光绪三十四年）10 月 21 日，即开办公估后 17 天，商会与各钱商开会筹议估费问题。钱商表示公估是长久之事，政府也支持，但估费不足，因此提议希望仿照烟台估费章程，"自十月初一日起，每锭改收铜元三枚，以期经久"。因公估在天津设立实属首创，所以估费变动仍应征得政府同意，并盼望政府将此"宪鉴核定饬承刊印三万片，遍贴通衢以便周知"。10 月 28 日，关道宪回复同意。"复加一枚为数无多，为经费持久之计，似可照行。仰由该商会录批传示周知可也。"①

但是这样并没有解决估费不足的问题。同年 12 月 18 日，因为公估局经费短缺，钱业向商会请议。第一，钱商认为经费全部出自钱业并不公平。"查公估而设原于各商有益，所以名之曰众商公估。惟经费仅筹之于钱商，未免向隅。"第二，钱业提出解决办法，先期由钱业补足，后由各行按年出费。"钱行既属各行枢纽。兹公同拟定由商等首先分别等次按月酌出经费。其各行商拟请宪大人，约同各行董，按年酌贴经费。"②

同时，钱业还提出造币厂及各局未能公估问题，希望商会能够尽力划一。③ 同年 12 月 30 日，关道宪仅对收用估银问题作出回复，"造币厂及各局所业，由本道分咨一律收用估银在案"④，并没有提及估费之事。1909 年 1 月 1 日，商会致源丰润票号函中，提及"经众号核议按号分摊协助，均已照办。兹议由贵号每月协助洋四元。自下月起，由公估局司事，持照走取并由敝会加函敬转"。⑤ 可见，估费的问题最终由钱业共担解决。

---

① 天津市档案馆编：《天津商会档案钱业卷（十六）》，天津古籍出版社 2010 年版，第 13702 页。

② 同上书，第 13725—13726 页。

③ 同上书，第 13727 页。

④ 同上书，第 13734—13735 页。

⑤ 同上书，第 13736 页。

（二）各国银行低潮银补色问题

钱业一开始便意识到各国银行低潮银色补色问题。1908 年（光绪三十四年）9 月 30 日，即公估开办前 3 天，钱业便提出政府以及外国银行的银两存储，也需要估定。而且低潮银色肯定涉及补色问题，希望政府能将此项银两问题另议办法，以免行业承受过重负担。①

1909 年 1 月 6 日，关道宪给商会的批文中，认为必须处理旧的低潮化宝银，不然市面仍不能统一。"各国领事及洋商，现均以此等为言，不肯收用化宝，以致公估虽立，仍不能华洋一律交通。自应妥议速办，使公估一事底于完全。"②

政府提出的办法是谁熔铸的银两，谁补色重铸，最是公平。若已停业，应由银号分摊筹补。③ 但补色所需款项巨大，1909 年 1 月 8 日至 1 月 9 日，商会复关道宪，希望补色之款先由官办的天津银号借出，之后再偿还，"应请大帅谕饬，天津银号暂借银二万两，由敝会担保"，"再由敝会督商各钱商按等分摊"。④

1909 年（宣统元年）1 月 28 日，政府大体上同意借款，但是具体差色希望能预先查照、估定。⑤ 此时钱业对补色款项来源也颇费心思，希望能开汇票行市，可用行市的津贴来弥补低潮银差色款项。从结果上看，行市开了，钱业也借此壮大了公会："此次规复钱行公会议办各项汇票行市，兼藉资研究改良钱业各事，似为保全商业起见，犹以应抽津贴，化私为公作为拨还备款之用。"⑥

但补色款项巨大实在，钱业仍一时难以承担。1909 年（宣统元年）8 月 28 日，钱业上书商会，希望能够筹款。查外国银行存银有"旧低色化宝百万两左右，必须退换补色。而补色一项为数甚巨，旧存化宝字号有已歇业倒闭炉房，十局七八，无从追究"。希望政府能够筹款"借

---

① 参见天津市档案馆编《天津商会档案钱业卷（十六）》，天津古籍出版社 2010 年版，第 13638—13639 页。

② 同上书，第 13816—13821 页。

③ 同上。

④ 同上书，第 13823—13829 页。

⑤ 同上书，第 13839—13841 页。

⑥ 同上书，第 13847—13848 页。

银壹万伍千两，即由汇票津贴项下陆续补还"。依照政府要求，钱业可以上报开汇票行市情形。"公议汇票津贴还清借款后，即以此项津贴拨归公估局经费"。①

外国银行低色化宝究竟对市面银两流通有多重要？我们可以从当时北洋大臣端方的议论中看出。1909 年（宣统元年）9 月 6 日，端方认为："查津埠现银无多，半赖官款接济，半赖银行周转。自上年设立公估以来，各国银行均已旧存宝银成色较低不估，则无人信用，欲估则贴色必多，不肯认此折耗，相率停积待议，以致市面骤少此百余万至现银，商务大受影响"，端方认为商会担保借款，再由行市津贴归还是可行的，"该商会现禀所拟先由天津银号筹借银一万五千两，专供贴色，此项借款即在汇票津贴项下，陆续归还，系属实在情形。为商会允为担保承还办理，似无流弊"。同日，关道宪回复，"商会拟向天津银号筹借银一万五千两，以为换补旧日化宝亏色之需"，"饬札到该商会即便查照，迳起天津银号商办以期速成"。② 直到 1910 年（宣统二年），估定各银行旧存银色工作方才接近尾声。

最终解决补色银两的办法仍是钱业分摊。1911 年（宣统三年）7 月 23 日，商会函致钱业公会要求催缴估银补色款项拖欠问题。各银行的旧存低潮银，估定之后，需要补色。

"行平银七千一百四十三两零，请由贵公会摊分各银行钱号汇送敝会，特呈在案。但前送银条内有新泰、桐达、开源、福和四号应摊还银六万两未经照交。彼时因急待解送，贵公会无款垫付，暂由敝会借垫清解。"③ 另一个证据是 1915 年（民国四年），公估局在给财政部造币总厂的函中有言"所收估费除常年开销外，其有盈余，即摊还众钱商暂垫补各外国银行低潮化宝色之款"④，更加明确了补色银款的来源。

（三）公估后政府对银炉的管理

公估局开办后，银炉逐步失去了作用，但仍有熔铸银两的事务，尤

---

① 天津市档案馆编：《天津商会档案钱业卷（十六）》，天津古籍出版社 2010 年版，第 14014—14015 页。

② 同上书，第 14026—14028 页。

③ 同上书，第 13988—13989 页。

④ 同上书，第 13777 页。

其与税收征银息息相关。政府认为炉房熔银需要有保证和一定的措施。这些管理措施在钱业看来是不必要的，因为公估之后，所有用银都要估定，无须再有额外约束。

1908 年（光绪三十四年）10 月 28 日，即开公估 1 个月左右，关道宪要求限定银炉数量并保结发照。因为炉房的熔铸必须有所保证和公平，以免欺诈。之前的官炉房有 19 家。而今形势不同，希望商会能够核准到底应设多少家合适，以此为凭立案，政府才好发放牌照凭证。并且承诺不收取额外费用，"从前商人领照一切规费应即一并裁除，酌收照费，化私为公，并不准有别项需索"。①

银炉认为可以免领牌照，11 月 5 日银炉上书请求"为公估专为低潮应请免领凭照"。首先，银炉信誉是受市场检验的。银炉熔铸银两在兑换或者交款中，没有反映过欺诈。其次，炉房数量应由市场来定。官炉房所定额是由于交税入库。天津的银炉应该以市面生意兴衰为标准。最后，目前市面不景气，炉房业很艰难。庚子之乱后，又遇到水旱灾，各业萧条。炉房中有很多出于停业状态，贸然定额或许不妥。所以希望能免领牌照。②

但是请求并没得到批准，政府认为银炉并不能恪守信用。11 月 15 日，官方驳回银炉要求，因之前有过携款逃逸之事，出事之后难以追回。并且强调若为正规银炉，就算领用牌照也无碍，这项规定是容易达到的。要求稽核在案，是为了日后能够追索。"本道对于市面凡有可以便商等，无不立予准行此事，在正经炉房亦决不至有所顾虑。"③

1909 年（宣统元年），天津海关为了杜绝低潮化宝，召集银炉不倾化低潮化宝，也要求银炉保结。5 月 25 日，因前海关照会④，钱业公会不得不依照此，查炉房是否有熔铸低潮化宝之事。同时认为公估之后，是凭银断色，无此必要。因在未立公估之前，炉房的化银全凭字号信誉，连环保结可行。但通行公估之后，用银全凭估定，低潮银被估定后

---

① 天津市档案馆编：《天津商会档案钱业卷（十六）》，天津古籍出版社 2010 年版，第 13702—13703 页。

② 同上书，第 13705—13706 页。

③ 同上书，第 13710—13714 页。

④ 同上书，第 13979—13982 页。

只需折色后就可使用，因此没有必要保结。① 但政府仍坚持保结，海关道仍要求钱业公会照办。"天津化宝均须镕铸足九九二色，非仅以高升低补为实行，自应一律遵照以昭慎重，相应函达即希贵公会约集各炉房查照办理。"②

第三节　公估事务的结束

一　公估事务松弛

随着市面渐好，银两流通恢复正常，公估事务渐渐松弛。1913 年（民国二年）10 月 14 日，公估局请求收用各色银等，应均用估过银两。因为交易以及税赋中，有直接不送估验自行高升低补的情况。③ 1915 年（民国四年），公估局请求财政部造币总厂配合银两估验。因造币厂用银很多，没有估码的也收用，因此对公估影响很大。④ 但在造币厂等的回复中，认为用银是它和银行之间的事情。"以后能否由各银行先交公估再行送厂之处，应请饬由该局迳与银行商办。"⑤ 政府对是否统一用估银的态度始终没有进一步明确。对比设立公估政府的重视，已大不如前。从侧面说明了公估对市面影响与作用的淡化。

二　公估的逐步退出

随着天津市面上银两逐步减少，而银元的重要性增加，公估局的业务逐步减少。最主要的是 1914 年北洋政府公布新国币条例，在天津造币总厂铸造以袁世凯为头像的新银币（俗称袁大头）。1919 年和 1921 年，北洋政府又重铸同样的银币流通市面。1927 年之后，南京国民政府成立，改铸孙中山为头像的银元。从此，这两种银元同时在市面上流

---

① 参见天津市档案馆编《天津商会档案钱业卷（十六）》，天津古籍出版社 2010 年版，第 13983—13984 页。
② 同上书，第 13986—13987 页。
③ 参见天津市档案馆编《天津商会档案钱业卷（二十）》，天津古籍出版社 2010 年版，第 17910—17912 页。
④ 参见天津市档案馆编《天津商会档案钱业卷（十六）》，天津古籍出版社 2010 年版，第 13778 页。
⑤ 同上书，第 13779 页。

通。由于银元的普遍流通，商业交易中天津行化宝银逐步成为一种记账单位，公估局在市面上的重要性渐渐弱化。1933年废两改元之后，天津众商公估局便结束了业务。

第四节　小结与评论

一　政府、行业与社会力量的关系

公估事务和清末民初天津货币秩序恢复密切相关，涉及钱业、工商界以及政府多方作用。首先，钱业的认识和行动在公估开办中至关重要。最开始1905年（光绪三十一年）钱业拟效仿上海办法设立公估局，却未经批准。[①] 但此并不构成对公估事务的严格禁止。钱业对活跃市面有着更深刻的认识，从"变通天津钱业管见"中可反映。公会承担着公估后所有损失补偿责任，在具体估定等事务中，也需依赖公会的运作和管理。

其次，公估的开办以及成功，是多方因素的综合作用。（1）市场秩序的需要。在金属货币为本位的市场环境中，"格雷欣法则"无处不在。名义货币价值一致的金属货币中，最先退出市场的是实际价值较高的货币，也称"劣币驱逐良币"。这同样也发生在天津市面上。且因货币不足值便退出市场，还引起了整体金融信用的收缩。因为劣币充斥，交易受挫，银根进一步收缩，整体形成恶性循环。市场秩序自身失去了恢复功能，需要政府与社会其他力量的支撑。（2）工商界对舆论的积极营造。虽然市面混乱根源在于银根的紧滞，但此事牵扯的是整个天津市面。如前文所述，工商界对公估事宜的讨论，是整体意见的整合，形成舆论氛围。这对日后顺利开办公估十分重要，对比《征集公估办法纲目问题列表》和《公估试办简章》就能看到。（3）政府的作用。公估需要政府的授权。从"拒绝"到"推动"，协调各方利益（如否决钱商银炉的提议），再到支持钱业公会对于后续公估事宜的调整等，政府具有的权威是决策推行的保证。（4）维护利权——来自外国的压力。

---

① 参见杨固之、谈在唐、张章翔《天津钱业史略》，《天津文史资料选辑（第20辑）》1982年，第101页。

办公估之前，"驻津领袖美国卫总领事并裕丰官银号均请设立公估局"①，而公估之事，也须领事认可方能通行，1913 年（民国二年），公估局来函中称：公估是"经前天津新钞两关宪蔡檄行宪会设立公估，以冀维持市面，并以迭准美国驻津领袖领事官暨新关税务司函开，佥以设立公估局"②。综合以上几点，才最终形成公估"计自提议至开办仅逾三日"并且成功的局面。

以明清时期行会与政府的关系为基点，对比来看钱业与政府之间存在了新的行动框架，因晚清兴办商务而延伸出的各种组织机构，成为工商业讨论问题的新架构。之所以具有组织权威，是因它们或多或少具有官方背景，但是这种组织权威并不能代替行业组织和市场本身的意见。而行业组织和市场缺少这样的组织权威，会变得松散和消极。要想清晰地将此时政府与钱业的关系，纳入经济学中"市场和政府"的解释框架中是困难的。清末民初在维持天津货币秩序中所展示的政府与社会的关系，不存在两者之间的对立意义，也没有某种"非此即彼"的经济治理的选择模式。市场力量也能够形成相对统一的社会意愿，政府的意见能够被影响和改变。市场在政府的制度性恢复中，变得更有活力。

二 政府与行业的距离

从另一层面来看，政府与行业虽然没有绝对的对立，但也难以轻易相合。双方存在着对市场力量认识的差异。此时的政府不具有市场调控的概念，对市场的理解远不如行业。起初反对公估是认为有垄断之嫌而扰乱市面，对公估支持是平定市面需要，这些都说明了政府将经济视为一种社会管理，追求市面稳定（比如对贴水禁绝和银炉管理）。公估得到政府的承认，也不是着眼于建立良好货币市场流通机制，重点是社会性的秩序需求。开办前后，政府和钱业行动的差异更能说明这一点。

首先，开办公估前政府就着力处理货币问题。袁世凯任直隶总督后，在筹备平市官钱局的同时也严禁市场不足值银两流通和私铸沙板制

---

① 天津市档案馆编：《天津商会档案钱业卷（十六）》，天津古籍出版社 2010 年版，第13631 页。

② 天津市档案馆编：《天津商会档案钱业卷（二十）》，天津古籍出版社 2010 年版，第17910—17912 页。

钱，并未奏效。其后袁拒绝了 1905 年（光绪三十一年）钱业的申办公估要求，认为这是钱业局部利益——"在勒揩外来商民，从中渔利"。钱业在此中的认识更深刻，把握到市场问题的深层次矛盾——要活跃流通而非压制。但钱业反而认为自身需要政府权威支持，原因首先是行业力量薄弱，难以形成一定的行业公信力。如"变通钱业管见中"所言："天津钱铺同业，虽各交往，其实无缓急相济之谊，无多寡相同之法"①，实际上缺少行业认同和合作。其次是公估开办需要政府从中协调提倡。此事涉及整个天津市面，这样的权威当时任何的商业组织都不具备。

之后，政府意见有所转变，逐步倾向开办公估，并对银炉保守意见进行驳回。到 1908 年，严催三日办公估的最大原因是市面恶化，"光绪三十四年（1908 年），市面流通的银两更见混乱，钱业公所再提请设公估局，文呈商务总会转督宪，适逢督署亟欲谋求解决市面流通银两的成色混乱问题"。② 开办公估之后，政府还要求查禁贴水。钱业认为市场力量可以约束控制，无须强行。公估之后是凭银断色，而适度的贴现可以调剂资金余缺。但政府坚持"究恐行之日久，奸商藉名影射，败坏公估成规，不可不防其渐"。③ 同时对银炉也要求限定数量，登记发放牌照。通行公估后，银炉熔铸低色银两也不会造成什么影响，因为银两需要估定折价，即使低色也可以使用，并且银炉数量应该依市场情况而立，行政规定具体数量的做法并不合理。

最关键的是，政府对两大影响公估之事的态度却不甚明了。一是估费。公估之事运作经费尚且不计，关于外国银行低潮银的补色，虽说是银炉熔铸应由其负责，但完全由钱业承担不合理。但官方却没有明确表示如何解决，最终落在了钱业身上。另一个是统一公估通行。造币厂和银行的运输货币，便没有通过公估。但政府认为这事应随当事人意愿，

---

① 天津市档案馆编：《天津商会档案钱业卷（十二）》，天津古籍出版社 2010 年版，第 10294 页。

② 杨固之、谈在唐、张章翔：《天津钱业史略》，《天津文史资料选辑（第 20 辑）》1982 年，第 101 页。

③ 天津市档案馆编：《天津商会档案钱业卷（十六）》，天津古籍出版社 2010 年版，第 13734 页。

不愿过多干涉。

在可为与不可为上，政府或许依旧坚持了秩序管理理念。政府认为市场中发生的问题，如果没有涉及整体社会秩序，便不愿干预，比如对估银使用不统一的默许。而在公估事务的承办以及维持，各方利益的协调，如中外银行旧银新铸、银炉反对、估费来源、统一用估银等，甚至连钱业中银炉和公估利益矛盾的调和，都是以政府的权威为依托。钱业对市场力量有着更本质的认识，对公估以及行市有着深远的预见性。但是，面对涉及整个天津市面的行动，作为一个行业，钱业没有整合全天津市面的权威，也无力承担此种责任，必须借政府的权威。开办公估，是在市场自发调节机制的崩坏下，政府与市场的一种合力结果。

合力不代表一致，只是方向相同，政府与市场两者的主张、认识均有一定差异。市场的恢复需要政府这样的权威，但政府权威却不代表市场本身。在清末民初的天津货币秩序整合与恢复中，政府与市场的关系更具复杂意义。

第五章　钱业公会与金融市场

本章所展示的是公会在金融市场中的角色。承袭传统的民间行业组织，在面对市场构建和秩序维持中究竟能够做到什么程度？其中与政府和其他行业之间存在怎样的关系？这些是本章叙述的核心问题，涉及公会市场权威的基础和边界。如果说公估的开办是在市场力量比较虚弱的情况下，政府与行业组织力图恢复市场的过程，这里则探讨的是市场力量恢复之后的情况。首先，钱业公会构建了一个交易平台，提供基本的交易秩序。其次，公会在银元及其他货币票据事务中，大多能作为参与者共同维持秩序，但是在铜元问题中，政府管理与公会的力有不逮出现了空缺。最后，与其他行业之间如何相处，也构成了整体性市场制度改良的关键。市场的自主性，各行业组织之间的博弈，以及公会的理性、保守和谨慎，构成了秩序稳定的力量。

第一节　钱业公会与金融交易市场

庚子之乱后，钱业恢复公会的契机有两个，一个是公估，另一个是汇票行市。1930 年（民国十九年）公会依照《工商同业公会法》[①] 改组后，将《天津市钱商同业公会附设市场简章》交由商会备案。附设金融交易市场也是公会最主要的市场职能之一。

---

① 参见《天津市各行业同业公会档案：天津市钱业同业公会民国十九年度（案卷级）》（1930 年 1 月 1 日），天津市档案馆藏，档号：401206800 - J0129 - 2 - 001569。

一 汇票行市与钱业公会的恢复

公估成立后，还不足以使市面银两流通恢复正常，需要用拆息调动市面存银。1908 年（光绪三十四年）10 月 8 日，政府也意识到银根过紧，应行拆息，并令商会商议具体实施办法，以辅公估不足。[①] 同年 12 月左右，商会存有一封未署名来信，批注是"存公派奉"。这封信的内容主要指向拆息，认为拆息关乎市面利益。"公估拆息为钱业全局之领袖，凡居通商口岸藉此率表，庶能中外流通，源远统埠无滞塞之害"，"天津公估已立，应须即行拆息"。[②] 该信附有相关提议，大致分为以下几个方面：

表 5－1 　　　　　　　　　附议关于开办拆息事宜

建议目类	具体内容（原文引用）
设立钱业公所	·应设立公所一处，名曰钱业公所，公请董事分定司年司月，如有同行轇轕者，公同定拟
	·公所既立，请董事查明钱庄必须作为实在东家股实方可引入同行，如不合格者，作为小同行不能上公所，倘有进出拆单等事，必须偕重大同行专手
	·同行必须联络以期拆单流通
	·同行既入，拟须定立规模，每日上午九点至十一点，下午二点至四点同行跑街一日两次会集公所讨论时事
	·同行公议条规，分给同行悬挂户内
公所经费	·公所经费同行按月津贴若干
公估问题	·公所与公估同住一处，以期连气

---

① 参见天津市档案馆编《天津商会档案钱业卷（十六）》，天津古籍出版社 2010 年版，第 13669—13670 页。

② 同上书，第 13720—13724 页。

续表

建议目类	具体内容（原文引用）
开汇票行市 相关制度	·酌开行情，如有进出买卖拆单及一切交易之事，均在公所定价成交
	·津同行司年之家，应请上海司年家每日电报申息以便灵通
	·公所司年必须请用申江熟手一人以期接洽
拆息及相关 费用规定	·拆息起日不论同行外行一概起息
	·申拆单有二千万之多，全在信字同行拆近拆出自当把定范围
	·申倒拆单，二三五天，津拟期短数少，以期由小涨大，定一二天数一二千，将来互相信服自能推广
	·拆息开价，在于用多用少而定高低。一日之间，或有四五七八次行市者后扯价
	·外行支单一概见票迟一天，如来折支银及本单不在此例
	·外行所有收交电汇会票及进出洋元均归同行经手代办。如公所散布，次早再办。凡一千两数汇兑者费二角，再多以此类推，洋元进出五毫，以此余利归同行润手
	·申例四点后，不解汇票，津应亦然。如四点后解款，拟以某数以上者，出次日本单以归次早办理
	·银行四点关库之后，同行一日之市已定，如有多少头寸，系同行自揭拆放
	·申例拆票无据，津拟用凭单
	·申例同行放账以及来往，应得照拆息每件加三两四两至六两不等，存项减一两五钱，违者重罚
	·外埠来往应须增票贴每千一钱

资料来源：天津市档案馆编：《天津商会档案钱业卷（十六）》，天津古籍出版社 2010 年版，第 13720—13724 页。

如果说公估成为钱业形成集体实力的出发点，那么从上述材料中可以看出，办行市拆息成为钱业公会规复制度性框架的契机。回应市场秩序问题，是形成组织最重要的现实支撑。1909 年（宣统元年），恢复之初的钱业公会，也提及行市设立目的首先是回应政府对行市秩序的要求，杜绝无秩序下肆意买空卖空。"奉督宪札饬，查有钱铺外伙计经手汇票，买空卖空把持行市之事饬令一律严禁。"① 关道宪告示有更详细的说明：

> 查上年（1908 年）九月间……天津向有一种商人，于铺家为外伙，专以买卖银洋为生，买空卖空，把持市价。银钱涨跌，皆出其手等因。奉此迭经商等确查，虽无实据，然为预防流弊起见，自当遵谕切实查禁，惟京申电汇并各项汇票行市，向在钱业公所逐日开议，后以公所停办，伙计因而经手，现拟规复向章，仍设钱行公会，随时开议各项汇票行市等事。② ……应行改良各事，随时集众研究，以期完备而保商业。③

另外，设立行市还有为公估筹款的目的。因为开设北京与上海的电汇之后，汇票行市的津贴除去佣金之外，就可以弥补公估补色款项。④ 政府因市场秩序所须而对钱业公会恢复的支持，成为公会组织形成发展的起点。

二 钱业公会构建金融交易市场

（一）金融交易市场的兴起

行市的设立成为公会对交易制度建设的雏形。到了 1918 年（民国七年），钱业公会逐步形成了一个有系统性框架的金融市场。公会行市

---

① 天津市档案馆编：《天津商会档案钱业卷（一）》，天津古籍出版社 2010 年版，第 408—409 页。
② 同上书，第 413 页。
③ 同上书，第 414 页。
④ 同上书，第 409 页。

制度性扩充的契机则是对整顿羌帖（卢布）交易的需要。① 卢布在日俄战争（1904—1905 年）后渐由东北流入天津。俄国十月革命之后，进入中国的卢布骤增，成为一种主要的金融交易品种。

天津市面交割习惯均要过现，交割卢布时两方对币面破损等的挑剔，非常延误交易。钱业公会为了解决纷争，规定卢布币样标准并派专人管理。之后，公会进一步决定如下。（1）迁址并增选董事。"在宫南大街袜子胡同租凭房屋，将钱商公会由北马路移来办公"，"除原有的西街银号经理充任董事的张云峰、朱余斋、王子清等外，增选东街银号的黄子林、李云章等及英租界的萧耀庭等为董事"。（2）公估羌帖。即仿照估定银两一般估定卢布品相。"持帖人持帖来会公估，合格的即用纸包裹，洞开四角，以便检点数额，包上加盖'钱商公会公估'字样

---

① 对此事的描述见如下材料：（1）陈宗彝《解放前天津金融市场的变迁》，《天津文史资料选辑（第5辑）》1979 年，第 181 页："十月革命后的一九一八年，有大批帝俄逃亡贵族、地主、大资本家以及溃败的白党军队，携带帝俄在大战中滥发的巨量纸币（羌帖）涌入我国的新疆及东北各省。这些纸币又以上各地辗转流入天津，数额日增，行市日跌。因为行市跌落，演至成交之间发生矛盾，致有新旧好坏的挑剔。旧的，有破口，票面有折皱的，在市面上渐渐不能通行。在交易过程中，收货的故意挑剔延误，交货的要强行交付，互相争执纠纷百出。"（2）王子建、赵履谦《天津之银号》，河北省立法商学院研究室 1936 年初版，附录三章则，第 33 页："清季俄国发行之卢布票，行于我国东三省，渐行至津沪地方。民国七年间，津地银行号争相买卖。不久即发生买空卖空情事，空额日巨。业此者因生恐惧，故意有新旧良莠之挑剔，市面遂一时骚动，董事等恐由此酿出意外，速谋妥善办法，添举董事黄君子林、李君云章、赵君品臣、王君华甫、王君晓岩、么君献臣，共同整理并酌定卢布交易办法。约人专司其事，复由董事实行督察。而前此买卖数百万巨额，隐伏之危机，遂无形消灭。"（3）《钱商维持羌帖办法》，《益世报（天津）》民国七年九月十九号第 6 版。内容是钱业公会向总商会备案关于羌帖的办法："天津钱商公会，曾拟定俄国羌帖行使办法，面知总商会。云查俄国羌帖自日俄战事以来，流入我国。先在东三省渐至本埠。全由外客携带来津，转由各银号代为买卖。十余年来颇为通行。自欧战发生，此项羌帖来我国者，为数尤巨。因是辗转携带授受，日久不绝。颜色稍旧，白边或有小残，其实在各银行并无挑剔，惟于街市间或因小有残旧不收者，以致卖者以无新帖为藉口。由是虽日有买卖，而全无新帖可交。查我津市函向章，凡关于金融交易具过现，似此新旧为藉口，收交难免迁延。长此以往，流弊堪虞，同业等有鉴于此，屡次集议，细心研究，公同议决，于羌帖新旧之间，折中选定五百元者两张，由十元至千元均以此为标准。俟后收交此为限，凡代客商买卖羌帖各银号结合团体，另立一公议汇划，名义乃拟定简章十条，附在敝会此项标准贴样，亦存于敝会，专人经管。于旧历八月初一日，将以前买卖羌帖未交者，一律收交清楚，同业称便。从此一概交易现贴，以杜流弊，如此办法为市面莫大之公益也。为此据情函请贵总商会鉴核，俯允备案，以维金融云。"

的图章，谓之'估包'，凡估包即可通行市上，收交双方不得争执"。①
（3）集中金融市场交易。即将各种金融交易品种，如买卖银元、羌帖、老头票、中交票及申汇等，集中到公会交易。

开办行市的目的，首先是为了解决市场信息混乱造成的交易不稳定。如果仅凭中间人随意撮合，不免有交易单方面任意控制价格之嫌，漫无限制。"同人等有鉴于此，公同议决，规复旧章，仍在敝会聚集同业妥慎议开各项行市，俱系以现易现，以杜流弊而符向章。"②

其次是规则制定并保证交易安全——提请商会备案和警察厅予以保护。附设市场之章程，公会交付商会备案，并且请商会转呈警察厅协助维持。③ 1929 年（民国十八年）《天津钱商公会附设市场简章》前言中，清楚写明了市场"曾经报明天津总商会备案，并转请天津警察厅保护在案"，说明确实得到官方承认和保护。④

公会在金融市场中主要发挥组织和监督作用，交易双方均自行商洽，成交及收交现货均各自负责。1929 年《天津钱商公会附设市场简章》中，言明"本市场于民国七年（1918 年）九月订立简章十条，悬挂市场，共同信守。其要旨在开议各项行市，均系以现易现，不准有类似买空卖空之情事"。

由公会制度化的天津金融市场交易规则，主要有以下几方面：

表 5-2 　　　　　　　天津钱商公会附设市场简章（主要部分）

目类	具体规定（原文引用）
交易范围	本市场经营收交电汇及买卖银元并有价证券等等，各项买卖不涉及范围以外之事务

① 陈宗彝：《解放前天津金融市场的变迁》，《天津文史资料选辑（第 5 辑）》1979 年，第 181—182 页；集中金融市场的材料也见天津市地方志编修委员会《天津通志·金融志》，天津社会科学院出版社 1995 年版，第 251—252 页。

② 天津市档案馆编：《天津商会档案钱业卷（九）》，天津古籍出版社 2010 年版，第 7151 页。

③ 同上书，第 7151—7153 页。

④ 参见《天津市各行业同业公会档案：民国十八年度"天津市钱业同业公会民国七年附该市简章等各项文件"（案卷级）》（1929 年 1 月 1 日），天津市档案馆藏，档号：401206800 - J0129 - 3 - 005549。

目类	具体规定（原文引用）
场内交易秩序	本市场开议行市，限于会内同业各字号彼此买卖，其未入本公会为会员者，不得入本市场办事，以示区别
	会内各字号彼此买卖，以一言为约定，注明自己携带之记事簿为凭，双方均须照办，以重信行
	会内各字号由街友经手买卖者，照章付给脚力，倘有两号对手自办者，街友不得强为干预
	会内各字号委派同事到本市场办公者，务须谦和镇静，俾免争竞喧哗，以昭郑重

资料来源：《天津市各行业同业公会档案：民国十八年度"天津市钱业同业公会民国七年附该市简章等各项文件"（案卷级）》（1929 年 1 月 1 日），天津市档案馆藏，档号：401206800－J0129－3－005549。

经过钱业公会的集中组织，天津金融市场变得非常活跃，"场内各钱业上市人员及经纪人一般达到二三百人，聚集一时，盛极一时"。[1] 公会并未垄断交易权利，并不阻止场外交易。每日交易"分上下午两市，下午散市后，有成交未完的仍回宫北大街继续作补充买卖，谓之场外交易，每日也成交至深夜"。[2]

一般地，公会只是作为监督者，不涉及具体交易事宜。但为确保秩序，公会出面调查和担保也有发生。1922 年（民国十一年）9 月 8 日，同行恒达号、时利和、义聚合"由公会市场买进晋和银号路货老头票（作者注：日元）壹万元，价银五钱八分，至迟不过本月二十五号交货"。但是对手方银号搁浅，"当日往该号冲算，伊云随次日市价冲作。是日前往冲算，乃该经理等，均逃遁无踪"。此三家银号希望免于日后纠纷，便作出了一笔反向交易，代替其买进一笔。为免日后纷争，希望钱业公会做证此事。实际上这三家银号并不是公会会员，但公会认为"敝会以同业攸关，断难漠视，理宜据情函转，恳请贵会备

---

① 天津市地方志编修委员会：《天津通志·金融志》，天津社会科学院出版社 1995 年版，第 251—252 页。

② 陈宗彝：《解放前天津金融市场的变迁》，《天津文史资料选辑（第 5 辑）》1979 年，第 182 页。

案存查，以免纠葛而防后患"。① 公会为此向商会备案。10月7日，商会同意备案。

（二）钱业公会附设市场的停顿

公会附设市场逐渐走向停顿，主要是社会和政治因素的变化，而非单纯经济因素。以下将主要交易品种情况分别说明。

首先是银元市场。到1933年南京政府的"废两改元"，便再无行市。其次是日元（老头票）市场。日元是一个交易活跃的品种，但受对日政局影响。1919年反日浪潮中，钱业公会"随势所趋"，"遵经公同议决"，"停止该项生意"。② 1920年（民国九年），公会向警察厅函请重新开办日元市场，希望能挽回利权。因若钱业不做，外国人也有权自行开市盈利，甚至有拟设信托公司垄断之嫌，因此钱业希望能够重开日元行市。③ 开市之后，到1923年（民国十二年），因日本的"二十一条"，以及旅顺大连租借问题等政治问题，钱业决定抵制日元交易。"老头票买卖赶速冲算，截至本月十一日，不准再有买卖日本纸币，拒绝流通，以示爱国之忧而伸民气。"④ 同年，日本人又趁机成立了日元交易所。⑤ 而天津证券物品交易所成立之后，日元是其中一交易品种，这些也间接促使钱业公会老头票市场缩减。到1928年（民国十七年），钱业彻底禁止了日元交易，之后也未恢复。起因是"五卅"惨案后的反日。"津埠反日会，因抵触劣货，进行甚力。对于扰乱本国金融市面之老头票，尤难任其当存势力。故曾商请钱商公会，停止经营该类劣货"，同时"绸缎布匹棉纱同业公会来函详述抵制影响"，钱业公会遂宣布"自十一月十日起，完全将老头票买卖冲清，嗣后不得再事经

---

① 天津市档案馆编：《天津商会档案钱业卷（六）》，天津古籍出版社2010年版，第4566—4567页。

② 天津市档案馆编：《天津商会档案钱业卷（九）》，天津古籍出版社2010年版，第7291页。

③ 同上书，第7291—7292页。

④ 天津市档案馆编：《天津商会档案钱业卷（十八）》，天津古籍出版社2010年版，第15732—15733页。此事亦见陈宗彝《解放前天津金融市场的变迁》，《天津文史资料选辑（第5辑）》1979年，第183页。

⑤ 参见王子建、赵履谦《天津之银号》，河北省立法商学院研究室1936年初版，第57页。

营"，并"通告各银钱号"，不再交易老头票①，之后也没有再恢复过。②

（三）公会的理性：主动禁止卢布交易

值得一提的是，公会对羌帖交易的主动禁止，体现出行业组织冷静的理性和责任。时任钱业公会主席的王晓岩认为俄国现在没有一个稳定的政府负责，而卢布充斥天津市面，等于以一种行将就木的货币换我国的现金，极具隐患。③公会随之公同议决主动禁止了卢布行市。此时场外交易仍继续进行。到1924年（民国十三年），卢布交易逐步显现危机。"近来多鉴于中俄国交之恢复无期，各种传言之确否未定，而牟利者之渔翁得利计划，又复为人窥破，故咸息其狂热，失所希望。"④且"自俄国变乱以来，羌帖跌落，几成废纸"，"商民受此损失，因而倾家败产者，比比皆是"⑤，仅向商会上报众商之一汪聚五，损失就有66万。⑥在羌帖交易中，"被累受害以至倾家荡产的不可胜数"⑦，但钱业同人却得以保全。

三　钱业公会与市场制度改进

钱业公会除了组织管理之外，也对行业制度与交易习惯进行改进。值得注意的是，公会认为习惯通行的效力不在于是否为公会所倡，而是普遍的征询和认同。

（一）促进改用行平

1929年（民国十八年）1月13日，钱业公会向天津市面会内外银

① 参见《打倒老头票，钱商交易限期冲清》，《益世报（天津）》民国十七年十月三十号第4版。

② 也见于陈宗彝《解放前天津金融市场的变迁》，《天津文史资料选辑（第5辑）》1979年，第183页。

③ 参见王子建、赵履谦《天津之银号》，河北省立法商学院研究室1936年初版，附录三章则，第33页。

④ 《羌帖恢复旧观之无望》，《益世报（天津）》民国十三年四月十五号第11版。

⑤ 《商会请交涉羌帖损失》，《益世报（天津）》民国十三年七月十六号第10版。

⑥ 参见《受害商人呈报羌帖数目》，《益世报（天津）》民国十三年七月十九号第10版。

⑦ 陈宗彝：《解放前天津金融市场的变迁》，《天津文史资料选辑（第5辑）》1979年，第183页。

号发出书面磋商,表决是否可弃用公砝平,改用行平(银两称量标准的改变)。理由有两方面。(1)交易更方便。近年全国通行的款项交收,多半以银元代替银两。因此银两平的名目逐渐减少。现在最普遍的就是公砝平,但是上海汇款行市,是以行平计算。而天津本地洋行订货,也是用行平。银行与商户之间同样是行平。钱业应顺势而行。(2)钱业川换(钱业同行调剂头寸的凭证,下一章有详述)也用行平。因此,"本埠商业凡有银两收交情事,以行平计算者约十之八九。若仍沿用公砝,须升须扣,未免徒费手续"。

公会倡议并征询意见。向会内外银号的经理管事之人,以书面形式征询意见。可简化清算结算问题,钱业不受损失。① 经公会征询同业意见,"计会内外一百零一(101)字号,书赞同者九拾贰(92)号,随众者、多数者九(9)号"。② 随经过全体公决,"定于阳历三月十五日,我同业收交款项,一律改用行平"。③

改用行平的决议是一项便利交易的制度改进。即使是公认有利,公会也未对此独断决定,而是给所有会内外银号发出书面商议。由此可见,行业规则的效力来自钱业公决而非行业组织,钱业公会以其市场地位和组织能力,也不能任意决断。需要尊重钱业整体意见,公会才能代表钱业整体。

(二)改良代客收取汇票办法的争议

1930年(民国十九年),钱业公会与银行公会协调,将代顾客收取汇票款项办法,决议与银行保持一致。"召集同业全体开会研究,兹公同议决,自今以后,代顾客收取汇票款项办法,我同业与银行界取一致行动,以联同气而免纠纷。"

6月3日,汇票庄永衡茂、宝隆峻、孚丰号、宝隆号、会元公、成泰祥、谦和泰、功成玉、润大号、世合公、人和福、永衡德、会聚隆联名向钱业公会上书表示质疑,集中在代收汇票时用"凭收戳记",如果

---

① 参见《天津市同业公会档案:天津市钱业同业公会民国十八年度(案卷级)》(1929年1月1日),天津市档案馆藏,档号:401206800 - J0129 - 3 - 005549。

② 同上。

③ 《津钱业废除公砝平:十五日起一律改用行平》,《钱业月报》1929年第9卷第2期,第114—115页。

需要复查，银行公会规定"仅能交出来途以十日为限，过期即不负责"，与习惯不符。6月8日，钱业公会回复如下。（1）《票据法》第三条并未与此冲突。第三条说明有特殊关系，票据背面签名担保者，银行应以文义为责任限度。这个办法用于无保不付的汇票，与凭收戳记复查不冲突。（2）钱业习惯与银行并无冲突。普通盖用凭收字样戳记之汇票条文中，另行定订明办法。其余部分与银行无异。（3）如果是特殊情况，当然应以票面文义为准。上述规定10日为限，是普通汇票。如果代取的汇票，有特殊情况，当然应以票面文义为准。（4）公会于此并非独断决定，均是与同业商议后才施行。并且"汇票各处皆有未便以一埠之习惯作为标准"，"况该议案之办法与各埠各帮均无窒碍难行之处"。①

可见，改变同业的市场习惯，便利交易是钱业公会改良市场规则的一个方面。公会处理同业整体层面问题的原则始终是"公同决议""须与同业全体均无窒碍"。即使是对市场有益的规则改进，公会也未滥用权力擅自决定，也并非随意迁就市场或者迁就同业。"公议"的权威基础与明清时期行业组织是一致的。

第二节　钱业公会与货币市场秩序

此处探讨的是银两以外的货币范畴。在实际流通的货币秩序维持中，钱业公会是一种稳定市场的力量。我们会看到公会作为稳定力量的主动性，也会看到政府与公会的一种缺失——两方都无法实现秩序稳定的尴尬。

一　稳定货币秩序
（一）确保银元票信用

在天津，银元票具有准货币性质，通行本身依赖银号的资质和信用，但金融票据的信用不是简单商业票据，很容易虚浮和作假。宣统年

---

① 《天津市各行业同业公会档案：天津市钱业同业公会民国十九年度（案卷级）》（1930年1月1日），天津市档案馆藏，档号：401206800－J0129－2－001569。

间，钱业公会不能确保货币票据的信用，因此希望与政府合作。首先是公会请求查拿假票。1909 年（宣统元年）5 月 24 日，公会上书商会称："近有凭空擅造汇昌字号假银元票行使街市，偶不留神被害匪轻。且查津市实无汇昌字号，委系凭空造价无疑"，希望总宪能将此"转移探访局，查拿追究以靖市面而安商业"。商会批复同意函请探访局查拿究办。①

钱业公会也需要回应商会确保银元票信用。1909 年（宣统元年）7月 15 日，逢钱业公会恢复不久，商会要求公会确保银元票信用。因为银元票实在庞杂不一，连钱业之外的小铺、换钱桌等均出票。若有不付者，便有信用问题。市面会动摇不定。因此要求钱业制定章程操办。②8 月 25 日，钱业公会回复银元票信用办法，即"所有入会之家，所出银条钱帖银元票，准其一体通用。其偏僻之地，开设无根基之小钱铺，不得滥入公会。倘有开写银条钱帖银元票，一概不准使用"。同时希望商会"恩准遍示印谕"③，随后附加入公会名单。

到 1910 年（宣统二年）6 月 16 日，商会认为还是应定纸票章程，而不仅是公布名单。商会觉得无法查证上报各号实际情形，名单上可能遗漏那些没入公会但也殷实的商号，而票据效力可由市场自身验证，因此钱业公会所行办法有局限。"想各商号，每于洋元票出入行使，平素衡鉴定必精详，在禀各号，是否殷实，用票者自有把握，所有不在原禀，若有殷实字号，俟随时查明，再行陆续通知。"④政府对市场开放性的偏好，成为规制行业公会的外在因素之一。

（二）确保银元流通

1911 年（宣统三年）10 月 14 日，钱业公会向商会告急银元飞涨，影响市面。因湖北动荡，银元价值飞涨，市面生意凝滞，人心惶惶。商会随之函致大清银行"转请度支部饬由造币厂赶铸银元，发由贵行招

---

① 参见天津市档案馆编《天津商会档案钱业卷（十七）》，天津古籍出版社 2010 年版，第 14514—14516 页。

② 参见天津市档案馆编《天津商会档案钱业卷（一）》，天津古籍出版社 2010 年版，第 187—188 页。

③ 同上书，第 188—190 页。

④ 同上书，第 314—315 页。

商换领，以济市面而维全局"。①

次日，钱业公会又呈请商会，认为仅凭赶铸银元不足应对，需要暂时固定洋元价格。因湖北动荡，外国银元价格日日飞腾，完全超出银元本位的限度，市面生意无从谈起。而之前开铸银元不足救急。因此钱业要求固定洋元价格，"所有街市商家行运洋元，暂按七钱三分作价，不准任意妄哄，致乱市面银根而碍全局"。

钱业公会十分清楚，固定价格仅是权宜之计。"查洋价正格应按库平七钱二分作合兹。作七钱三分不过权便一时。较与现下行市尚属公平，嗣市面稍获平定，仍以成盘作价报告宪会牌示周知。"10 月 16 日，直隶总督部批复同意。②

随后，商会通知全市商业：

> 津埠因湖北风潮，银元价值飞涨，人心惶恐，市面摇动。当经敝会禀蒙大帅俯准维持，以期商业相安。现查北京上海因倾轧相连倒闭，大局将不可问。我津埠为华洋互市，关系甚重。若互相排挤，大局败坏，商业何堪设想。现经钱商公会函请敝会，凡街市通行银元，设有不敷随公会当日时价，按洋付银以行平化宝为标准，高升低补，以杜接济居奇之弊。一俟市面平定，再行规复旧章，俾资营业。敝会为保全大局起见，相应通知各商号一体查照办理，倘有故违，一经查出，定行重罚，须至通知者。③

同年 10 月 25 日，钱业公会再请向政府申请领用银元。造币厂的银元不足调剂，银元与银两比率依旧脆弱。④ 因此商定公会每日换领银元济市。从 1912 年 1 月 16 日到 2 月 11 日近 1 个月，每日公会均派 4 家银号申请领用。领用函定例为："兹将兑换造币厂银元各号列后。计开（一般是四家银号一起，如：德庆恒、永昌号、敦庆长、慎昌号）共易

---

① 天津市档案馆编：《天津商会档案钱业卷（十九）》，天津古籍出版社 2010 年版，第 17832—17837 页。

② 同上书，第 17845—17846 页。

③ 同上书，第 17932 页。

④ 同上书，第 17851 页。

银洋贰万元。务祈贵会赐函，以便持赴造币总厂易换可也（后用毛笔小字书写白宝与银洋行市的日价）"。①

此后钱业公会向政府换领银元、稳定市面成为一种定例。1913年（民国二年）11月6日，公会希望能再次依例换领。因辛亥革命之后，市面银元逐步短缺，若不设法稳定，又会造成市面恐慌。希望"援照前清宣统三年成案，请由贵厂饬匠加铸，每日各钱商携银兑换二万元，以资周转"。造币厂在11月12日回复商会可行。造币厂本来奉财政部命令，加铸中国交通两行银元，是为了发放军需急用。但"既称钱商公会恳请贵会（商会）函商本厂按日拨以二万元兑换，该商等以维持市面。窃查事属实在情形，本厂应即照准办理可也"。②11月22日，造币厂核准钱业公会"每日兑换银元二万元，以流通市面"。③

1914年（民国三年）8月8日，因第一次世界大战爆发，银元行市不稳定。"银元行情陡长至七钱一分五厘之多，人心恐慌"。钱业公会"拟仿照前年成案，每日由钱业公同以银赴厂兑换现洋二万元，以资周转"。而此时造币厂因"自欧洲各国战事发生后，迭奉财政部文电饬令赶铸银元，除部用外，尽数分交中国交通两银行以济军用，事关紧急，业已漏夜加工尚苦赶铸不及"，但也认为"既为维持市面起见，自应设法格外通融。兹拟酌量部用之缓急。每日勉挪新铸银元壹万元至贰万元，以备钱业公同兑换。明日系星期日，应请于十日由贵总会通知，钱业公同派人来厂接洽可也"。④1911年至1914年，钱业公会与造币厂合作，起到了稳定银元流通的关键作用。

二 铜元问题

（一）晚清天津铜元问题

在传统中国，铜元被政府纳入货币管理中。铜元维持是天津市面最困难的问题之一。铜元价值低，易受操纵，且与一般市民日常生活密切

---

① 天津市档案馆编：《天津商会档案钱业卷（十九）》，天津古籍出版社2010年版，第17880—17902页。

② 同上书，第17903—17907页。

③ 同上书，第17919—17921页。

④ 同上书，第17928—17930页。

相关。天津市面上出现过多次铜元问题。1911 年（宣统三年），铜元出境巨大，牵动市价跌落。8 月 19 日，银元与铜元比价从"每洋一元易铜元一百三十枚者（1∶130），骤然跌至一百一十枚（1∶110）上下，人心惶惶"。政府会同商业研究所，约同钱商董事。拟照前例，以银元兑换铜元，仍以 130 枚为定价。① 随后，政府采取了两方面行动，一个是加大铜元供给。直隶总督电致度支部造币厂，准予搭铸旧铜元。并在 8 月 28 日令直隶全省警务公所整顿市面奸商投机，"各区饬警严查，如有不遵从严罚办，以儆效尤"。② 另一个是禁止铜元流出。8 月 29 日，商会急函直隶总督，请求禁止铜元出境，5 日后，直隶总督批准。在铜元问题上，政府的态度是严肃急迫的。

铜元问题也是基层士绅精英所关注的问题。同年 8 月 30 日，河北大胡同东村正、鸿胪寺序班生员宋国荫，认为虽然商会组织每日兑换，但持续时间太短，老百姓易受刁难。贫民到兑换处，拥挤不堪，根本难以兑换。不得已的只好又回到换钱铺兑换，受奸商蒙骗为难。

民间亦有主动请求解决之法。8 月 30 日，天津的 16 家换钱铺请求合组钱商换钱局，希望能够便民利商。商会兑换的时间和组织都有限，不但难免拥挤，并不能很好满足百姓日用，尤其是急用之人。再加上因铜元问题，钱铺生意停滞，合组之后可便民利商。钱铺因兑换问题也出现经营困境，面临荒弊。因此请求商会准许成立。③ 同日，商会便回复似此可行，并告诫"务须遵章办理，倘有故违，一经查出，定即送案从严罚办"，同时转函警务公所一并通办。

两天后，地方兵备道应商会要求，查验牌照，整顿换钱局。换钱局换发的铜元需要整顿以免假冒和泛滥。为此通知各换钱局，如有来会兑换铜元者，务将捐务局捐照携带呈验。凭照收执，以便按期兑换。同日，商会函交涉使司，要求规定脚力钱一枚外，应以 1 银元兑换 129 枚铜元比例。并以此转交各国领事官员，租界内钱摊换钱局一

---

① 参见天津市档案馆编《天津商会档案钱业卷（十五）》，天津古籍出版社 2010 年版，第 13119—13132 页。

② 同上书，第 13133—13136 页。

③ 同上书，第 13149 页。

体照办。①

银两与铜元的差别背后是不同的社会生活，政府因其社会意义作出反应。银两主要影响市面商业活动，而铜元涉及人们日常生活层面。同样是货币问题，政府的反应大不相同。上一章公估事务中，政府与社会有商讨的空间和时间，市场意见也有逐步形成的余地，但铜元问题上政府反应迅速直接。从直隶总督、造币厂、警务公所以及商会对铜元问题之行动来看，政府更重视铜元导致日常社会秩序混乱，铜元问题也被作为民生之事，受到有功名之人的关注。因此处理该问题时，政府既急迫又慎重。对铜元的控制和把握，难以行业为单位，更因涉及广泛难以形成专业性意见，政府对此颇感无力。

（二）铜元管理的无奈

铜元问题的急迫与管理的缺位形成了鲜明对比。首先表现出缺乏管理依据的尴尬。1928 年（民国十七年）12 月 12 日，河北省政府财政厅要求查钱币行情，希望每日将铜元行市的情况交送上来。12 月 18日，钱业公会回复无法函报，因天津开埠之后，本行银本位。铜元到底能换出多少，本无正式规定。向来由门市店的小商人和小钱摊，每日各自斟酌规定。天津城乡内外常常不一致，难有行市。钱业对此也不过问。所以财政厅要求很难照办②

其次，表现出一种行业性力量的缺失。1930 年（民国十九年）9月 27 日，天津市面铜元波动极大，市公安局希望钱业公会出面标定铜元行市。近日铜元与银元比例由 400∶1 跌至 340∶1，虽然有时局影响，但不排除有奸商趁此时机投机，故意造成不稳定。"选据各（区卫长附代表）来局请求设法救济，当经召集各区署长会议办法，佥谓此事须由钱商公会标定铜元行市，每日公布"。③ 10 月 4 日，钱业公会回复很难照办，因为公会难以确定行市，铜元不在公会组织交易的范围内。铜

① 参见天津市档案馆编《天津商会档案钱业卷（十五）》，天津古籍出版社 2010 年版，第 13152—13163 页。
② 参见天津市档案馆编《天津商会档案钱业卷（六）》，天津古籍出版社 2010 年版，第5095—5098 页。
③ 天津市档案馆编：《天津商会档案钱业卷（十九）》，天津古籍出版社 2010 年版，第16915—16916 页。

元如上所述，本不是钱业的业务范围。并且铜元行市"由街市各小钱商经营铜元行市生意者，每早群集于此，由电车公司向该公司议价收买，开议此项行市，并无正式地点"，因此也常常价值不一。钱业公会开办的行市，只涉及银元与银两。而"经营铜元行市之各小钱商，又不属于敝公会范围，势同散沙，为敝公会权力之所不及"。因此钱业公会提议"临时救济其根本仍在各小钱商，此事应请政府召集各小钱商，或由贵总会召集各小钱商，筹商维持办法"。①

若是仅看到政府与行业组织缺位的尴尬，不足以理解铜元问题。这里缺乏的，不仅是组织，而是能够承担市场权威的代表。1911 年（宣统三年），整顿市面铜元问题时，商会中有人提议，由钱业公会发行铜元贴，但遭到直隶总督拒绝。钱业也认为不可能发行铜元票。因其业务根本不涉及铜元。公会也不认为自己拥有控制铜元的影响力，"敝会乃系研究公地，虽有虚名，既无专人，亦无成本，更无出铜元贴权力"，提议"仍祈贵会（商会）与直省银行商议如何由该行出铜元贴，以便接济市面"。②

不但在铜元行市中，在其他与钱币价格有关事项中也可显示行业组织缺乏的困境。1917 年（民国六年），天津县公署奉财政厅训令整顿各县征收粮银办法。县公署要求每日能开报银元价格以此为凭，由商会转知钱业公会。但是在 5 月 6 日，钱业公会回复，之前的银钱价格，每日早晨由各商号齐集银市，以最后一次交易为今日定价。但现在银市已经取消。银元价格随时商议而定，所以实在难以呈报。③

铜元行市的散乱和政府一再希望钱业公会能够出面稳定铜元，除了显示行业组织缺失的治理问题外，还说明了此时政府的政治权威并不能立刻转化成市场权威，也难以单凭政治权威去构建经济权威。铜元的牵扯面非常广泛，而钱业不经营铜元业务，且公会无法影响不入公会的兑

① 天津市档案馆编：《天津商会档案钱业卷（十九）》，天津古籍出版社 2010 年版，第16195—16209 页。

② 天津市档案馆编：《天津商会档案钱业卷（十五）》，天津古籍出版社 2010 年版，第13185—13186 页。

③ 参见天津市档案馆编《天津商会档案钱业卷（五）》，天津古籍出版社 2010 年版，第4355—4356 页。

换钱的小钱摊。当政府致力于解决铜元问题时，同业组织缺乏使得解决问题缺少基层的权威和市场意见。政府与基层行业根本无法建立相应合作渠道。

（三）钱业公会的发展与铜元问题

随着组织的成熟和官方慢慢赋予市场管理的权威过程中，公会产生了自身的影响力，包括其他与货币相关的问题中。1935 年（民国二十四年），日本挤兑法币，高价收购铜元。此时财政部通州农工银行，又私自低价出售铜元券。不但造成铜元券和铜元脱节，且与当时河北银钱局发行的铜元券冲突，直接导致了北平市面混乱。① 天津此时无铜元券，如果能建立有准备的铜元券发行，就可以抵制市面铜元券的任意涨落。为稳定市面，北平与天津预备建立铜元券发行准备库。11 月 23 日，天津商会主席纪仲石与钱业公会主席王晓岩前往北平，与北平市商会银行公会、钱业公会开会讨论。之后，天津市商会，天津银行业同业公会、天津钱业同业公会、北平市商会、北平市银行同业公会及北平市钱业同业公会六团体，商定一致决议组建河北铜元票发行准备库，以此救济市面，推广铜元票并保证发行准备股实。"其工作范围，以救济金融、周转市面为本。旨绝对不准营利等节，不经营其他"。② 之后，由于政府下令要求财政部通州农工银行整顿，市面随之平定，河北铜元票发行准备库之事也就搁置了。

1935 年之后，铜元逐渐被镍币代替，但民间小本经营的商贩以及市民购买生活日用品深感不便。由当局召集市民银行董事及钱业公会会长王晓岩和商会会长纪华，常务董事赵聘卿等研究决定，由天津市面银行发行 10 枚、20 枚（注：铜元单位以枚计算）两种铜元票，并成立小本借贷机构。此举既解决了小商贩的生存，也"排除了货币流通方面互相拆兑找零的困难，市民无不称便"。③ 此时天津本市官钱局和河北

---

① 此事详见尚绶珊《北京市铜元票发行机构及发行概况》，《天津文史资料选辑（第 40 辑）》1987 年，第 191 页。

② 天津市档案馆编：《天津商会档案钱业卷（二十一）》，天津古籍出版社 2010 年版，第 18356—18361 页。

③ 谢鹤声、刘嘉琛：《天津近代货币演变概述》，《天津文史资料选辑（第 40 辑）》1987 年，第 181 页。

省银行也发行了铜元票和成立小本借贷处，这种情况延续到日本占领之前。

三　灾后维持与钱业公会

遇到社会动荡，公会作为行业权威的作用更加凸显。1924 年（民国十三年）10 月 6 日，商会因时局问题和水灾，需要钱业与银行公会、外国银行买办等组织金融维持会，互相策应。[1] 1939 年（民国二十八年），天津发生水患，商会依社会局要求稳定市面。因为水灾之后，银号不能正常营业，市面流通便受阻碍。钱业公会上报"同业银号四十三家，在水灾后，并未停止办公。且于八月二十五日，在公会划拨账款时，更对同业郑重宣布，无论如何困难，亦须照常营业，以维市面，不得稍有停顿，致影响金融周转"。对比来看，商会担心其他不在公会的银号无故停业，要求如果停业应到商会申报。"惟其他不在同业公会之银号钱庄，值此水患之秋，均应深明大义，照常营业。倘有尚未营业，具有特殊原因，均应维持金融之周转，应即据实来会声明，以便设法办理。"[2] 公会在异常情况中，能够回应政府以及社会对金融秩序的要求。

四　政府与公会——兼论经济开放性的维持

民国时期，政府对基层市场的影响，最直接的在交易安全层面。如民国初年，直隶天津警察厅提醒钱业交易时间不要延续太晚，以免发生危险。因为天津商家交付大宗银钱，在晚上运送的很多，难免被窥视行窃。所以希望商家交付时间，以晚上十点为限度。如果超过十点可明日再行交割。警厅为"预防危险，保护商家起见，相应函请贵会（商会）烦为查照转知各该商等一体遵照"。[3] 商会随之转给钱业公会。1921 年（民国十年）1 月 22 日，直隶天津警察厅觉得银号派学徒拿钱袋交易不

① 参见天津市档案馆编《天津商会档案钱业卷（九）》，天津古籍出版社 2010 年版，第 7358—7359 页。

② 天津市档案馆编：《天津商会档案钱业卷（四）》，天津古籍出版社 2010 年版，第 2896—2897 页。

③ 天津市档案馆编：《天津商会档案钱业卷（九）》，天津古籍出版社 2010 年版，第 7148—7150 页。

合适。因为银号学徒在下午手持二三钱袋不等，或乘电车及洋车，送交各家清账。这种做法很危险，警厅认为"青年学徒，大半无知无识，值兹年关在即，诚恐发生意外"。因此警厅提醒"如有交易银钱情事，须派老成人送往以防意外而维治安"。①

其次，政府对基层自主的交易，大多持有一种善意的肯定和认可。但是，政府的善意却不具有一种偏向性，即使政府需要钱业公会去维持市面、保证秩序，也不代表钱业公会能够凭此获得一种垄断市场的权力。政府选择了保持市场的开放性。1918 年（民国七年）10 月 2 日，钱业公会向商会转请省长暨实业厅、警察厅，希望能将兴办信托公司及证券交易所等申请立案示禁。理由是此交易所就是为投机所立，不过是为买空卖空所立，买卖都不过现，会遗祸无穷。光绪年间便有贴现风潮作为教训，"当庚子拳匪乱后，银根奇紧，以致发生一种拨条。凡需用现款之家，均以另外贴水。此风一开，咸以为例"，"然经此惩创，而各钱商直接间接亏累甚巨，以故倒闭百余家倾家败产莫此为甚"。②

同年 10 月 7 日，在警察厅回复中，却没有支持钱业公会，而是认为合理的证券交易所可以成立。原因是《证券交易所法》已由农商部呈准颁布。"除经手费酌定不得过百分之五外，并无准有贴水等名目。该所系居间性质，并非直接买卖，自不至有架空等情事。"③ 如果交易所不遵守规则，确实发生贴水架空，警厅会随时查禁。11 月 4 日，实业厅回复也类如此，"查信托公司及证交易所如属于买空卖空等行为，自应严禁。设立本厅查阅案卷，本省只有天津证券交易所一处，该所系依照证券交易所法呈请设立，已奉农商部令准备在案。现尚未曾营业，将来成立后，若有买空卖空情形，本厅职权所在，自应严于干涉。至信托公司一节，查阅案卷，本省并无此项营业"。④ 可见政府对市场交易的组织与参与者，在秩序稳定的前提下，均秉承合法自由的态度。这种态度松动了公会所能形成的"垄断"意义。

---

① 天津市档案馆编：《天津商会档案钱业卷（十八）》，天津古籍出版社 2010 年版，第 15588—15589 页。

② 同上书，第 15472—15473 页。

③ 同上书，第 15482 页。

④ 同上书，第 15490—15493 页。

第三节 行业之间——钱业与银行业

银、钱两业是金融业的主力，也是天津工商业中极其重要的力量。面对金融业整体的维持问题，银、钱两业能够联合行动，稳定、促进、改良天津的金融市场。

一 废两改元

在废两改元上，两者表现出一致态度。1932 年 10 月 12 日银钱业发表共同意见，认为"当兹银元□中，洋厘狂落之际"，此为"绝好时机"。并提出三种意见：一为制定新币成色及重量；二为银币之比价问题，应能折中处理，保证债权债务没有纷扰。第三点也是最重要的——建立货币信用。"欲使社会了解及信任"，应使"造币厂邀请商界领袖，组织委员会，永久执行监督或化验"，"造币厂长，以公认在社会素孚众望者充任"。[1] 同时提对及全国性造币厂的生产能力以及遇到紧急事态如何应对等问题的要求。银钱两业代表了金融界理性面对货币改革的先声。

二 疏通金融

民国时期，货币通行的因素受到省域政治力量的限制，而经济联系往往会超越政治对立，因此钱业与银行业——最主要的两大金融市场力量，能够有力量和权威去质疑、对抗这种政经困境。1932 年（民国二十一年），省政府会议通过禁止现洋出境。12 月 24 日，银钱业两公会联衔呈称，希望商会转呈河北省政府及天津市政府，请求各银行号运往华北各内地及上海等处的外国银元准予运输，因为华北等地的金融互相联系，需要流通调剂。天津是华北商业枢纽和汇兑中心，与上海也颇有联系。"即华北各内地，东至北宁路之唐山秦皇岛，西北至平绥路之归绥包头，南至平汉路之郑州等处，或为事业工厂所在，或为内地土货所

---

[1] 天津市地方志编修委员会办公室、天津图书馆编：《〈益世报〉天津资料点校汇编（二）》，天津社会科学院出版社 2001 年版，第 853—854 页。

集，所需现洋，向须由津运往接济，又上海为全国金融中心，与津埠汇兑关系至为密切，津沪间亦每须互相运送现洋，以应需要，若一律禁运，困难实多"。①

1933 年（民国二十二年）2 月 4 日，省政府准运，要求照《河北省政府发给运送现洋临时护照办法》办理，并发相应的请求书、保证书、说明书样。2 月 22 日，银行和钱业公会又请求修正运送现洋办法。第四条内容为："每一护照有效期限定为一个月，到期应即赶日缴销，每一护照限定运送一次。数目至多不能过三万元。每一行号对于同一运送地照在一个月内，只准请照一次。"② 银钱两公会认为"运送现洋给照办法第四条，窒碍难行，请转呈准予修正"。可见，即便在政府明令禁止情况下，银钱两公会也能联合起来极力争取，使政府政策松动而向有利市面倾斜。

三　金融秩序

当金融出现问题时，商会常将银钱两业咨询意见作为重要参考，也要求银钱两会进行干预。1919 年（民国八年）11 月 20 日，商会需要稳定银币行市，要求银钱两业能够合力行动。因银币行市日涨，市面隐患重重。而银钱"公会之权所负，掌理金融，对于此中意理，必当谙悉"。③

其次，稳定金融市面还牵扯到调和法律与习惯问题，也需要两者相互配合。1933 年（民国二十二年）9 月 8 日，银行业同业公会向商会函请两业开会的决议——"各银行号担保代取交抬头划来人支票时间，请赐察转知各同业公会查照"。主要是确定这种支票背书盖章的责任效力时间。一般依照习惯，需要在背面盖章担保，但是担保责任到什么程度没有规定。银钱两业联席会议公同议决，认为除了"凡各银行号代取交抬头划来人之支票，除按照《票据法》规定，应由委托人签注托收字样，代取家签注代收字样，以明责任外。其依习惯加具之担保责

---

① 天津市档案馆编：《天津商会档案钱业卷（九）》，天津古籍出版社 2010 年版，第7895—7901 页。

② 同上书，第 7949—7951 页。

③ 同上书，第 7288 页。

任，则规定时间以至收款后翌日午前十二时为限，过此时间，即不再负责。嗣后各银行号，即一律照此办理"。① 由此可见，即使在国家出台相关法律之后（《票据法》），银、钱两业的合作对于天津市面金融秩序的建构，仍在实践层面起着很重要的作用。

四　银钱业的芥蒂

在承担维持金融稳定责任之中，随着银行业发展壮大，相对于银行业，钱业公会不希望自己承担过度的责任。1941 年（民国三十年），天津市民误解了小额硬币有禁止流通的谣言，将所有硬币尽数购买食粮，"以致各米面铺收聚之小额硬币，为数甚多，周转不灵，势将无法继续营业"。当时由市民银行抵押借款十四万余元给商会，将此与米面铺行会——三津磨坊业公会会员商号所收之小额硬币兑换。市面恢复之后，这十四万余元的硬币无处可去，市民银行也难以消化，因此商会希望"钱业公会转知各会员分配使用，以资流通"。6 月 17 日，钱业公会回复同意，但提出应与银行业公平承担。"准此事关维持市面金融，本会义不容辞，自应由同业会员分配使用。""查从前所有担任维持市面之义务，钱业同业向系追随银行同业办理。此后倘再有此等之义务，仍宜循例办理，以昭平衡。"②

五　行业间的博弈

行业组织的结构，不仅是政府与市场纵向的治理渠道，还是行业间横向的博弈框架。当市场规则涉及其他行业利害之时，各个行业组织的并立的结构使得行业间乃至整个市面有了沟通和谈判的基础。

1933 年（民国二十二年）10 月 20 日，钱业公会认为在代客收取票据时，如果不用原票而换票交付时，款项未能收进时，将票据退回。③

---

① 天津市档案馆编：《天津商会档案钱业卷（九）》，天津古籍出版社 2010 年版，第7996—7997 页。

② 天津市档案馆编：《天津商会档案钱业卷（十九）》，天津古籍出版社 2010 年版，第16846—16849 页。

③ 参见天津市档案馆编《天津商会档案钱业卷（十）》，天津古籍出版社 2010 年版，第8048 页。

并请商会备案。此事引起市面上轩然大波，遭到各业的反对。

各业主张，此种办法便利钱业清算，但于通行商业习惯不合，使交易极不方便。1933 年（民国二十二年）10 月 25 日，绸布棉纱呢绒业同业公会函请商会，认为此办法在现实中难以执行。在没有更好的改良之前，应遵从商业上的习惯和以前的成法。11 月 6 日，米业同业公会认为钱业公会呈称代取票据担负责任问题，本是商业习俗中往来两家之事，如果有不愿用原票支付而换票支付的，是否允许换票，代取者自有斟酌。若使票据无故退回，债权债务之间本有时间和信用问题，原债权人的权利便无法确定。11 月 14 日，药业同业公会也反对。认为该办法于钱业便利但不利它业。而同日，天津市海货业同业公会、自行车业同业公会、绳麻业同业公会、糖果商同业公会、木业同业公会、油漆颜料业同业公会、玻璃镜业同业公会、眼镜业同业公会、麻袋业同业公会、皮货商同业公会、汽水业同业公会联合上书商会，直接言明"换票支付办法碍难承认，请免于备案并祈转令撤销原议"。并认为此事"在习惯上，原有一定之手续，历经施行有年，交称便利。今该钱业公会议决之前项办法，对于钱业本身固属减轻责任，但于其他各业殊嫌不甚相宜。果按而施行，不仅易招亏损，且恐多滋流弊"。①

同日，公会主席王晓岩向商会报告，因各业意见，钱业已改议办法。② 也在同日，绸布棉纱呢绒业同业公会觉得此事虽属于钱业业务，但与各业都有关系，应将以前习惯办法与新办法的利弊列出呈秉。要求商会召集各业公会，共同商讨。商会因此事已经有一段时日，会造成商业秩序紊乱，不是保商之道。希望"速予召开各业公会联席会议"。③

10 月 30 日到 11 月 10 日，钱业公会承认此事并不利于市面交易，并采纳如绸布纱及米业公会等意见，"公同议决两全办法，凡各种票据如以原票据划交者，钱业可以代来往家负责收取，否则请委托人自行持原票据向付款人换妥票据，再交钱业代为收取。似此办理，既可保持同

---

① 天津市档案馆编：《天津商会档案钱业卷（九）》，天津古籍出版社 2010 年版，第 8009—8034 页。

② 同上书，第 8028 页。

③ 天津市档案馆编：《天津商会档案钱业卷（十）》，天津古籍出版社 2010 年版，第 8041—8042 页。

业之安全，与其他各业，亦尚无难行之处"。①

在涉及更大范围内的市场规则维持中，即使属于钱业业务，也需要其他行业的认可和配合。在订立退票办法案中，公会在行业组织之间的框架中来解决，政府并未直接出面干预，天津市面同业公会之间的合作和冲突，恰是市场自发秩序形成的过程。

第四节　小结与评论

一　钱业公会与市场

（一）钱业公会与市场制度

行业组织的确建构了一种市场自律框架，从钱业公会与其附设的金融市场中可以看出。设立金融市场，从回应政府要求开汇票行市、调剂银根开始。开汇票行市也成为公会恢复的契机之一。市场对交易秩序的要求与公会实力扩展恰好构成了同步。除了一开始政府整顿市面对钱业行市进行主动干预之外，其他时候，基本上是出于钱业或市场意愿。与公估不同，金融市场更多依靠交易双方，体现了市场自身的调剂力量。

在行业制度改进层面，随着交易的扩大，作为市场主体之一的钱业，自觉不自觉地适应并改进交易制度，降低交易成本。谋求和银行业一致以及统一用行平，就是其一，这些均是市场和同业公会的自发行为。基于民间性的行业组织，能够使市场制度趋于合理化。

（二）钱业公会与市场理性

从经济角度看，市场本身不会存在理性，市场是一种机制。回归到历史现实，某种经济理性并不仅是每个个体追求自身利益最大化，而是需要被行业组织的行动和取舍来表达。尤其在个体的经济行为选择中，对长远利益的偏好远小于行业组织，在卢布交易中，钱业公会体现出对理性约束的清醒。在公会的其他行动中，表现出对长远利益的偏好，追求行业稳定，包括秩序、行业声望，等等。公会延续着明清时期行业集体理性的诞生、发展和维持。经济学所理解的个人理性，无法简单地成

---

① 天津市档案馆编：《天津商会档案钱业卷（十）》，天津古籍出版社 2010 年版，第8047—8048 页。

为集体理性，以天津钱业公会的经验来看，市场的某种理性需要行业组织来实现。

二 钱业公会的行动边界

公会能够提供交易规则，也是秩序构建的重要组织，但仍需面对很多行动边界。这些边界构成了约束公会权力泛滥的因素。首先是规则效力的来源——"公议"。公会主动承担着对行业制度改进的推动，并且清晰地认识到涉及全行业的事情，公会的职责在于提议、组织、征询，而决策的效力必须通过全体同意。公会并不因也不能够以自身的行业权威而独断专行。

其次，是政府对于市场开放性的追求。在1910年商会对钱业公会提出维持票据办法的不满中，认为仅凭名单不足以涵盖市场中的真实情况，那些没入公会但也殷实的商号票据同样值得肯定。在1918年公会希望将开办信托公司及证券交易所等申请立案示禁①，政府并未支持，这些机构虽然有买空卖空的风险，但兴办合规手续齐全，政府倾向认同。即使公会随着行业发展而壮大，也无法构成某种程度的垄断和特权。面对与商会关系密切的钱业公会，政府的态度是中立的，钱业公会的发展未受政府的压制，但也未受政府权力的特殊对待。

再次，边界表现在"责任与实力"对应的观念中。银钱两业在面对金融秩序的维持问题上，更多体现出合作协商的态度，因为两业的共同利益常常交织在一起。但是随着银行业实力增强，钱业公会在承担维持责任上，便有着收缩边界的趋势。责任与实力应该对等的看法，变得钱业公会没有干预和过多承担的冲动，可以看成对公会过度扩张市场势力的潜在约束。

最后，公会仍需要面对行业之间的关系。行业组织的这种社会结构，使得涉及利益均衡问题时能够产生互动。没有一方能够超越市场本身赋予的职能和要求，因此需要构建一种互相尊重、基于市场的博弈结

---

① 在1921年，全国出现了著名的"民十信交风潮"，即在全国尤其是上海，虚开交易所投机连累很多钱庄和银行。因此公会的建议具有一定合理性。但政府仍是首要的选择保持开放意义。

构。这无形中也构建了公会的行动边界。因此，钱业公会在市场中，自身权威性构建无法带来绝对意义的垄断或膨胀，它仍需面临着市场和社会的约束。

三　行业组织与政府经济治理

在近代政府需要更深入地参与市场时——无论是需要稳定市场秩序还是规范市场交易，均需要行业组织。在本章中，首先能看到市场维持中政府与钱业公会形成了某种行动框架，例如领用银元。其次是缺乏行业组织和市场意见的铜元问题中，政府治理的无处着力。缺失一个行业层面的信息和意见的尴尬，既是近代政府建构的空缺，也是市场缺乏组织的一种松散的反映。反过来看，钱业具有的市场权威性是政府治理所需要的。

在地方政府的政治性局限与经济广泛联系的冲突下，钱业与银行业联合抵制行动很成功，争取了货币相对自主流通。这虽是近代特殊的社会结构造成，但可见行业之间联合能够澄清政府行为对经济的扭曲。因此，包括政府在内，没有一方可以完全主导天津市面整体经济秩序，稳定需要各方合作。政府的权威无法代替也不能构建市场权威。

第六章　近代天津钱业清算习惯的研究

传统中国市场秩序构建中，商业习惯是非常重要的一部分。从习惯法角度出发，学者认可商业习惯在经济实践中的约束力，它们也构成了国家经济治理的一部分。而在近代中国，习惯同样被重视，并成为民商事立法的来源之一。1913 年，大理院发布了关于民事审判的第一个判例，主旨便是确认习惯作为法源的条件。①

在基层商业秩序框架中，习惯的重要程度不亚于法律，它也成为国家建构经济管理体系的结构。1929 年（民国十八年），天津的德国商会与钱业公会来函中，认为商会职能"尤以调查交易上所养成之习惯，随时告知其所保卫之会员，令其注意。俾其于交易之时，有所遵循，为其重要之工作"，"即在商法完备之国家，此事亦关紧要"。② 这说明商业行为中，习惯较之于法律更具有实践意义，也说明一部分商业习惯向以行业组织和商会为依托的框架中发展。研究上海钱业习惯学者杜恂诚认为，钱业习惯有力地证明了行业的自我治理机制。

在行业组织框架下，习惯的意义不仅为社会经验积累的结果，习惯向上可以作为商事司法判决的依据，向下可以作为有行业组织支撑的规则。那么，行业习惯发展仅是一种自然的经验积累吗？行业组织与习惯之间的关系是如何互动的？行业组织与习惯之间总是同步、和谐的吗？国家又能有何作为？哪些因素影响行业习惯并推动习惯改良、进而推动

---

① 参见李卫东《民初民法中的民事习惯与习惯法》，中国社会科学出版社 2005 年版，第 128—131 页。

② 参见《民国十八年度"天津市钱业同业公会民国七年附该市简章等各项文件"》（1929 年 1 月 1 日），天津市档案馆藏，档号：401206800－J0129－3－00554。

行业秩序乃至经济秩序的构建？本章从天津钱业清算中的重要习惯"川换与拨码"切入来探讨。

第一节　川换与拨码

一　川换

川换是近代天津商业往来清算的一种方式，在天津商业中普遍通行。1903 年（光绪二十九年）直隶总督部堂的札子中，维持市面办法里便提道："川换到期即付，严惩诓骗，事属可行。"[1] 1908 年（光绪三十四年），官办天津银号成立时，要求"所有本号纸币均由粮店及各行与本号川换，以期互相维持"。[2] 1914 年（民国三年）12 月，兴厚柴木厂"于壬子年与裕泰成面铺川换"。[3] 1920 年（民国九年），天津和记煤场与震源银号"立扎川换"。[4]

可见，虽未有政府层面的制度与规则颁行，但川换已经被政府与社会承认，遍及天津商业。一般工商户建立川换以账目为凭，建立川换的过程，以粮店和米面铺为例来说明。[5] 两者业务往来关系假定为粮店出售粮食给米面铺。首先，米面铺向粮店存款建立川换账户，双方议定透支额度和欠款利息（一般通行做法是互相不计息）。粮店出售粮食给米

---

① 天津市档案馆编：《天津商会档案钱业卷（二十）》，天津古籍出版社 2010 年版，第 17754 页。

② 天津市档案馆编：《天津商会档案钱业卷（一）》，天津古籍出版社 2010 年版，第 55 页。

③ 天津市档案馆编：《天津商会档案钱业卷（二十三）》，天津古籍出版社 2010 年版，第 20841 页。

④ 天津市档案馆编：《天津商会档案钱业卷（十三）》，天津古籍出版社 2010 年版，第 11080 页。

⑤ 关于商户之间建立川换账目具体记载如下："如乙号拟与甲号川换，须先向甲号存款立户，议定透支数目，言明欠款出息（存款多不计息，有的则按活期算息）。手续具备后，乙号方可开往甲号拨码。"刘信之、曹雅斋：《天津钱业琐记》，《天津文史资料选辑（总第 106 辑）》2005 年，第 63 页。并且，此处仅举例说明本地一般商号如何划拨款项。比较复杂的是外地驻津客商，办理的汇款往往是迟期的汇票，票面上一般会有见票几天后支付字样。这样的汇票需要拿到付款单位验证有无票根。涉及汇款的内容，本书不再详细论述。具体参见刘嘉琛、谢鹤声《浅谈天津钱业的拨码》，《天津文史资料选辑（第 40 辑）》1987 年，第 194—195 页。

面铺，米面铺不付现，等结账期时粮店开出收条给米面铺，米面铺核对之后，在收款条写上"某银号照交"并加盖公章，粮店就可以将确认过的收条交给有账户往来的银号，银号就按照付款单位名称去找相应的银号进行清算。可见，商户川换关系建立，初步有了一定的商业信用形式，在清算环节无须占用过多资金，起到便捷商业往来的重要作用。银号与商号建立川换关系，则需要商号信用良好，并与银号有长期往来关系。①

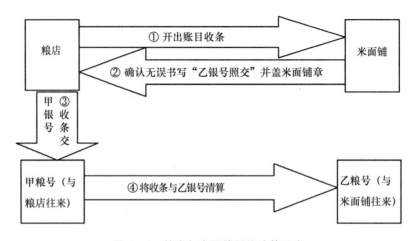

图 6-1　粮店与米面铺川换清算示意

　　而银号同业间建立川换关系，除了对信用有要求外，还需要银号之间有深入的经营往来，甚至有持股关系。② 银号同业的川换关

---

　　① 钱业与商号建立川换需要："限于东家股实，经理规矩，业务好，负债少，来往款子活动（有存有欠），素重信用。"参见刘信之、曹雅斋《天津钱业琐记》，《天津文史资料选辑（总第 106 辑）》2005 年，第 64 页。

　　② 钱业之间川换建立的记载如下："在共川换（业内习惯用语，意为交往）之前，彼此都要进行了解，认为股实可靠，即可互订协议，互换印鉴，分立交往户头，以便划拨。"参见刘信之、曹雅斋《天津钱业琐记》，《天津文史资料选辑（总第 106 辑）》2005 年，第 63 页。需要"主持者或投资者之友谊与感情"。参见王子建、赵履谦《天津之银号》，河北省立法商学院研究室 1936 年初版，第 33 页。"有的是连东，有的是与股东、经理有密切关系或交情。"参见天津市地方志编修委员会编《天津通志·金融志》，天津社会科学院出版社 1995 年版，第 292 页。

系建立，在开业时有一种习惯做法，并且"必经过此等形式上之手续，双方之川换关系方始确立"。① 具体为："津市银号开业时，其经理人例须请求熟稔之同业，予以赞助。同业于新银号开幕之日，辄存入大量款项，以壮声势，称为'壮仓'。次日，新开银号亦必以更大数量之款项，返存于为之壮仓之同业，以修交谊，而示其资力之雄厚。"②

一个银号的川换关系多少，根据资本、营业情况以及信用不同有所差异。《天津之银号》在1935年（民国二十四年）调查的30家主要银号中，"最多者有川换家72家，最少仅5家，平均为22家"。③普遍来讲，天津钱业的川换关系主要建立在本地帮大型银号之间。有资格加入钱业公会的银号，互相均有川换关系往来。本地帮小型银号和外帮银号一般都无法参加公会，也没有川换账目建立的所需信用，因此需要去"跑拨码"——一直要划拨到有川换户头关系的银号方能结算。④

二　拨码

拨码是天津钱业之间清算结算的一种票据，是在4寸长、2寸宽的便条上，用毛笔竖写苏州码金额、付款者字号和开票月日。开码者不写字号，只盖"八字图章"，如"只凭拨付取现不凭""往来计数登账作废""计数不缴作为废纸"，等等。有的也盖字号图章的，而拨码专用图章俗称为"小花"，发给同业作为印鉴。⑤ 其中，收账码表示拨到互

---

① 王子建、赵履谦：《天津之银号》，河北省立法商学院研究室1936年初版，第34页。

② 同上。

③ 同上。

④ 本地小型银号和外地银号建立拨码关系如下："为便于收解款项，要在本帮的大型银号开立往来户（只存不欠）。客帮银号的同业票据收解，可由大型银号代办；小型银号要自己去支跑拨码，拨到有往来户的银号作为存款入账。"参见天津市地方志编修委员会编《天津通志·金融志》，天津社会科学院出版社1995年版，第292页。

⑤ 拨码形式的描述详见王子建、赵履谦《天津之银号》，河北省立法商学院研究室1936年初版，第36页；大津市地方志编修委员会编《天津通志·金融志》，天津社会科学院出版社1995年版，第292页；杨固之、谈在唐、张章翔《天津钱业史略》《天津文史资料选辑（第20辑）》1982年，第102—103页。

有川换关系的银号，作为结束拨转的凭据。[①]

钱业川换使用拨码结算，大约始于光绪年间（1875—1902年）。[②]早期钱业结算均交割现银。但天津成为通商口岸之后，商品交易量十分巨大，市面用现银的办法无法满足清算要求。[③] 再者，现银交割互相需要鉴定银色，难免起争执而影响清算效率。[④] 因此，天津钱业遂改为拨码清算。1902年，由于国际市场银价变动，天津市面上银两缺乏，遂之有虚银制的趋势，即银两作为记账单位，商户之间不过现。这种情况推动了拨码作为清算工具的使用。

---

① 关于收账码的记载如下："乃同业间将款项拨到彼此有川换之银号时，用以表示结束转拨之凭证。"码纸上标有"收账"二字。参见王子建、赵履谦《天津之银号》，河北省立法商学院研究室1936年初版，第36—38页。而银号之间，需要划拨到收账码，清算关系方能结束。"甲银号持乙银号应解付的票据到乙银号收取；乙银号如与甲银号有川换关系则开收账码，如无关系则开丙银号照付的拨码；甲银号再到丙银号划拨，直至划拨到收账码，票据收解则为终结"。参见天津市地方志编修委员会编《天津通志·金融志》，天津社会科学院出版社1995年版，第292页以及杨固之、谈击唐、张章翔《天津钱业史略》，《天津文史资料选辑（第20辑）》1982年，第104页。

② 拨码在钱业开始使用的时间约在光绪初年。相关记载如下："到光绪初年（1875），本地帮银号间开始使用拨码，起初采用口头划拨，继而改为有文字根据的拨码办法。"参见天津市地方志编修委员会编《天津通志·金融志》，天津社会科学院出版社1995年版，第292页。"光绪初年，银钱业开始使用拨码作为同业间清算互相收解款项的信用工具"。参见王绍华《天津市银钱业公库建立始末》，《天津文史资料选辑（总第70辑）》1996年，第65页。还有的说法指向更晚一些："1902年国际市场银价高涨，天津外商银行将白银大量外流，遂使天津市面银两流通日趋减少，以致银两成为徒有虚名的计帐单位，由此而产生了拨码转帐方式。"参见谢鹤声、刘嘉琛《天津近代货币演变概述》，《天津文史资料选辑（第40辑）》1987年，第178页。"天津钱业实行拨码制度，是从1900年（光绪二十六年）庚子事变以后开始的。"参见刘嘉琛、谢鹤声《浅谈天津钱业的拨码》，《天津文史资料选辑（第40辑）》1987年，第193页。因此，笔者推断，1875年左右开始用拨码，可能并不普及，1902年前后普遍使用是可能的。

③ 当时钱业从业人员回忆："市面交易、银钱业往来，均感现银交付很不方便"，之后便行拨码。参见刘信一、曹雅斋《天津钱业琐记》，《天津文史资料选辑（总第106辑）》2005年，第62页。

④ 同业始用拨码记载如下：当时"估定银色，平准数量，至感困难，收交双方，时有争执，同业苦之"。因此，"有识者乃创'拨码'之制，由同业议定，零星小数，一律以码代现，互相抵冲，晚间结清，其差额始以现款收交"。参见王子建、赵履谦《天津之银号》，河北省立法商学院研究室1936年初版，第35页；刘嘉琛、谢鹤声《浅谈天津钱业的拨码》，《天津文史资料选辑（第40辑）》1987年，第194页。

钱业用拨码结算有一定的规则。首先,需要每日结算①,不似其他行业川换以结账期清算。其次,拨码的清算差额以千为单位,不满一千的,并入次日清算,不计息。② 再次,拨码只有转账作用,不能取现。③ 最后,拨码通行于同业间不能拒收。

能够结算拨码的票据多种多样。最初,有"银行、银号的支票、汇票,销货单位的收款条,汇兑庄、邮局,教会的汇票,以及外地驻津单位承付的款项、天津商号去外地采购货物开出的付款条等等"。④ 随着外国银行在中国通商口岸的业务发展和信用开展,钱庄、银号与外国银行"华账房"(买办)的关系日趋紧密频繁。拨码结算开始以"竖番纸"为主。"番纸"是指外国银行开出的支票,而"竖番纸"是银号开出的,由外国银行买办承付的存款凭证。⑤ 最初由正金和麦加利银行的

---

① 钱业拨码日结记载如下:"互开的拨码,当晚即须结清欠付","当日差数不能补清,即算失去信用",参见刘信之、曹雅斋《天津钱业琐记》,《天津文史资料选辑(总第 106 辑)》2005 年,第 63 页;另民国九年(1920 年)震源银号清理时,永益银号向商会上诉提到"与该号有同业川换往故","按此种同业川换向系一日一清,彼此两便,各无益损之处,人所共知",也可说明拨码需要日结。参见天津市档案馆编《天津商会档案钱业卷(十三)》,天津古籍出版社 2010 年版,第 11054—11055 页。

② 参见天津市地方志编修委员会编《天津通志·金融志》,天津社会科学院出版社 1995 年版,第 292 页。

③ 参见王绍华《天津市银钱业公库建立始末》,《天津文史资料选辑(总第 70 辑)》1996 年,第 65 页。

④ 刘嘉琛、谢鹤声:《浅谈天津钱业的拨码》,《天津文史资料选辑(第 40 辑)》1987 年,第 194 页。

⑤ 竖番纸一般"竖写,长约 20 公分,宽约 8 公分。出票银号须盖正式名称的图章",参见天津市地方志编修委员会《天津通志·金融志》,天津社会科学院出版社 1995 年版,第 292 页。这种清算工具的信用支持,依靠外国银行华账房的资金实力。"竖番纸"契合中国金融业的信用习惯,"银号上午开出的番纸,华账房对无存款者也可通融照付,但当日必须归清,关系深切的也可予以拆借"。参见王绍华《天津市银钱业公库建立始末》,《天津文史资料选辑(总第 70 辑)》1996 年,第 65 页。在民国十六年(1927 年)10 月 14 日钱业公会公布"我同业之川换账与各国银行账房商定试行"的详细说明中,与外国银行买办的川换有三类:横番纸(外国银行支票)、番纸(竖写,华账房开出)、支票(与中国银行往来用)。其中言明"凡我同业清账,俱用番纸,俾外国银行各账房易于冲算。倘或在银行账房所存不敷当日之用,可以开各中国商业银行整数支票,直接与银行账房,俾得该银行账房往取较易,无所藉口"。可见,当时竖番纸仍是作为拨码主要的清算工具。参见《天津市钱业同业公会民国十六年度卷外文件》(1927 年 5 月 1 日),天津市档案馆藏,档号:000125356 – Y – J0129 – 002 – 001566。

买办提出①，自光绪二十八年（1902 年）起，钱业一律改用"竖番纸"进行川换拨码账务的结算。

总之，川换作为天津商业之间的账务清算习惯，使得商业与银号之间联系非常紧密，构成了以银号为中心的清算网络。而拨码作为天津银号之间的清算结算手段，也顺理成章地成为川换的结算工具，起到平滑交易、活跃市场的重要作用。当时的钱业人员评价川换拨码："减少了烦琐手续，提高了工作效率，加速了资金的周转，对商品流通、繁荣市场起到积极作用。"②

第二节　作为习惯的"川换债权的优先偿付"

"川换债权的优先偿付"是维持川换拨码清算的重要规则。川换债务与其他债务不同，它仅是因为便利清算结算，没有抵押也没有利息。因此，天津商业通行的做法是将川换另立账目，以示区分，有时也称"浮存""浮欠"。例如1915 年（民国四年），庆诚永酒店请求商会备案中，提到"号中所有川换借贷均以帐目为证"。③ 同年，义盛恒商号的张延选上书商会"还清旧债恳恩销案"，并"祈将原川换银札收清缴还"。④ 1929 年（民国十八年）久昌银号倒闭，商人桂质辅上诉商会，因立有久昌的川换账目请求先行归还，并称"敝乃浮存户一份子，自□春立有存扎，准存不准欠，并存时无论多寡亦无息金"。⑤ 可见，川换账目的特点最主要是"无息无保"，纯属为了活跃交易，并不为任何利润活动存在。因此在发生倒闭等事情中，优先处理川换债权在天津的

---

① 参见天津市地方志编修委员会编《天津通志·金融志》，天津社会科学院出版社 1995年版，第 292 页。

② 刘嘉琛、谢鹤声：《浅谈天津钱业的拨码》，《天津文史资料选辑（第 40 辑）》1987年，第 194 页。

③ 天津市档案馆编：《天津商会档案钱业卷（五）》，天津古籍出版社 2010 年版，第4130—4131 页。

④ 天津市档案馆编：《天津商会档案钱业卷（二十五）》，天津古籍出版社 2010 年版，第 21608 页。

⑤ 天津市档案馆编：《天津商会档案钱业卷（六）》，天津古籍出版社 2010 年版，第5119 页。

商业中成为通行习惯。

由于天津商业账目往来的清算方式与银号关系密切，因此川换债权的优先偿付对于钱业十分重要。银号停业，各方首先主张川换债权偿付。1920 年（民国九年）震源银号停业清算，商会收到债权方关于川换债权的主张，均提及优先偿付。如天津察哈尔兴业银行提到"津市通例川换账欠款向与息债不同，凡银号遇有搁浅时，例须先尽川换账照数清结，然后再清息债"。① 德记号杂货店和厚记纸庄同样也提出"纯系浮存川换，无利无息，向与各债不同，向不与各债并案"。② 优先清算川换债务的习惯，在上海帮的钱庄中也同样通行。震源银号债务处理中，上海钱业代表张春熙对上述提及"申市通例，川换账欠向与息债不同，遇有搁浅时例，须尽先川换账照数清理，然后再清息债。查津市习惯亦然，与申市一例"。③

一　川换拨码优先偿付的维持

天津钱业川换拨码的优先偿，主要是靠钱业同人的认可与自觉遵守来维持。"在清末以前，银号倒闭者从未发生拨码不清偿的事情。"④ 1927 年（民国十六年）协和贸易公司倒闭之时，银根奇紧，即使是当时停业的银号，对所欠同业川换债务也是优先清偿。⑤ 但在 1927 年 10 月，志成、德盛两家银号倒闭，志成"对于所开出之'拨码'约四万元，未能按例先偿还，开津市钱业习惯未有之先例"。⑥ 随后债权同业请求公会转请商会，呈请督办公署缉拿股东兼总经理周祥五、经理王惠泉归案。⑦ 1928 年（民国十七年），泰昌银号搁浅，对川换债务也如数

---

① 天津市档案馆编：《天津商会档案钱业卷（十三）》，天津古籍出版社 2010 年版，第11044—11045 页。

② 同上书，第 11100—11103 页。

③ 同上书，第 11111—11112 页。

④ 天津市地方志编修委员会编：《天津通志·金融志》，天津社会科学院出版社 1995 年版，第 292 页。

⑤ 参见杨固之、谈在唐、张章翔《天津钱业史略》，《天津文史资料选辑（第 20 辑）》1982 年，第 125 页。

⑥ 王子建、赵履谦：《天津之银号》，河北省立法商学院研究室 1936 年初版，第 40 页。

⑦ 参见杨固之、谈在唐、张章翔《天津钱业史略》，《天津文史资料选辑（第 20 辑）》1982 年，第 125 页。

归还。据钱业人员回忆，"以后钱庄虽时有倒闭，对同业川换款项，未闻有不履行清偿者"。[1] 由此可见，川换拨码债务清偿优先权，作为钱业所应遵循的习惯，能够较好维持。

二 钱业公会与川换债权优先偿付

但是，天津商业通行之川换关系，背后不仅是个别商户自身的声誉和信用维持问题，川换关系将商业信用关系牵连在一起。这种信用关系通过银号与商户的关系，又集中于天津钱业。因此，钱业的川换债权优先权的保证，不仅涉及停业商号信用的问题，还会牵连同业而影响到整个市面的信用和资金流转。作为同业权威组织，钱业公会亦成为维持川换债权优先偿付不可或缺的力量。

1920 年（民国九年）5 月 23 日，慎昌银号停业。同年 7 月 8 日，钱业公会就慎昌银号搁浅的川换债务处理问题函请商会酌情处理。根据公会的来函，慎昌银号曾经上书求助，希望能由公会出面，以维市面。公会以此向商会声明缘由：

> 查慎昌银号素称殷实，此次忽然搁浅，实缘为时局所牵。现该
> 号当时交出以上单据等件，容缓筹措清偿本属可行。惟是街市银根
> 奇紧，已□一日各号川换之款为数过巨。若容该号自行筹措，必致
> 延迟。而各号渴盼急为收清，岂能欠待。倘稍牵延必致于市面之安
> 宁、金融之活动关系不轻。[2]

因此，公会希望先行向中国交通两银行抵押借款，还清川换欠款之后再筹缓还：

> 现以急救市面全局为前提，因是以该号交来之益昌当房地契一
> 纸，慎馀堂黄住房连地基契一只，晋丰股票本银贰万两，向交通中

---

① 参见杨固之、谈在唐、张章翔《天津钱业史略》，《天津文史资料选辑（第 20 辑）》1982 年，第 125 页。

② 参见天津市档案馆编《天津商会档案钱业卷（十三）》，天津古籍出版社 2010 年版，第 10968—10969 页。

国两银行抵借银元八万元正。先还各号五成，其余五成俟该号筹得现款再行清还，或由敝会设法熟商妥办。该借款应由该号自立借据，敝会董事作见证，订明六个月为期，每月按八厘起息（附借据原文）。①

两日后，商会立刻致函地方审判厅、警察厅和中交两行，并在7月17日向中交两行清楚表明商会知晓此事，进行书面的担保，承诺若到期无法归还，商会将抵押品交出拨还。② 同时，慎昌银号也在清还部分川换账款。7月19日，钱业公会将慎昌银号还款情况进行备案。③ 至此，慎昌的川换账目处理告一段落，同业川换款项均已还清。

1921年（民国十年）1月10日，中交两行来函称慎昌债务已经还洋4万元，遂将抵押的晋丰股票撤回。而其余4万元及利息仍以上列两处房地契为抵押，希望商会依照前定，尽快催还。1月18日，钱业公会向商会复函关于还款情况，并称"其余肆万元及利息仍以上列两处房地契为抵押品，下欠本息应由敝会督催该号尽先归还。无论发生何项纠葛，概由敝会担负完全责任"④，明示公会对此项债务的态度。到1922年（民国十一年）11月23日，在钱业公会居中担保之下，慎昌

---

① 参见天津市档案馆编《天津商会档案钱业卷（十三）》，天津古籍出版社2010年版，第10968—10969页。

② 原文如下："此项借款，由敝会（商会）担负完全责任。若到期不能还款，前项抵押品无论有无他项纠葛，概由敝会交出尽先拨还。贵两行借款本息□不延误，为此具函担保。"参见天津市档案馆编《天津商会档案钱业卷（十三）》，天津古籍出版社2010年版，第10976页。

③ 慎昌自行还款详情如下："昨曾由慎昌财东周霁午、黄子林交来契据等件，已在中交两银行抵借洋八万元先还各号十分之四六，曾在贵会立案。其余五四由周霁午、黄子林所开之益昌当凭该当架本抵还八万元。且该当立有字据一纸，并另立规定连带附约一纸，共三纸俱交敝会收执。并公同决定由该当架本回赎项下，尽先从速清还。而该当一切事务，仍是该东伙完全负责，不与敝会相涉。"同日，中法实业银行账房陈及三和益昌当铺也将此事向商会进行备案。参见天津市档案馆编《天津商会档案钱业卷（十三）》，天津古籍出版社2010年版，第10985—10987页。

④ 天津市档案馆编：《天津商会档案钱业卷（十三）》，天津古籍出版社2010年版，第11006页。

银号的股东已清偿债务。①

　　在持续了两年的慎昌银号搁浅偿还债款事件中,钱业公会均出面进行债权偿还的监督与担保,同时商会也出面向银行担保,使得同业的川换账目能够及时清偿,维护市面的稳定。公会首先利用自己的行业威信,对搁浅银号真实情况予以澄清。其次,公会的担保中所言"负完全责任",对银号处理川换债务至关重要。如果缺失这样一种担保,仅凭单个银号很难面对银行直接建立如此庞大的资金往来关系。1935年调查30家主要银号②,资本总额为2470000元,平均一家银号资本总额为82333元,并且调查之银号属于经营较好、资本雄厚的。而此次慎昌银号搁浅,从中交借款所需资金就有8万元,还只是川换债务的一半。可见,川换债务周转停滞时,仅凭一家银号自身不足以应对。因此,对同业川换债权优先偿还的保证,钱业公会的作用非常关键。

　　公会为川换债权优先偿的担保不止一次。1929年(民国十八年)8月2日,泰昌银号周转不灵,"欠同业拨码川换款199150元,债权人有28户"。③8月3日,泰昌银号以股票房契为凭,请钱业公会出面押借洋20万元,以维市面。钱业公会"立即召集与泰昌有川换债权之同业各字号开紧急会议,并推董事王晓岩、董事王子清、董事沈雨香代表董事全体,向中国、交通两银行接洽。于三日晨一时,与中国、交通两银行,议定押借洋贰拾万元"。④并议定如下。(1)押借款以20万元为限。⑤(2)规定清偿办法,依照债权额度分立,将抵押品交给中交两

---

① 钱业公会函与商会,慎昌"将该项本息洋五万余元了偿清楚",并希望"将原据及押品如数撤回,并请转函商会撤销前案"。参见天津市档案馆编《天津商会档案钱业卷(十三)》,天津古籍出版社2010年版,第11034—11035页。

② 数据来源于王子建、赵履谦《天津之银号》,河北省立法商学院研究室1936年初版,第16—17页。

③ 杨固之、谈在唐、张章翔:《天津钱业史略》,《天津文史资料选辑(第20辑)》1982年,第125页。

④ 天津市档案馆编:《天津商会档案钱业卷(十四)》,天津古籍出版社2010年版,第12185页。

⑤ 议定抵押款详情:"泰昌号同业川换账,以贰拾万为限。贰拾万之外,由该号自行清理,兹由该号股票房契等共约值价贰拾肆万余元,向中交两行押借贰拾万元。料理前项川换账,交行有川换账贰万元,即由该款内扣去。"参见天津市档案馆编《天津商会档案钱业卷(十四)》,天津古籍出版社2010年版,第12187页。

行，并以 3 个月为期限。① （3）约定钱业公会的责任以及商会备案事宜。② 此次处理同业川换，由公会出面，"三天内就偿还川换债务"③，可见解决之迅速。钱业公会凭自身的公信力对债务的真实性、纠纷处理公正性、抵押品的监督处理等事宜进行担保，在银号川换债务问题上起到了非常关键的作用。

三　川换债权优先偿付的备案

川换债权优先偿付是作为一种商业习惯而通行，最大的问题是习惯与日益繁荣的商业关系扩展的不同步。川换拨码在平日正常商业往来使用没有太大问题，但随着交易的扩展，川换拨码承担的风险，远远高于一种短期清算工具的风险。川换债务纠纷的发生，显示出习惯维持的一种脆弱性。

1927 年（民国十六年）7 月 21 日，协和贸易公司④倒闭，银根奇

---

①　议定偿还办法如下："所有各川换账之债权者，应按其债额分立担保偿还保单，交由两行存持，借款以三个月为期，到期如不归还，先由两行将押品自由处分，以一个月为期，到期如不归还，先由两行将押品自由处分，以一个月为处分期间。到期如不能售清，或售价不足。统由各债权者，按额以现款摊还。"参见天津市档案馆编《天津商会档案钱业卷（十四）》，天津古籍出版社 2010 年版，第 12187 页。

②　"以上办法，应由钱商公会具函，向两行请求并声明负责，一面向商会报告备案。"参见天津市档案馆编《天津商会档案钱业卷（十四）》，天津古籍出版社 2010 年版，第 12187 页。

③　杨固之、谈在唐、张章翔：《天津钱业史略》，《天津文史资料选辑（第 20 辑）》1982 年，第 125 页。

④　协和贸易公司倒闭，因开出大量空头账单，骗取银行抵押借款 700 余万元，其中欠华商银行 600 多万元、洋商银行华账房约 50 万元，钱庄 20 多万元。被拖累倒闭的有中元实业银行、德华、中法工商远东三家洋商银行华账房（买办），银号有开源、广豫、元吉、同孚、义聚、义成六家，致使市面混乱，银根奇紧。事实上，很难在此案中追回钱业川换债权。洋商银行的买办和相关银号因对协和的栈单非常信任，故于一家放款时，风险于集中而致使停业。参见王绍华《天津市银钱业公库建立始末》，《天津文史资料选辑（总第 70 辑）》1996 年，第 65 页；杨固之、谈在唐、张章翔《天津钱业史略》，《天津文史资料选辑（第 20 辑）》1982 年，第 115 页。因此，钱业公会希望备案，以维市面。"值兹协和贸易公司倒闭，银根奇紧，市面恐慌，该项拨码与津地钱业及市面大局实有重要之关系，相应详细声明。敬请贵总会查照备案，凡开写拨码之字号，倘有生意停顿事，须将拨码欠款先全数清偿，至于其他债务，不得与拨码欠款一律办理，以保钱业而维大局。并请天津文武各官厅及交涉公署并法院一体备案。"参见天津市档案馆编《天津商会档案钱业卷（九）》，天津古籍出版社 2010 年版，第 7157—7159 页；也见《为津地钱业各字号彼此川换帐款等事致天津商会函》（1927 年 7 月 21 日），天津市档案馆藏，档号：401206800 - J0128 - 2 - 001318 - 010。

紧，市面恐慌。此时，钱业公会希望商会能够将川换拨码优先偿付进行备案，避免钱业无谓损失，并同时转呈天津县行政公署、直隶交涉公署、天津警察厅以及各级法院。①公会的备案理由有三点。（1）川换拨码账目实为活跃市面。（2）川换拨码无息无保，让同业因为清算受损失不合理。（3）川换拨码债务的维持是为了市面稳定。因此，拨码的风险不应与其他债权并案，而应优先偿付。商会对此表示赞同，"查钱商拨码系为该同业中通缓急利金融之一种善良习惯。此项存欠不能视为普通债务。为遇搁浅倒闭，自应尽先清偿，此为津埠内外行所公认"②，并承转相关政府部门。

8月23日，省长公署认为，如果真如商会所言，通行习惯如此，优先清偿应予以肯定。但这个习惯在手续上是否周全、是否有什么弊端，应由警务处、财政实业高级审判厅联合交涉公署等部详细商讨，再行备案。③第二天，钱业公会也函请商会，认为此事牵涉整个钱业以及天津商业，应从速办理。④9月29日，直隶高等审判厅回复商会，认为此优先权没有案例可引，希望能等大理院解释出台，方能备案。⑤此处也可间接说明，一般的川换债权维持中，没有过多的上诉法院情况。

相关的材料无法直接证实在政府层面是否备案，备案仅达到商会层面。⑥政府是否能够接受此项习惯成为法律通行，仍是疑问。政府的严谨与犹豫，既有北洋时期政府精力不足的因素，也有从国家层面对商业

---

① 参见天津市档案馆编《天津商会档案钱业卷（九）》，天津古籍出版社2010年版，第7158页。

② 同上书，第7160页。

③ 参见《直隶省长公署指令 第一一六八二号》，天津市档案馆编《天津商会档案钱业卷（六）》，天津古籍出版社2010年版，第7162页；也见《为天津钱商同业拨码等事给天津商会指令》（1927年8月23日），天津市档案馆藏，档号：401206800 - J0128 - 2 - 001318 - 011。

④ 参见天津市档案馆编《天津商会档案钱业卷（九）》，天津古籍出版社2010年版，第7171页。

⑤ 参见《钱商拨码立案，尚候核议》，《益世报（天津）》民国十六年九月廿九号第11版。

⑥ 民国三十年（1941年）德昌仁银号倒闭案中，钱业公会函复处理债权理由中提到"该同业川换之拨码欠款享有优先债权之惯例，于民国二十年（1931年）十月间会员各号奉到贵公会通知，以函请天津市商会准予备案有案"。参见天津市档案馆编《天津商会档案钱业卷（十五）》，天津古籍出版社2010年版，第12899页。

习惯认定的复杂。1913 年，大理院所发的第一个判例要旨中，明确习惯的认定条件："（1）要有内部要素，即人人有法之确信心。（2）要有外部要素，即于一定期间内就同一事项反复为同一之行为。（3）要系法令所未规定之事项。（4）要无悖于公共秩序、利益。"① 川换债权优先偿付最困难的地方就是"人人有法之确信心"，即通行效力问题。另一件案例中，即 1941 年（民国三十年）德昌仁银号倒闭，凸显了公会维持拨码债权优先偿付的困难和尴尬。

德昌仁银号倒闭清理中，债权之一的"义胜居"是酱园业公会会员，"玉成厚"是茶叶公会会员。因听说钱业公会成立债权团，两公会均询问钱业公会如何解决自己会员的债务问题。钱业公会首先回应了酱园业、茶叶两公会对债权合并的要求②，声明成立的债权委员会，是同业川换债权，有优先偿付权，已行之多年。并表示已在商会备案，有案可稽。

但德昌仁银号的另一债权人"仁记"对此表示不满。"仁记"是杂粮业公会会员，杂粮业公会上书商会，认为钱业公会成立的临时债权团，优先处理了银行银号的债权，按四成五先行归还，对其他债权人不公平。③

川换债权优先偿还的备案问题，凸显了"从习惯到法律"的曲折。

---

① 李卫东：《民初民法中的民事习惯与习惯法》，中国社会科学出版社 2005 年版，第128—131 页。

② 钱业公会声明主要内容如下："敝债委会之组织，为德昌仁银号同业债权委员会，对于同业债权与其他债权应行分别清理之理由，特为详细陈明之。"并声明拨码债务的优先偿还惯例："查津市钱业川换账款使用拨码向以同业为限制，既无利息亦无保证，是以开写拨码之字号，倘发生倒闭情事，对于拨码欠款须尽先清偿，以维同业。至于其他债务不得与拨码欠款一律办理，此项惯例行之多年。""兹查德昌仁银号拖欠义胜居酱园、玉成厚茶庄之来往折交款项，与钱业同业川换之拨码欠款性质不同。敝债委会对于德昌仁银号债款之办法，应先尽同业川换帐款分配清偿，以符惯例。至于其他债款，俟由该银号另行设法清理。""兹该债委会陈述清理德昌仁债款办法，依照钱业管理办理，有案可稽。"参见天津市档案馆编《天津商会档案钱业卷（十五）》，天津古籍出版社 2010 年版，第 12895—12900 页。

③ 杂粮业公会主张如下："会员仁记等据称德昌仁银号，对于敝之债权置之不理请转函准予秉公处。"详情如下："经钱业公会成立临时债权团，敝已加入该团，能□秉公办理。不料钱业公会，对于银行银号存款按照四成五先行归还。对于敝债权置之不理，为此处断，于法理人情，实属不合。"参见天津市档案馆编《天津商会档案钱业卷（十五）》，天津古籍出版社 2010 年版，第 12905—12907 页。

从政府层面上讲，不会因为"行之已久"，就完全认同习惯上升为法律。从社会层面上讲，在纠纷发生之时，某一行业习惯难以被其他行业认同。认同感是习惯构成要素的核心，但认同感是基于共享的实践经验之上的。钱业认同川换债权的优先偿还，是基于本业实践经验的理解，这是习惯约束之所在，也是习惯的限度。因此，习惯很难超越经验被认同。

其次，川换债权在破产清算中，面临着与其他债权的竞争关系。这种竞争关系，在上述协和倒闭的备案中已经提及。协和案中，钱业公会明确表示，"以津地钱商习惯，凡开写拨码之字号倘若倒闭，对于拨码欠款须尽先如数清偿。该号无论拖欠华洋商号及官家各项帐款均不得与拨码欠款一律办理"。① 此问题是川换维持最棘手的。首先，川换债权是否应该优先保证，抽象来讲，不为经营获益的清算资金的求偿，应优先于有获益诉求的其他债权，更何况此种清算是无息无保的。钱业所主张，并非仅是维持同业利益，而是一种合理的主张，川换优先权也被外地商户和银行认可。如前文所提及 1920 年（民国九年）震源银号停业，天津察哈尔兴业银行也以此主张自己川换债权的优先权。其次，对于此优先权的实现，在现实中却构成了一种局限。从钱业角度上讲，一个仅以便利交易为手段的工具，却需要与其他债权一并面对破产清算，承担了过大的风险。从其他行业角度讲，破产清算中，钱业对自身息息相关的川换拨码债务优先，实质上构成了一种排除其他利益相关者的自我保护，很难被接受。

第三节　川换拨码的矛盾及解决

从上述论述中，可以看出川换拨码优先权维持问题，指向了一个核心矛盾，即清算工具承担了信用风险。面对这个问题，公会需要有所作为，此矛盾是如何被认识到，对此又有哪些不同的看法，以及由此引发川换拨码的改良等，是下文考察的重点。

---

① 天津市档案馆编：《天津商会档案钱业卷（九）》，天津古籍出版社 2010 年版，第7157 页。

一　川换拨码的内在矛盾

在清算工具背后，川换拨码实际上起着银号之间的短期信用借贷作用。因为川换账目用拨码清算，并不占用银号本身的资金，又处于"无息无保"状态，拨码使用上又存在隔日清算的时间差，那么银号完全可凭互开拨码，扩展信用。当时有一首顺口溜："自从庚子后，钱铺开的多，东家不用本，拨码乱啰活"①，形象说明此事。

川换拨码虽然便利了商业清算，但这样的信用扩展有三方面问题。（1）虚构市面信用。开码的银号，不一定有对应的现款可以拨划，但拨码不能拒收，开码的银号无形中扩张了虚浮的信用。实质上，拨码在短期周转中有了准货币的性质，却没有对应的发行准备，也不存在对拨码流通量的制约。因此拨码"易造成市面筹码膨胀"②。（2）市面牵连风险。川换拨码是用清算结算的手段承担了信用扩张的风险。它建立的本质，是银号之间的信用。在正常时候，这种矛盾并不凸显，一旦面临倒闭破产，川换拨码就会面临着信用收缩风险。银号间互相牵扯，不仅自身会被拖垮，也易造成市面连带的风险，"因而吃呆账者，恒见不鲜"③。（3）难以获得其他同人认可。与钱业往来最紧密的银行业对此非常反对。在与银行业的交往中，钱业靠拨码制度，无形中获得了一笔流动资金，使用没有利息成本。因为"商家持有银号'拨码'，存入银行，若银行拒不收受，必致影响双方之关系"，但"拨码"是不能随时兑现的，银行只有"托熟识之银号，代为收账"，而"银号收账后，常有不即解付，或不全部解付，而截留以当资金之用者"，因此"一般银行家，对'拨码'制度均无良好印象"④。

关于拨码问题，银行业曾与钱业公会有探讨。1924 年（民国十三年），钱业公会来函请求拨码期迟五日交用，因"凭条拨码"，钱业认

---

① 刘嘉琛、谢鹤声：《浅谈天津钱业的拨码》，《天津文史资料选辑（第 40 辑）》1987 年，第 194 页。

② 刘信之、曹雅斋：《天津钱业琐记》，《天津文史资料选辑（总第 106 辑）》2005 年，第 63 页。

③ 同上。

④ 王子建、赵履谦：《天津之银号》，河北省立法商学院研究室 1936 年初版，第 42 页。

为需要有一定的时间来验证真伪,兑明下家。银行业回复此事"窒碍难行",原因如下①。(1)存汇款业务银行要及时办理。(2)代收款项需要及时到账,其中银号所出的拨码占很大比重,拖延会非常不方便。(3)五日过后向外客收款风险过大。可见银行业当时就对拨码延期支付困苦不堪。

二 川换拨码问题的改良

拨码的问题早就引起钱业公会的注意,时任钱业公会主席的王晓岩,"曾为文阐述拨码之弊,希望同业改用支票"②,但没有引起同业重视。1929年(民国十八年)天津发生银号倒闭风潮,钱业公会认为应采取措施避免整体性损失,决定首先由各银号共出四十万元,作为救济之用,同时希望能有长久办法解决同业牵连风险,因此提及"拟定于日后将各号相沿习用之拨码取消",认为"此次银号倒闭者,其中不无因此所致","将拟定一种票单办法,凡发行者则由该号自负责任"③。可见公会也希望改良拨码弊端。

合组公库、成立票据交换所是当时比较可行的办法。合组公库首先由天津银行业提出,但钱业对此反应冷淡。1927年(民国十六年)协和贸易公司倒闭时,交通银行便建议银钱两业合组公库,也有建议设立票据交换所,公推中国、交通两行拟定章程,以上海为例,成立天津票据交换所。"银行公会稍做修改后基本通过"④,但"钱商公会经董事会

---

① 原文理由如下:(1)"银行业务以存款汇款为最繁,遇有存款或汇款人以款项送行存汇时,银行均应随时办理。"(2)"最感困难者,厥为代收款项一事。查银行平时受外埠联行或往来家委托,代各商号期票或凭信款项者甚多,此项收款项收到后,应随时收联行或往来家之账,又有预期收款,余款收到后,须发电报告委托行或委托人者,此项收款各商号所交者,向以各银号所出之条码为多。兹待迟五日方能收帐,银行对内对外办事,手续上均感困难"。(3)"银行代收上项期票及凭信款项,付款人往往系属外来客商,来往津门踪迹无定,有前一日交款而后一日业已他往者,其所交条码,若待无日后收账。设有舛错,根究无从。银行所担风险实重。"天津市档案馆编:《天津商会档案钱业卷(九)》,天津古籍出版社2010年版,第7343—7346页。

② 王子建、赵履谦:《天津之银号》,河北省立法商学院研究室1936年初版,第39页。

③ 天津市地方志编修委员会办公室、天津图书馆编:《〈益世报〉天津资料点校汇编(二)》,天津社会科学出版社2001年版,第831—832页。

④ 王绍华:《天津市银钱业公库建立始末》,《天津文史资料选辑(总第70辑)》1996年,第65页。

商讨，毫无切实表示，仅对全体会员钱庄发一书面通告，就此了结"。①
之后，公会在同年 11 月作出一项决议，以"成立票据交换所同业无法
解决"否决了银行业的建议。在此事上，虽然钱业公会主席王晓岩多
次呼吁，但行业过于保守，没能实现。② 1928 年（民国十七年），"交
通银行又拟定了《天津公库简章草案》发交两公会讨论，银行公会全
体通过，钱业公会却迟迟不决"。③

钱业在建立公库和票据交换所问题上表现保守。原因除了拨码行之
已久外，最主要是使用拨码有着相当大的利益。川换拨码清算方式使得
钱业可以不动用自有资金，在与银行的拨码清算中，又获得一笔无息短
期贷款。"如果成立了票据交换所，钱庄既要当天清偿差额，又会取消
银行存入的同业存款，资金筹码大受影响。"④

三　川换拨码的退出：公库的建立

钱业对拨码问题的拖延，抵抗不过社会与市场的变化。1931 年
（民国二十年）"九·一八"事变之后，天津市面上土产滞销，银元无
处可去，并且外国银行趁机拒收银元。与外国银行有密切关系的、拨码
结算所用的"竖番纸"（外国银行买办开出的承兑支票）很难使用⑤，
钱业清算大受影响，几近凝滞。到 1932 年（民国二十一年）"一·二
八"事变，天津上海之间的交易停顿，出现"土货不动""洋用不起"。
具体原因是天津与上海的贸易结算凝滞。

两地之间，向来以"拨兑洋"（天津行化银换成上海规元）为标
准。银钱两业认为市面清算困境有两个层次：一是同业之间，需要持现

---

① 杨固之、谈在唐、张章翔：《天津钱业史略》，《天津文史资料选辑（第 20 辑）》，
1982 年，第 115 页。

② 参见谢鹤声、刘嘉琛《天津近代货币演变概述》，《天津文史资料选辑（第 40 辑）》
1987 年，第 196 页。

③ 王绍华：《天津市银钱业公库建立始末》，《天津文史资料选辑（总第 70 辑）》1996
年，第 66 页。

④ 杨固之、谈在唐、张章翔：《天津钱业史略》，《天津文史资料选辑（第 20 辑）》，
1982 年，第 115 页。

⑤ 参见王绍华《天津市银钱业公库建立始末》，《天津文史资料选辑（总第 70 辑）》
1996 年，第 66 页。

洋换拨兑洋才能进行结算。而此时将现洋运到上海，每万元运费 20—30 两，这样现洋与拨兑洋之间每万元便有 20—30 两的贴水，两业面临很大损失。另一个是天津对上海的汇兑，以上海为枢纽。现在土产积压，洋货通行市面，对上海的清算是支出多于收付，天津商人手里没有申汇进行结算，仍需兑换拨兑洋来购买申汇。① 天津既没有办法兑换拨兑洋，又无法承担运现的损失，商业和金融业面临着严重的清算结算问题。

此时，市面需要创造自己的清算结算工具，但仅凭市面上的一家或几家银行号的票据，信用不足以支撑全市的清算。因一般银行号库存不公开，很难建立普遍意义的票据信用。此时便有组建公库之提议②，同年银行公会于 7 月 5 日决议成立公库，钱业公会随之同意，并报市政府社会局注册。10 月 14 日，天津市银行业、钱业同业公会合组公库正式开幕。当时有银行 20 家和银号 37 家③，到 1935 年（民国二十四年），"银行增为 24 家，银号增为 45 家，共计达 69 家之众"。④ 银行公会会长卞白眉为理事长，钱业公会主席王晓岩任库长。

《合组公库办法》中，明确规定公库"为便利划拨汇兑及调剂同业金融"，"凡属会员银行号对于库单不得拒收"。⑤ 公库主要任务便是解决清算问题："一是针对当时市面银元充斥、去路堵塞的现实情况，将各银行银号的多余银元一律存入公库，由公库签发存款证（也称公单），作为一种有价证券流通于市面。另一是参加公库的银行银号，一

律在公库开户存款，使用公库支票，冲算同业间每天互相代收代付的款项"。① 公库的成立，使得天津市面充斥的银元集中在公库，杜绝了银元贬值带来的金融风险，也使得银钱业的票据走向了统一、有组织的集中性清算，同时还间接摆脱了对外资银行的过度依赖。

天津银钱业合组公库的公单逐渐成为同业清算的工具。公库建立之后，效果良好。起初公库没有什么影响力，每月转账不到 100 万元。1933 年（民国二十二年）6、7 月间，银钱两业又强调公库应作为同业清算的核心。此后，公库逐渐发展，成为天津银钱业票据清算中心，"每月平均转账总额达 8000 万元以上，到 1935 年 3 月 15 日各项存款余额已达 7879966.65 元"。② 到 1942 年 5 月 28 日，在伪中国联合准备银行主持下，组织了天津票据交换所，公库便结束了。

第四节　小结与评论

一　习惯的维持

近代天津的川换与拨码，作为一种商业习惯，起初是为了克服银两实物交割的问题，便捷商业往来。从光绪末年到 1933 年（民国二十二年）这 50 年左右，川换起着重要的商业清算作用。由于天津商业与银号关系密切，川换账目的清算便集中于天津钱业。川换拨码的维持，首先是依靠钱业之间的认同与自觉。钱业公会作为同业的权威组织，在维持川换拨码债务优先权上起着关键的担保与中介作用，使得银号与银行之间能够迅速达成资金融通的需求，维持天津商业金融的稳定。

二　习惯的认同

习惯代表着一种本土实践经验的累积。从天津钱业清算习惯的变迁中可以看出，即使有着长期实践作为支撑的习惯，也不能等同于习惯有

---

① 王绍华：《天津市银钱业公库建立始末》，《天津文史资料选辑（总第 70 辑）》1996 年，第 68 页。

② 同上。

上升到法律的天然合理性。作为一个依托于钱业的通行习惯，公会的维持责无旁贷。但公会的权威不足以支撑此习惯在天津被普遍遵守。政府对"习惯到法律"的确认态度谨慎，说明即使有着"行之已久"的实践经验积累，习惯也不可能轻易被政府正式认可，在政府眼中，从习惯到法律，起码有着特殊性与普遍适用性的距离。在处理川换债务纠纷时，习惯的经验局限性和商业来往的扩展构成了矛盾，合理的习惯难以被行业以外理解和接受。

三　习惯的改良

近代中国市场秩序的构建，除了官方层面的商业秩序体系外，因市场及交易的扩展带来对固有商业习惯的冲击也是一个重要的方面，需要改良甚至废止来适应。那么，习惯是否可得到改良，从而突破它与实践之间的张力，答案是肯定的。作为维持习惯的主体，钱业在习惯改良上，表现保守。虽然钱业公会主席曾呼吁改良，公会在市面危机时也提出过废止办法，却没能由此成为习惯改良的契机，甚至改良动力也不是来自钱业本身。面对拨码"无息无保"的好处，钱业并未能主动突破自身的利益格局，拨码信用虚浮的危险被忽视。最终因川换拨码内在的信用矛盾，以银钱两业组成公库而结束使命。从川换拨码到合组公库，不仅是某种局部和地域界限的打破，因为"一·二八"事变，同样也促成了上海银行业同业公会联合准备委员会和上海钱业联合准备库的诞生，使得票据清算结算在地区之间存在一种同构性的市场组织，突破了依赖习惯的特殊性的局限。[①]随着金融交易扩大而促使各地交易规则逐步融合与统一，在近代中国金融市场构建中成为某种趋势。

在近代中国，习惯与行业公会同样诞生于民间，但两者之间的关系是多维的，行业公会在此案例中没有在习惯变革上显示出主动性。近代天津钱业的微观实践层面显示，市场秩序的构建与改良，经济发展和市场本身力量的推动是最关键的。从另一层面上讲，近代行业组织即使在

---

① 参见杜恂诚《二十世纪二三十年代中国信用制度的演进》，《中国社会科学》2002年第4期，第175—207页。

实践中形成了某种市场权威，也并不能构成相对应的垄断，公会同样也需要面对市场本身。正是市场环境的要求，以及市场具有的开放性和竞争性，行业组织具有了突破自身保守性的可能性。

第七章 钱业公会与商事纠纷

本章讨论的内容——商事纠纷，指向了一种国家与社会重构。在具体的实践中，钱业公会具有市场权威。承袭明清传统，公会一直承担行业纠纷调解的重要角色。商事纠纷诉诸于国家时，行业组织反而被赋予了明清时期不存在的"司法解释权"，围绕此发生了种种纠葛，体现出近代社会发展、国家构建治理框架与社会传统之间的复杂关系。钱业公会自身参与纠纷的调解以及和法律部门的关系，也间接影响市场秩序的维持。要理解钱业公会和司法部门的关系，首先要理解传统中国商事司法的背景。

晚清以前，政府将具体繁杂的实践性商业习惯制定和维持交给了民间。《大清律例》中对于市场的规定，仅有《户律·市廛》①中的五条，即私充牙行埠头、市司评物价、把持行市、私造斛斗秤尺、器用布绢不如法。这些条文仅作为纲领性指导，大量的商业行为和纠纷协调，便以会馆、行会为主要机构。

晚清沈家本修订新律，从《大清律例》到《大清新刑律》最大的特点之一是将刑事法律与民事法律进行区分，整个法典体例变化给之后的民事和经济立法提供了广阔的空间。随着商业在近代的重视和兴起，商事立法积极展开，例如《商人通例》《公司条例》《破产律》，等等。商事立法的展开，给予行之已久的商事习惯一个新的契机。商事习惯已经成为商事立法的法源之一。这种变化给予社会解决商事纠纷更丰富的层次。但最先诉诸的，仍是行业公会。1928年的北京行会调查中，关于纠纷处理便提到"尽管城镇存在商业问题，但几乎全部都是由行会

① 参见马建石、杨育棠《大清律例通考校注》，中国政法大学出版社1992年版，第529页。

依照自己的条例自行解决，很少提交官方解决"，"一开始就求助于法庭，没有在行会内部解决，他会受到公开斥责"。[①] 实际上，行业组织构成了一种民间和官方都认可的治理核心。

第一节 钱业公会与商事纠纷

一 钱业公会职能之一：调解纠纷

自钱业公会成立之始，调解同业纠纷就是公会的一个主要责任。1908 年（宣统元年）公估局成立之后，钱业建立汇票行市时，也强调了纠纷调解责任。拟定的章程中便有规定：

> 各号倘有一切意外难防之事，或遇有交往之家倒骗等事，可迳到公会公同筹办。合群力争，应由公众列名具禀追偿。由本会盖戳呈递，以期于事有益。其不入公会之家，遇事概不闻问。[②]

1928 年（民国十七年）《天津钱商公会暂行章程》[③] 中，第 8 条明确规定"同业商号因商事行为有争执时，得由本公会董事调解之"。1931 年（民国二十年），《天津市钱业同业公会章程》[④] 第 3 条规定"本公会以维持同业利益，矫正同业弊害及联络同业感情，团结团体。俾经济事业得以逐渐发展为宗旨"。第 4 条"本公会之职务"中的第 4 项便为"调解同业因商事行为争议事项"。[⑤] 这种职能，或

---

① ［美］步济时：《北京的行会》，赵晓阳译，清华大学出版社 2011 年版，第 37 页。

② 参见天津市档案馆编《天津商会档案钱业卷（一）》，天津古籍出版社 2010 年版，第 409 页。

③ 参见《天津市各行业同业公会档案：天津市钱业同业公会民国十七年度副卷（案卷级）》（1928 年 1 月 1 日）（1928 年 1 月 1 日），天津市档案馆藏，档号：401206800 - J0129 - 2 - 001567。

④ 参见王子建、赵履谦《天津之银号》，河北省立法商学院研究室 1936 年初版，附录三章则，第 37—39 页。此处的章程与民国十九年（1930 年）钱业公会所规定章程一样，参见《天津市各行业同业公会档案：天津市钱业同业公会民国十九年度（案卷级）》（1930 年 1 月 1 日），天津市档案馆藏，档号：401206800 - J0129 - 2 - 001569。

⑤ 王子建、赵履谦：《天津之银号》，河北省立法商学院研究室 1936 年初版，附录三章则，第 34—35 页。

者说是对同业纠纷调解的责任，公会一直延续下来。到 1936 年（民国二十五年）时，钱业公会已经依据《工商同业公会法》进行改组和整顿，"调解纠纷"实际上被政府认可，是工商业管理体系中的一部分。

二　司法实践①中的钱业公会

（一）钱业公会居中调停

在商事纠纷中，钱业公会常作为中间人进行调停。有时，公会调解的目的不仅是平息纷争，更有着维护行业规则的目的。以开源银号收德益银条案为例②。

1911 年（宣统三年），德益钱号持有直隶总银行现银票 1000 两兑换银元，已经和开源交易，但是在 8 月 16 日突然接到此票作废的传单。直隶总银行直接将"德益钱号同人扣留"，送交警务公所。8 月 18 日商会认为此案"属市面银票辇辖，既据开源银等号报告，自应照章开议，以分泾渭"，希望直隶银行能够请警务公所发回商会评议。8 月 19 日，直隶省银行照此发回商会。

到 8 月 20 日此案开议时，有三方代表："请议姓氏朱筱山（开源银号）""被议姓氏高德林（德益号）、直隶银行代质人李玉书、张济生""中证姓氏：钱业公会林祥、赵春亨"以及洽源、大庆元、万丰、中裕厚、生祥五家银号代表。此次纠纷的争议在于，直隶银行所开出的这张现银票，本身是用作与另一家银号永昌以清算转账之用，只是计数不交现银。③ 但德益却持有这张计数所用现银票，当作了市面通行见票

---

①　此处"司法实践"说法来自黄宗智《法典、习俗与司法实践：清代与民国的比较》，世纪出版集团/上海书店出版社 2003 年版。黄认为法典和习俗以及司法实践是三个不同的研究对象，法典和习俗与司法实践有着一定的区别。而钱业公会面对的情景，类似于司法实践这一部分，因此借用黄的说法。
②　此案详情参见天津市档案馆编《天津商会档案钱业卷（二十三）》，天津古籍出版社 2010 年版，第 20494—20507 页。以下关于此案若无特别说明，引用均同。
③　原文为："据直隶银行供称，以□拨码交永昌，照交该行持码到永昌收帐。该永昌遂收该银行之账。直隶银行以无可凭，因照交白宝条壹千两整，合行平化宝壹千零四十壹两质之，学徒到该号持□拨码上摺，递上摺登账，此条原系记数，不交给现银条，此市廛之通行之法也。"天津市档案馆：《天津商会档案钱业卷（二十三）》，天津古籍出版社 2010 年版，第 20498 页。

即付的通兑银票，并用此与开源进行收兑支付。

8月23日，警务公所（隶属天津府地方审判厅）送回证人"陈鸿仪"等以及相关票证。据陈交代，"伊现在大胡同德益钱铺充当铺伙，吴大系伊铺学徒，于本年八月十五日有行路人持直隶总银行银条一千两在伊铺兑换现洋。伊令吴大持条向该行查兑。据该银行称条并不假。伊将现洋交付取银之人挈走，不料该行于十六日登报声明此条作废，其号拨码批假，此条并不假"。警务公所并认为吴大与陈鸿仪供词相同。

这件案例中，在兑后的第二天，直隶银行便登报声明此条作废。所以，持条向德益钱铺兑换的人有最大嫌疑。但此人踪迹难寻。本案牵扯市面票据兑换习惯的维持——见票即付，钱业公会认为应该维护票据交换习惯，遂出1000两补上此款。1911年（宣统三年）12月22日，开源号朱筱山向地方审判厅请求销案，因为此案"蒙由贵会（商会）评议复由钱商行董诸君调停，佃出银壹仟两抵还商号之款，并饬商号写立保条壹纸，如日后查德益若有勾事串舞弊等情，以商号作证"。

从此案中可以得出两个结论。（1）基层商业纠纷，仍是以行业组织为核心。案件上诉至地方审判厅后，有再发回商会及同业公会评议解决的情况。地方审判厅也认为这种商业纠纷可以"督饬秉公评议"。不仅地方审判厅如此，商会也似乎认为，如果一个案件可以在当事人最切近的范围内解决是一个好的选择。1915年（民国四年）10月16日，义盛恒商民张延选向商会函请："商于旧年遗欠汇大银号行平化宝银120两，刻经何君振清从中调停，给洋120元作为了结业。蒙该号允诺，已将现款交该号收讫两清。相应禀知商务总会先生恩准销案，并祈将原川换银札收清缴还。"① 商会照准。（2）钱业公会在调解票据纠纷中作用很重要，不仅居中调停，也担负着维持规则的责任，甚至不惜承担损失。

1933年（民国二十二年），义生银号经理齐秀东，诉恒兴茂银号经理陈玉卿伪造诈财一案也能体现公会调停作用。5月8日，天津地方法院检察处首席检察官向商会去函，1932年12月31日，恒兴茂银号持

---

① 天津市档案馆编：《天津商会档案钱业卷（二十五）》，天津古籍出版社2010年版，第21608页。

有伪造晋兴钱庄抬头收据，加盖"凭恒兴茂银号收"字样图章，向义生银号拨取大洋6000元。至1933年1月1日义生银号持该收据向晋生钱庄收兑拨款时，发现伪造情事。最重要的是此函内称"当经钱业公会调停议决，着恒兴茂银号将款项如数退还义生银号以作了事，被告置之不理。后来闹到商会去，也是叫他倒款"。① 据此法院希望商会详述当时情形。

实际上商会并没有接手此事，是原告义生银号夸大了事实。随后，商会向钱业公会去函，声明并未接手，并要求详查。从记载的结果来看，此案也是经公会调解解决。5月19日，钱业公会主席王凤鸣函复商会了结此案。"查义生银号与恒兴茂银号因收付款项发生纠葛一案，现业经调停妥协，彼此息争，该案既经和解，所有当日之若何处理，自可无庸置议"。②

此案有两点值得关注。第一，它体现出当时商民实践性的解决纠纷层次性：首先为钱业公会，次为商会，最后是法院。第二，义生银号将恒兴茂银号诉至法院时，夸大此案是经过钱业公会和商会的调解，可见当时公会与商会的意见，已经构成商事司法判决的重要参考。

公会的调解权威，还与商事诉讼的久而不决相关。1929年，钱业公会为应对银号倒闭风潮，提出改良办法，其中就有"对不动产抵押借款之改善"的想法。因不动产抵押的纠纷常常"经审理后，如某甲不服，联次上诉，恒历数年之久，不得了结"，"此款如系少数尚无问题，若一笔大款常涉银号倒闭，为害亦非小可"。因此"须由同业方面思一改善办法，及商由官厅律师等，对是项法条加以补充"。③ 可见商事纠纷诉至法院，并不是解决纠纷的最好选择。

（二）钱业公会与涉外纠纷

在天津华洋杂处的商业环境中，华洋商业观念和商业习惯的冲突时有发生。

---

① 天津市档案馆编：《天津商会档案钱业卷（十五）》，天津古籍出版社2010年版，第12590—12591页。

② 同上书，第12601—12603页。

③ 天津市地方志编修委员会办公室、天津图书馆编：《〈益世报〉天津资料点校汇编（二）》，天津社会科学院出版社2001年版，第831—832页。

以道胜银行拒绝银钞兑款，无礼拘送大通银号柜伙王仁甫一案①为例。1923 年（民国十二年）3 月 28 日，久昌银号持有道胜银行钞票 4000 两，向大通银号兑换银元票。大通银号依照习惯，在当日行市交易后，派遣柜伙王仁甫，将此银元票与道胜兑取。谁知道胜银行称此项银钞签字不对，又是属于丢失之物，直接将王仁甫送交英国工部局管押。经工部局捕头并天津警察厅司法科科长，会同查明后，将久昌银号相关人带回，才将王仁甫释放。

此案引起钱业轩然大波。3 月 31 日钱业公会向商会严正交涉。主张如下：（1）此事本是可以查清解决的。"查此案无论有何繆辕，将来展转证明，当必责有攸归"。（2）大通银号将此视为钞票做法并没有错。"惟此项银钞，既属普通纸币性质，市面已认为通行无阻""银行发行此项银钞其性质，与银元钞票无异，向来凭票兑现从不挂失"。（3）这种行为失去信用，将拒绝流通道胜以及相关此类钞票。"不独道胜本行银钞。由此骤失信用且将影响他行，于市面金融颇生重要关系"。并认为道胜的做法是"其信用自甘堕失"，钱业则拒绝流通"此后市面再遇该行银钞，惟有杜绝行使，以资保全"。（4）道胜做法很恶劣。即使大通银号有交易上问题，也"不能对于交易商号执事人员不查虚实，任情究送管押，严同对待盗匪办法"。此事"殊与商界名誉攸关，当经会议众情慨愤。该行此种所为，实失商人正规"。并且"大通银号既与该行账房交往素有信用，何以一朝不查虚实，即行送惩官厅"。

因此，钱业公会认为道胜银行的做法根本不是对同行的态度，而是视同行如盗匪。认为道胜不查虚实，实在忍无可忍。请商会将此转请交涉公署，照会英领事转行究办。并要求道胜查明此项银钞市面流通情况，为何此次拒绝兑付，这些应切实有据。并认为拘留王仁甫，是重大侮辱，应该得到损害赔偿。

外交部特派直隶交涉公署在 4 月 19 日来函，称道胜声明确实误会，认为：（1）此票确系假冒，只有报案。"大通银号派其号伙王仁甫君来

---

① 此案详情参见天津市档案馆编《天津商会档案钱业卷（二十五）》，天津古籍出版社 2010 年版，第 21982—22002 页。以下关于此案若无特别说明，引用均同。

兑钞票，肆拾张、每张银壹百两"，"票上签字确系假冒不得不报案"。
（2）工部局传讯不是道胜本意，并且传讯仅是程序上的事情。"英警员
遂将王君传去并非由敝行送押，此层误会现经大通号查明实在"。"由
英警局，将其传问旋即释放，此虽手续上必须之事"。（3）钞票并未损
失，但此事累及大通银号。"然因此不幸之事发生，致王君受累，敝行
对之实深欠憾。曾向大通银号道歉，已承其鉴原至此项钞票，实系被
窃。""现已如数追回，市面上并无人受有损失"。（4）道胜登报道歉。
"然累及该号伙，敝行甚觉不安，已登报道歉，附广告稿呈览"。希望
能被体谅，"敝行失察之咎，固所难辞而不幸之事亦所在不能全免。既
属同业彼此当可体谅"。（5）最重要的是希望钱业公会将停止流通道胜
钞票的禁令取消。

这样的道歉，引发钱业更大的愤慨。4月3日，钱业公会认为道胜
全无诚意，"此事已动公愤，绝不能单独和解"。（1）道胜不过单方面
行动，推脱责任。"此种登报启示，纯出于该行片面行为，非得商号之
允诺，实为捏造，自饰其过等语"。（2）公会会员们对道胜十分愤恨不
满，所用言辞如下：

> 得悉之余，全场哗然，益增愤懑，金以道胜银行无辜唆使巡捕
> 拘捕大通银号执事，依势压人，欺辱商界，违背法律，侵害人权，
> 失去商人义理，乖谬情谊。必须依法制裁，方足以惩凶顽，而昭儆
> 戒。廼者竟不觉悟，自新反而捏词登报，以饰其过。既强暴侮辱于
> 前，复捏词饰过于后，恶劣成性，绝无悔时干犯法纪，背乎商德，
> 是可忍孰不可忍。不得不鸣鼓以攻，俾明人世之是非，使该行知强
> 权之外尚有公理也。

（3）拒绝流通道胜钞票。"对于该行银洋钞票，仍系拒绝流通，请
求将被告依律，付惩以舒公愤而正法纪。询谋金同全场一致通过，当即
公决，相应函致即希贵总会。"①

---

① 天津市档案馆编：《天津商会档案钱业卷（二十五）》，天津古籍出版社 2010 年版，
第 21999—22001 页。

从此案中，能够体会到钱业公会具有的市场权威——"一致排斥"的可信与强大。对从业人员权益的维护在此案中得到彰显——即使面对有较高地位的外国银行。或许中国人处理问题的态度是在一个"情理"语境中，而不仅仅是"就事论事"和"依法执法"，道胜认为是"程序上的事情"，而钱业认为是莫大伤害。但钱业公会极力争取的是商业往来的相互尊重。钱业公会证明自己能够代表同行，不仅是功能意义，更有社会意义。

第二节　钱业公会与司法调查

一　清代重视判例的司法传统

清代司法中"例"的地位和作用十分重要。1727 年（雍正五年）《大清律例》凡例原文："律后附例，所以推广律意而尽其类，亦变通律文而适于宜者也。故律一定而不可易，例则有世轻世重，随时酌中之道焉。"1779 年（乾隆四十四年），部议明确规定："既有定例，则用例不用律。"① "例"是法律适应性的承载。民国时期继承了重视判例的传统。大理院对于判例要旨进行过两次汇编，分别在 1919 年 12 月出版了《大理院判例要旨汇览》、1923 年 12 月出版了《大理院判例要旨汇览续编》，影响广泛。② 随着这些判例的积累，近代民事法律规范体系才逐步完成。在晚清民国司法中，对于判例的重视和积累也延伸到商事领域。钱业公会对司法的作用，最主要体现在习惯解释中。这种解释起到将未完备的商事司法体系实践化的重要作用。

二　钱业公会和司法调查

在天津关于钱业或金融交易的司法实践中，政府常常要求钱业公会提供对案件的调查与解释。具体案件中，公会所理解的"通行做法"

① 马建石、杨育棠：《大清律例通考校注》，中国政法大学出版社 1992 年版，第 1 页。
② 参见李卫东《民初民法中的民事习惯与习惯法》，中国社会科学出版社 2005 年版，第 68—69 页。

"习惯做法"实际上构成判案的依据。在笔者所能涉及的材料范围内，以下所列案件，均是明确提到直接或间接需要钱业的调查或解释，因资料原因，钱业回复中有所缺失，按时间先后顺序列表如下。

表7-1　　　　　　　　　　　司法调查统计表

序号	时间	请求调查方	案件内容	钱业调查结果
1	1914年（民国三年）	大理院	调查天津商业习惯二项：（一）凡息借银两如至年终不还，次年是否即将上年未还子息并作为本；（二）钱店借出之款，于自行歇业后，能否照旧计算利息等	（缺）
2	1919年（民国八年）	高等审判厅	津埠自庚子乱后，商业凋敝，金融紧迫，银钱商号有以现银六百两作兑拨一千两之数名为拨码银，究竟当时此项办法是否各银钱商号均属一律。账簿札据上有无特别记明，系以何年月日该为实拨实兑	此为商会调查股函：前清光绪二十六年（即庚子）兵灾后市面萧条，商民通行使用，均系毛帖私钱，迨至二十八年（即壬寅）元气尚未回复，金融支绌，彼时街市上银号钱铺林立，商号交易周转维艰，以致演成拨码贴水之恶剧。贴水行市，每日由银市公议，忽涨忽落，从此市面现银竟尔不见往来交易，仅凭一四寸余之银码，每千两兑换现银，约在六百四五十两不等。内外行往来折据及账簿，向不记明贴水字样，仍按千两之数登载至二十九年（即癸卯）经地方长官会同绅商核议，整顿市面，并出示晓谕禁止贴水，从此内外行来往交易，均一律改为实拨实兑
3	1927年（民国十六年）	天津地方审判厅	郑芹生与郑文卫等典房找价，调查直隶省钞问题	（缺）

续表

序号	时间	请求调查方	案件内容	钱业调查结果
4	1928 年（民国十七年）	河北高等法院	询问商号长期欠款利率是否为一分八厘	查钱商往来款项长期欠款利率一分者居其多数，此乃普通习惯，遇有银根松紧及有他种关系而为特别规定或多或少两相情愿者不在此例
5	1928 年（民国十七年）	天津中华汇业银行与中国银行浙江兴业银行、上海银行、中国丝茶银行五家银行	因将义成兴银号存在敝行之行化叁千壹百叁拾余两，暂扣备抵振记银号欠款一节。实因何振清、宁华亭两君，一而为振记银号执行业务之股东，而义成兴银号之股东经理又为何振清股东经理又为、宁华亭，似此该两号之股东，既系有相同者，在法律上合伙营业之余，何、宁两君，均应连带负责，惟振记银号已经停业，敝行等之债权，迄今未有办法。故不得已始就何、宁有股东关系之义成兴银号存款暂扣备抵。其不足者，因何振清业已身故，当请、宁君负责偿清。义成兴银号对于钱商公会于何、宁二君系属该号股东一层并未述及，仅以敝五行之扣款为不当上书商会。究竟何、宁两君是否双方均系股东，拟请赐为调查	商会转钱业公会：查该行声叙缘由，究竟真相如何，相应函转贵会查照。钱业回复（缺）
6	1929 年（民国十八年）	河北天津地方法院	受理金辅庭诉颜景山因给付典房价金涉讼一案，关于往年钱价两造各执一词，无从臆断，烦为查明前清光绪二十八年间，每大洋一元换制钱若干串，每串合若干制钱	查津地钱商字号开设于光绪二十八年以前者，经壬子之变，账簿多半遗失，彼时银洋与制钱之比价情形，现今无从查悉
7	1929 年（民国十八年）	河北省高等法院	受理天津本立源与臧兆庚等因抵押权涉讼，上诉一案。据上诉代理人陈称就不动产上设定抵押权，仅交付该不动产管业契据为己足不必书立抵押字据，是否天津钱商有此习惯	查钱商办理普通抵押借款当然书立抵押字据，以资证明。但遇有信用交易透支逾额时，以产业契据或货品为担保者，临时由双方依照旧习惯商订办法，即口约，亦生效力

续表

序号	时间	请求调查方	案件内容	钱业调查结果
8	1929 年（民国十八年）	天津地方法院	询山西建昌煤矿公司股票在津市有无交易，以及价额	敝公会以天津未设证券交易所，各项股票之价格碍难悬揣。兹询问山西建昌煤矿公司之股票津市有无交易价额，敝公会尤属无从查悉相应函复
9	1929 年（民国十八年）	天津地方法院	执行恒利金店与汪达成等债务一案，内有新华商业储蓄银行等股票，亟待拍卖抵债，刻下情形如何不得而知，请查明	天津未设证券交易所，该项股票之行市敝公会无从悬揣
10	1929 年（民国十八年）	河北高等法院	受理王舜卿与春华茂银号因请求赔偿款项涉讼。王舜卿主张：汇票被人冒领，失票主挂失索兑，原盖印负责兑票者，须将原兑票洋返还其期限为六个月。要求春华茂赔偿。春华茂银号主张：商号依照通常手续，遵期如数交付。天津银钱市场并无在六个月期内得请求挂失并退还兑洋之习惯	敝会同业字号代取之汇票，凡盖用凭收藏记者，如有纠葛，其应负之责任，仅许交出未途并以十日为限历经依照办理
11	1930 年（民国十九年）	河北天津地方法院	银号经理对于本号之交际费与杂费未经合同载明，并未得号东口头允许能否自由动支	凡属于业务范围内者均在经理权限之内，至于号中之正当交际费与杂费，经理自有权酌为动支。此等琐事，既不必在合同上载明，亦不必得号东之口头允许
12	1930 年（民国十九年）	河北天津地方法院	本院民事执行案内往往有当事人民国十四年交通部借换券作为担保金。此借换券现在市面能否交易，以此照现金有无折扣，如有折扣究系几折	敝公会市场经营各项买卖开议行市，向系以现易现。至该借换券能否交易有无折扣，凡设立交易所之地方自应明了。敝公会无从查悉
13	1930 年（民国十九年）	河北高等法院	本市合伙商号如遇合伙员中之一人或数人退股时，有退伙以前合伙时负之债务，议定由其他未退之合伙员负责，此种场合退伙员，是否不必经债权人之同意，即可不负责任。查此项退伙问题本市商业责任习究何习惯	查合伙商号，合员所负之债务与债权人极有利害关系。倘发生退伙问题，若未得债权人之同意，无论何时，该合伙员均不能免除责任。此津埠商业保全债权之惯例也

续表

序号	时间	请求调查方	案件内容	钱业调查结果
14	1930 年（民国十九年）	北平地方法院	询滦州矿务有限公司股票陆张，共计股款陆千陆百元价格，究值若干请查明市价	查钱商经营业务未曾见有此项股票究竟价值若何无从查照
15	1931 年（民国二十年）	河北天津地方法院	天瑞银号与天和兴号董兰亭因电汇涉讼	卖电汇者为天和兴号，买电汇者为聚泰祥号，而信丰号系与天和兴之经手人，天瑞号系聚泰祥之经手人。天和兴若发电报在上海交与聚泰祥，即系完全承认自应担负交款责任，不得再行借词推诿，似此办理，实为钱业买卖电汇之惯例
16	1932 年（民国二十一年）	河北天津地方法院	受理元丰成银号与启明银号因汇票涉讼一案。据原告代理人述称，原告持有济南鑫立号所开汇票洋三千元，载明向天津启明银号持票取款。本年一月六日业经该号在汇票上写明"一月六日照"字样，按照本市商业习惯，即已承认付款。被告代理人则称，承兑自有一定手续，被告在该票上写这几字不过表示汇票不假，并非承认付款各等，语两造供词各执，究竟本市商业惯例对于汇票表示承兑，须经如何手续，抑仅在汇票上注明几月几日照字样	金以汇票一项，依商业惯例，既已照兑，自应负责付款，不容诿卸，应即函复等语一致通过，记录在卷
17	1934 年（民国二十三年）	河北高等法院	向银行业公会函请调查呈复本市客帮汇兑庄与银号往来习惯	银行业公会函复：呈查本市客帮汇兑庄与银号往来习惯系属钱业营业范围，应向本市钱业同业公会调查
18	1934 年（民国二十三年）	河北高等法院民三科	本院现因受理案件，有应行调查之点；即关于津市客帮汇兑庄，是否有委托本市银号取款之习惯？如有此习惯，本委托之银号在汇票上，是否盖用图章？抑尚有其他表示？该委托之汇兑庄与被委托之银号，关于此项代取之款，是否各载在账内？其双方账簿如何写法？何证据方法可以证明为委托取款而非汇票转让？又汇票转让与此委托取款有何分别？	（缺）

续表

序号	时间	请求调查方	案件内容	钱业调查结果
19	1937 年（民国二十六年）	河北天津地方法院	查刘□逵与王华堂欠款一案，请将民国十六年直钞价格有无折扣情事代为查照	民国十六年间津地时局不定，直隶省银行钞票因之无一定价格，有时至三折以上，或低至三折以下（即每元价格折扣在三角以上或三角以下）
20	1938 年（民国二十七年）	河北高等法院天津分院	受理张玉成侵占等上诉一案，对于去年事变之际，日本票和新币之行市有调查之必要	去岁七月二十八日，日本金票行市，每一日本票计合华币九角八分五厘
21	1939 年（民国二十八年）	河北高等法院天津分院	受理王梦如自诉戴云标赃物上诉一案，据王梦如供称银号存单银钱业定章，向不许买卖转让。惟据戴云标辩称银号收买银行存单本为惯例，请求调查	查存单转让钱业，向无此例，银行同业容或有之函复查照由
22	1940 年（民国二十九年）	河北天津地方法院检察处	外客在津坐庄，有无委托津市素有来往之银号代该外客向欠款商号收取货款习惯	查外客委托素有来往之银号代收欠款，津市有此习惯，但以委托此之收据为凭

资料来源：其中第 15、19、20、21、22 件案例分别来自天津市档案馆编《天津商会档案钱业卷（七）》，天津古籍出版社 2010 年版，第 5529—5530 页、第 5917—5921 页、第 6037 页、第 6047—6056 页、第 6059—6062 页。第 3、4、6、7、8、13、14 件案例来自天津市档案馆编《天津商会档案钱业卷（九）》，天津古籍出版社 2010 年版，第 7433 页、第 7613—7614 页、第 7629—7633 页、第 7636—7639 页、第 7640—7645 页、第 7646—7649 页、第 7650 页。第 5 件案例来自天津市档案馆编《天津商会档案钱业卷（十三）》，天津古籍出版社 2010 年版，第 11507—11510 页。第 16 件案例来自天津市档案馆编《天津商会档案钱业卷（十四）》，天津古籍出版社 2010 年版，第 12496—12503 页。第 17 件案例来自天津市档案馆编《天津商会档案钱业卷（十五）》，天津古籍出版社 2010 年版，第 12617—12619 页。第 2 件案例来自天津市档案馆编《天津商会档案钱业卷（十八）》，天津古籍出版社 2010 年版，第 15520—15534 页。第 1 件案例来自天津市档案馆编《天津商会档案钱业卷（二十四）》，天津古籍出版社 2010 年版，第 21054—21063 页。第 18 件案例来自天津市档案馆编《天津商会档案钱业卷（二十八）》，天津古籍出版社 2010 年版，第 24190—24198 页。第 7、8、9、10 件案例来自《天津市各行业同业公会档案：天津市钱业同业公会民国十八年度》（1929 年 1 月 1 日），天津档案馆藏，档号：401206800 - J0129 - 3 - 00554。第 11、12、13 件案例来自《天津市各行业同业公会档案：金融业》《天津市各行业同业公会：天津市钱业同业公会民国十九年度》（1930 年 1 月 1 日），天津档案馆藏，档号：401206800 - J0129 - 2 - 001569。第 7、8、13 件案件分别在商会档案和钱业档案中都有出现。

在以上统计中，从1914年（民国三年）到1940年（民国二十九年）这27年间，商会档案以及钱业档案中所提及与钱业公会相关的司法调查案例，一共有22件。除了7件是调查行市以及证券价格之外，其余均为调查商业习惯。其中涉及汇票、代客收付款项、钱业清算拨兑等，延伸到市场生活的各个层面。可见钱业公会所做的商情和惯例解释已经成为司法活动重要的依据。钱业公会实际上协助了高等法院、地方审判厅等来构建实践性商事法律。

第三节　一种困境：钱业公会与司法解释

前文的分析中，天津钱业公会在商事纠纷和司法实践领域有着不可替代的作用。公会以商事实践和纠纷处理的积累，强化着行业权威地位，建立了行业习惯解释话语和秩序体系。国家若想确立自己在商事司法实践中的合理性及权威性，绕不开钱业公会。以往研究商事习惯的学者，一般将民间组织确立的规则和秩序理解为习惯法。习惯法的合理性在于经验性地调解各种社会关系，这种实践意义的合理性也是其合法性，因此这样的习惯可以称为习惯法。习惯实践意义中所透露出的行为文化传统，是官方和民间都承认的社会实践积累，以此为"法"的根源。因此习惯法的合理性和合法性是独立的、自为的。在实践中，习惯法的效力和边界是共享和认可的实践经验，法的解释也依托于相关经验的积累。本章中天津钱业公会便成了钱业习惯解释的最重要依托。这样看来，天津钱业习惯法也构成了某种独立和自为。但是，在以下的案例中，这种独立和自为却成为商事纠纷的困境。

从政府层面上讲，建立系统的法治体系，习惯法作为商业法律的来源之一，需要一定的提炼，在其中寻找出各个地区、各种习惯背后的一致性要素。1913年，大理院关于民事审判的第一个判例，主旨便是确认习惯作为法源的条件。习惯作为法律成立有四个要件："（1）要有内部要素，即人人有法之确信心。（2）要有外部要素，即于一定期间内就同一事项反复为同一之行为。（3）要系法令所未规定之事项。

（4）要无悖于公共秩序、利益。"① 这里虽然指出习惯作为法律或者司法依据的要素：确实的、反复的、不在法令之内和与公序不相冲突。但这四个条件实践性并不强，习惯和商事立法中充满了矛盾。法律走向实践需要习惯的解释和支撑，当习惯进入国家司法实践中时，习惯的解释权本身就是一个问题。

一　司法解释权的争议：行业之间

习惯解释能否在行业之间得到协调，国家司法层面又是如何去做的？1923 年（民国十二年）到 1925 年（民国十四年），天津行商公所与钱业公会关于取银钱折据能否代替抵押字据发生物权效力一案②，可以体现出这个问题。

1924 年（民国十三年）10 月 26 日，天津行商公所来函称会员怡和、新泰、协隆、慎昌、仁记各洋行与益兴亨银号，为"担保品未立字据"一案的商事习惯调查发生争议。矛盾关键在于益兴亨银号将取银钱折代替典押字据，与各洋行发生纠纷。

此案最早由商会在 1923 年（民国十二年）7 月 5 日回复高等审判厅，认为以天津钱业习惯中，典押没有立字据时，可以取银钱折代替为物权效力。1924 年（民国十三年）10 月 26 日，行商公所向商会申诉，认为此极不合理，依据大理院发布的习惯认定为法源的条件来申辩。言明"伏查习惯之成立，必须有多年惯行之事实为一般人所信从。且不害公共之利益者，始属有效"。并且分列理由：（1）取银钱折为计数之用字据，仅能借贷不能典押。"查天津钱商通用之取银钱折不过记载银洋之数目及收付之月日，以便结算本利而已。则此种取银钱折仅可以之代替借贷字据，而无可以代替典押字据之理。"（2）即使典押，也需要明确记载担保品。"在典押字据必须记载担保品之种类及其交付之年月日，始可为物权发生之根据。而此种取银钱折，既无上项记载究竟担保品何时交付毫无证明。则欲以之代替典押字据而证明物权，不知何所依

① 李卫东：《民初民法中的民事习惯与习惯法》，中国社会科学出版社 2005 年版，第128—131 页。
② 此案详见天津市档案馆编《天津商会档案钱业卷（二十五）》，天津古籍出版社 2010年版，第 22075—22116 页。

据"。(3) 典押涉及三方,不能以相互习惯强加第三方。"便谓钱商与人交往,以敏速信用为主,常有交付担保品不及书立字据而即凭折支取银钱者,然而此种担保关系不过于甲乙双方之间发生效力,不能以之对抗第三人。盖双方于仓促之间,将担保品私相授受,既未书立典押字据,而来往折子内又未记载其事,则该担保品究于何时交付及交付几何第三者无从而知。其担保关系之存在,即不免为甲乙双方所欺蒙"。(4) 此次习惯调查仅钱商之意见。"况习惯之成立,必须有多年之事实,以资佐证。乃天津总商会第一次覆函仅凭少数钱商之意见采为习惯,既未提出何种证据足以认定为多年相沿之事实,又未举出何种例案足以证明为普通一般人所信从,是于习惯成立之要件,既有缺乏。及于调查习惯之责任,尚有未尽"。(5) 前后两次调查结论有差异,并且银钱折子并未记载是哪种担保品。"嗣经直隶高等审判厅覆行调查,始于去年(1923 年)8 月 31 日二次覆函内称,此项抵押品应否在取银钱折上记载明白,殊无一定惯例,但若不将抵押品载明于银钱折上,而又不另立担保字样,不能证明其有抵押关系","银钱折子得以代替典押字据者,必须以记载担保品为要件,并非谓银钱折子皆可代替典押字据,无须记载担保品之义"。"一种习惯使第三人受其拘束,是专为钱商少数人之便利计,而使一般人蒙其不利,决不能认为合法之习惯"。①

因此,行商公所认为银钱折子能否代替典押字据,没有一定的惯例。强调习惯被认定是具有条件的,不能单凭一面之词。他们认为习惯的认定,必须依据多年之事实加以证明,不能仅凭单个意见断定。"乃前函所云银钱折子可以代替典押字据者,既无何种实例,而后函所云,银钱折子必须记载担保品者亦不过一种空言,二者既均不足为认定习惯之根据。"②

接下来,行商公所主张调查的要点应是:(1) 要有切实证据。"此次履行调查自必先就银钱折子代替典押字据之事实予以切实证明,若此种取银钱折仅可代替借贷字据,而不能代替典押字据,自无须有担保品之

① 天津市档案馆编:《天津商会档案钱业卷(二十五)》,天津古籍出版社 2010 年版,第 22100—22108 页。
② 同上书,第 22107 页。

记载"。(2)即使有此，也不应仅依靠钱商习惯对抗第三方。"纵令天津钱商有此习惯，亦不过于借贷双方之间发生效力，而不能以之对抗第三人。"希望商会"为全埠商界之代表，关于上项习惯调查，自应斟酌全埠商人之利益，予以认定，似不能仅凭一部分钱商之意见认为习惯"。①

1924年（民国十三年）12月19日，直隶高等审判厅给商会来函，希望能够通过调查迅速结案。审判厅觉得案件是因为商会前后函复情形不同，到现在已有两个月了，希望速查。

12月22日，商会函钱业公会，称"事关贵业习惯调查，不厌求详。究竟对于上项主张，有何根据可以证明，有何例案可作参考尚望详示"。商会仍然认为此事应由钱业公会调查。12月24日，天津行商公所得知此事后，函请商会称此案交付钱业公会调查有所不妥。理由仍是"钱业公会不过代表一部分之钱商，纵令钱商有交付房地契不立字据即发生优先清偿权之习惯，亦不能强钱商以外之人服从此项习惯"。"益兴亨银号，为钱业公会之会员，如将本事件交由钱业公会调查，难免有偏颇之嫌。"因此希望商会"仍请该会自行调查，以昭公允"。

1925年（民国十四年）2月23日，直隶高等审判厅函商会此案久久不结，要求"迅速查明见覆"。2月27日，商会转此函致钱业公会"高等审判厅五次来函催询"，希望"贵会查照兹函事理即日调查函复，以凭转复，幸勿再延"。但之后便没有此案的记录。

从这件案例中，可以看出习惯的认定司法化的艰难。首先，行商公所主张习惯作为司法依据的要点是合理的，并与大理院的判例解释主张一致。其次，商会委托钱业公会的习惯调查前后有矛盾的地方。第一次，钱业公会认为典押未立字据时，可以取银钱折子代替，作为发生物权效力之确实证据。第二次公会却认为，这并无一定惯例，并且需要将抵押品载明于银钱折子上，并要另立担保字样。最后，习惯需要普遍认可、不能妨害其他参与方权利。行商公所主张普遍调查，并且要求不能以钱业公会一方意见为凭，回避涉案当事人的钱业会员。这个主张是合理的。普遍的调查，在实践中却难以施行。即使在直隶高等审判厅的压

① 天津市档案馆编：《天津商会档案钱业卷（二十五）》，天津古籍出版社2010年版，第22107—22108页。

力下，商会也难以展开普遍调查，只好一次次诉诸钱业公会。

典押字据和银钱折据无论从性质或形式都不同，或许争议发生是一时权宜的交易行为，整个案件持续近两年都没有结案。钱业公会和行商公会的纠纷，折射出行业之间的矛盾和利益调节完全依凭商业习惯造成的困境。延续明清，商业活动的实际治理权威在于民间，即使近代国家司法层面也无所适从。在本案中，来自民间的市场权威（行业组织）之间，需要有超越性协调和裁定，国家是相对合理和现实的选择。但国家的无力感来自缺乏实践性的调整依据。在近代国家构建具有普遍性的商业法律体系过程中，习惯认定背后的问题之一便是国家权威在实践层面的缺乏和单个行业权威在普遍意义上难以承认的局限。

二 司法解释权的争议：行业之内

即使是行业内部的纠纷，当习惯与当事人利益发生冲突时，习惯的解释也会变成纠纷的焦点。1921 年（民国十年）到 1923 年（民国十二年），中裕等银号被日本人平野秀三骗去巨额款项之后，引起纠纷。牵动了直隶审判厅、外交部特派直隶交涉公署、商会、钱业公会等①。其中关于"对条"的认定成为矛盾的交点。

此案核心是平野秀三携中裕银号开出的凭条，向全记、裕华两个银号兑出现洋后逃跑了，涉案两方便对此凭条的效力产生争议。

表 7 - 2　　　　　　　　　　　　两方争议列表

银号名称	主张
中裕	此与普通汇票不同。"平野与敝号一种特别契约，非亲取不可。是他人虽持有此条，亦不生效力，即按普通商界惯例拨条等，亦要与发出家兑明照付，方能有效力"
全记裕华	凭条是按天津市面通行习惯见票即付的普通票。"查此条并无平野秀三只字，且无计数条字样，与所言迥异。且津埠行使对条，既非一日也非一家不书名、不要保、一言照妥，惟凭信用以印花图章数目相合为凭证"

资料来源：天津市档案馆编：《天津商会档案钱业卷（十三）》，天津古籍出版社 2010 年版，第 11353—11428 页。

---

① 此案详见天津市档案馆编《天津商会档案钱业卷（十三）》，天津古籍出版社 2010 年版，第 11353—11428 页。之后未有特殊说明，引用均从此处。

全记、裕华两银号认为中裕"巧立名目，捏词作废"，"为此呈明请求贵会（商会）招集评议，以决是非"。之后，裕华将此事上诉到审判厅。审判厅得知此事，回复商会希望在商会集议，并随即吩咐该号静候商会评议和平完结。

之后直隶审判厅对此案进行判决，结果是中裕胜诉。全记银号不服，上诉至直隶高等审判厅。直隶高等审判厅函请商会查清凭条取款，究竟何为期条何为对条。商会将此事交给调查股调查。据调查股称：

> 函查津埠商业习惯，期条由□出商号开一条据，□明存某号款若干于某月某日照付，交与相手方，届期持条取款。倘该期条转让他号第三者，应持条向□出之商号对照加盖号章，签明届期照付现款若干。剪开一半存号，一半交与相手方（即如来函所附条样形式）。但有期者与凭条即付者性质不同。来函所附条样系迟期对条，如有让与行为，亦应如前述期条对照手续办理。此种对条振出者，必因特种关系开出，但不能与钞票一律通行使用。

此一语"特种关系"，引起涉案两号裕华和全记不满。

全记银号上书，认为调查股的结果是独断的，并不合习惯。并且调查股没有召集银钱两业及各行商董事公开评议。"但凭一二私意，迳自回覆直隶高等审判厅而其所覆文内，不但与惯例有违，而且曲为解释并且加以'特种关系'四字之用语，其中显属有以寓意。"要求商会迅速召集银钱两业董事公开评议。

裕华得知全记银号与中裕之事，其中因"对条"争执，涉及"特种关系"一事，也向商会申诉。认为调查股"未经公诸大会公开评议，迳凭一二私意擅自回复，而其所覆文内种种，虽违背习惯，且加以'特种关系'四字，未免不合"。并认为习惯的确认在商业中是重要的，"调查习惯一经函复，永久著为惯例，非同寻常可比"，同样希望商会召集银钱两业，以及各行业公会商董，公开评议。

直隶高等审判厅先后两次给商会来函请求调查"津埠商业习惯凭条取款一事"。因"当事人对于前项条据应否盖章签字一节，尚多争执"，"事关商业习惯，本厅未便悬揣"。之后又两次函催。同时，商会回复中，认为涉案各方均希望通过调停解决，均愿终止上诉。希望审判厅"暂免传讯，以便入手将劝调停而息诉争"。① 审判厅也同意了。但此时调停未果，直隶高等审判厅希望尽快结案，商会因高等审判厅有到会调查的意思，并来文屡次催问。因此"自不能不加以慎重变更"。②

为谨慎起见，商会又以此征询钱业公会。并表示很认同公会的权威意义，也愿意提供调查方便。"征求会外钱业有关系机关之意见，俾期折服争议而昭公允。相应函转即希贵会念关钱业习惯，开会公同审议，详细覆会，以凭核转，如有必须考查原卷之处，尽可随时来会审阅"。③ 最后的记录便是商会回复审判厅，此案调停未果，并且涉案方中裕呈报歇业，而日本领事馆向交涉公署约见去鉴定相关票据，追回工作难以一朝解决。但商事习惯认定结果是"此种条据，凡迟期者必须兑照，如无他项原因，□出者当然负责"④，澄清了票据习惯中出票人须负责、肯定见票照付的习惯。

至此⑤，从民国十年（1921 年）到民国十二年（1923 年），已经两年左右。中裕与裕华、全记争议在于票据规则的认定上。涉事人员都认识到调查解释习惯的重要。裕华认为"调查习惯一经函复，永久著为

---

① 天津市档案馆编：《天津商会档案钱业卷（十三）》，天津古籍出版社 2010 年版，第11404 页。

② 同上书，第11422—11423 页。

③ 同上。

④ 同上书，第11410 页。

⑤ 此案到此便没有进一步的记录，从一部分文史资料中我们可以看出此案系日人诓骗结果："缘有一日人平野秀三，在津设有平野洋行，挂的是棉花、皮毛出口招牌，实系一贩毒的国际骗子，平野为骗取华人巨款，想尽办法拉拢银号，其手法是针对中国旧式商人贪利心理，先用吃喝玩乐表示阔绰，然后向银号大量存款，有时故意拖欠一点，但跟着就如数补偿，日久天长，凡与共以川换者，都认为平野信用卓著，资力雄厚，而票据更坠其术中，争与交往，特别是中裕银号与之过从最密，平野得计后，突于1921 年席卷返国，中裕等11 家被骗去八十万银元之巨，日本享有治外法权，无法造案，被骗最多的中裕银号，因此歇业。"参见刘信之、曹雅斋《天津钱业琐记》，《天津文史资料选辑（总第106 辑）》2005 年，第58—59页。另一资料记载："民国十年（1921），经日人平野秀三之骗，复受一巨大打击，遂至一蹶不振。（平野者，金丹鸦片贩卖家也，与山西票号，往来甚密，各家贷与款项极巨，骗局结果，各家共损失八十万元）。"转引自王子建、赵履谦《天津之银号》，河北省立法商学院研究室1936 年初版，第4 页；转引自曲殿元《中国之金融与汇兑》，大东书局1930 年版，第147—148 页。可见此事结果各家难以追回，均损失惨重。笔者推断，平野秀三能够清楚拨条见票即付，可见市面通行应是此种拨条见票即付，中裕银号理亏。

惯例，非同寻常可比"，全记银号认为此关于"市面永久惯例"，商会也认为习惯应该慎重调查。直隶审判厅"事关商业习惯，关系甚大"。希望商会"召集大会切实讨论"。

但习惯的认定，仅凭政府层面不足以取信于民。此案恰是半官方的商会调查股失去了信任。全记和裕华都强调调查股的片面，商会也认同钱业的权威性。1923 年（民国十二年）之后关于此案调查，商会均交于钱业公会，"念关钱业习惯，开会公同审议，详细覆会，以凭核转"，并提供了很多方便，"如有必须考查原卷之处，尽可随时来会审阅"。商人们认可的公义是召集银钱两业集议。商会和全记、裕华都认为，钱业公会是一个习惯解释的行业权威机构。当以习惯为准则的司法实践中，解释权威不诉诸上位的组织——商会或政府，反而向下延伸至钱业公会，以及相关银行业的权威人士。即使是行业内部纠纷，习惯解释依旧成为司法实践的焦点。

第四节　小结与评论

一　钱业公会与纠纷调解

作为市场秩序的维持者，近代天津钱业公会参与同业纠纷的调解以及商事司法习惯的解释和调查。钱业公会的章程始终贯穿了同业纠纷调解的职责。公会甚至主动承担一定的损失来维护行业通行习惯的效力。钱业公会是在商事实践层面最具权威的机构。这不仅是制度性的，更是传统民间经济治理延续的产物。

近代天津钱业公会与商事纠纷、司法的关系，需要放在国家治理逐步向社会渗透的过程中去理解。"国进民退"并不是此消彼长的关系，而是互相融合的关系。近代司法和诉讼制度的建立，对中国来说是来自他者，并自上而下推行。而国家司法治理的有效性，却是建立在对钱业公会社会权威的依赖和认可上。不仅如此，传统民事纠纷"息讼"、主张调解的理念中，使得国家构建基层治理体系中，需要承认钱业公会以及商会的司法调解职能，上诉至审判厅的案件，发回到商会或钱业公会进行调解一事便可说明。因此，从商事行为调解和司法判决的实践性层面上讲，钱业公会有着被社会认可的行业权威，国家也需要这样的权威作为平台，构建自身的基层治理体系。

二　解释权纠纷——"国家"与"社会"的构建

商事纠纷中习惯的解释权不明确和不清晰，显示出社会发展之际国家与社会的张力。晚清民国时期，"国进民退"背后实际上是"国家"与"社会"各自重构的过程——无论是否为中国自身的要求或是救亡图存、回应西方的压力。近代法律体系需要清晰地从各种类型社会秩序以及现有的习惯中提炼出来，重新确立地位和功能。商事习惯需要有一部分成为"国家的"，需要能够代表一种普遍性权威。因此相对于习惯的特殊性和局限性，商事立法则需要有某种普遍性和恒久性。商业习惯本身充满了实践的弹性，习惯合理与否，依赖可以被感知和情景化的共享经验，而法律所要求的则是理性、逻辑和一定程度的抽象。近代"习惯"向"法"转变的过程中，需要能够详细走访、研究调查通行习惯，抽象出可行的法条，而后进行符合实践的调整，逐步建立基于实践意义的商事法律。对于近代动荡的中国，这无疑是困难的。

司法的困扰，还来源于习惯解释权的不清晰。政府具有判决权威，但无法提供习惯解释权威，因为缺乏实践性判决依据；商会作为商人的总代表机构对习惯有调查和解释权，在现实中常常难以实现，需要依靠钱业公会；钱业公会虽拥有解释钱业习惯的权威，但自身的局限性和利害关系的存在，使这种行业权威无法得到普遍认同。实践层面，行业权威不能对应商事关系的扩大要求，而国家权威在实践解释层面上却是缺失的。

总之，近代国家治理向社会扩展的要求之一，是需要冲散各种分割的特殊性知识，将一种国家目标式管理扩散到基层社会。钱业公会无形中起到缓和这种过程的作用，它以行业权威的姿态存在，提供了大部分的商事纠纷的解决平台，而这种解决的过程积累了实践性法律所要提炼的素材，而平息诉讼和稳定社会秩序，也是政府所乐见的。习惯难以认定则凸显了转型中的空间和空白，随着交易与市场的发达，商业自身需要更具普遍性的秩序规则，但是这种规则却无法找到相对应的承载主体。近代国家构建自身治理结构的过程，也是社会重新被界定和确认的过程，这其中的复杂性值得深思。

第八章　钱业公会组织结构探析

在近代，天津钱业公会除了需要面对市场与行业发展的诉求外，也在逐步被纳入政府管理经济的框架中。这些对公会内部结构造成何种影响？随着市场活动的开展，公会需要建立以行业为中心的组织关系，而明清时期地缘性对行业组织的影响又会如何发展？钱业公会作为一种民间自发的行业组织，其内部结构和组织逻辑在国家治理权威的向下构建中值得关注。以下讨论分两大部分：钱业公会的入会资格和代表性问题，以及内部组织结构和管理。

第一节　钱业公会入会要求

一　章程规定中的入会要求

最初，公会章程对加入的要求没有详细记载。1905 年（光绪三十一年）附设于商会时，只有 19 个入会商号名单。[1] 1909 年（宣统元年）《钱商公会章程》中列明了当时所有的公会成员，同时明确表示拒绝无根基小钱铺加入。"自此次规复钱商公会，所有入会之家，所出银条钱帖银元票，准其一体通用。其偏僻之地，开设无根基之小钱铺，不得滥入公会。"[2] 此条款原在 1909 年 7 月 26 日，钱业公会回复商会

---

① 此名单如下"宝丰源 永顺长 公裕厚 同益号 中裕厚 瑞源号 同春号 天德恒 和盛益 嘉惠号 瑞隆号 胜大号 兴泰合 裕源达 桐达号 同茂永 新泰号 天吉厚 永利号"。参见天津市档案馆编《天津商会档案钱业卷（九）》，天津古籍出版社 2010 年版，第 7137 页。

② 《天津钱商公会档案：1909 年钱商公会章程》（1909 年 1 月 1 日），天津档案馆藏，档号：401206800 - J0128 - 2 - 001323 - 001；天津市档案馆编：《天津商会档案钱业卷（一）》，天津古籍出版社 2010 年版，第 412 页。

"为据情覆陈恳请遍示印谕俾各业周知，以免混淆而保市面"① 一函中
提及，也非明确加入标准而言。所列钱业公会的商号共有 54 家。具体
如下：

> 大清银行 天津银号 交通银行 公益银行 志成银行 厚德银行 启
> 泰金店
> 义善源 大庆元 桐达号 万丰号 新泰号 宝丰源 成德号 义恒号
> 恒利生 庆源瑞 敦昌厚
> 裕泰丰 慎昌号 厚昌号 裕恒号 义成号 义生号 元利亨 庆隆号
> 启盛号 公裕厚 洽源号
> 永利号 永昌号 瑞林祥 瑞生祥 瑞蚨祥 敦庆长 中裕厚 谦泰号
> 裕源长 德承义 成大昌
> 汇康元 汇恒同 永顺成 盛兴恒 德瑞号 溢源号 济源号 德庆恒
> 三义号 天兴德 义涌泰
> 同义和 益兴珍 德华号

那时钱业公会基本上代表了市面全部的金融机构，组成驳杂，包
括官方的大清银行、天津（官）银号等，另一原因是此时不存在银
行公会等其他行业组织，所有金融机构均纳入钱业公会。同时要求入
会银号进行登记，内容包括字号图章、股东姓氏住址以及股本及开设
年月。②

1928 年（民国十七年）《天津钱商公会暂行章程》③ 中，详细规定
了入会和出会的条件：

---

① 天津市档案馆编：《天津商会档案钱业卷（一）》，天津古籍出版社 2010 年版，第
187—193 页。

② 规定如下："凡入会之家，迄到公会注册盖印字号图章，书明东家铺掌姓氏里居及
成本若干、何年月开设。随发给本会章程一本，按条遵办。"《天津钱商公会档案：1909 年
钱商公会章程》（1909 年 1 月 1 日），天津档案馆藏，档号：401206800－J0128－2－001323
－001；天津市档案馆编：《天津商会档案钱业卷（一）》，天津古籍出版社 2010 年版，第
410 页。

③ 参见《天津市各行业同业公会档案：天津市钱业同业公会民国十七年度副卷（案卷
级）》（1928 年 1 月 1 日），天津市档案馆藏，档号：401206800－J0129－2－001567。

第七章 入会

第十三条 凡属同业殷实之商号，愿入本公会者，须开写资本总额、股东姓名、住址及所占股份、并经理人姓名住址。有会员二人以上之介绍。写具志愿书，声明能确守本公会规定之章程，并认定某等级日后无论有何应尽之义务，均按照某等级办理。经本公会全体董事审查合格，方得入本公会为会员，享受权利。

第十四条 同业商号，凡已入本公会者，其经理人即为会员，皆有推举权及被推举权，均须担负维持本公会全部之责任。

第八章 出会

第十五条 会员有犯左列各项者应行出会

一 妨害本公会名誉信用及不服从本公会规章者

二 干犯国家法律及破坏公益事项者

第十六条 会员出会其入会时缴纳之入会费及经常费概不退还

1931 年（民国二十年），《天津市钱业同业公会章程》① 规定的要求如下：

第五章 入会

第二十六条 欲加入本公会之同业字号，须有会员二人以上之介绍，写具志愿书声明，愿守本公会之规章及担负一切应尽之义务，提交本公会执委会调查该入会志愿书，应详记左列各项并由介绍人及经理人署名盖章。一商号名称 二资本总额 三财东姓名住址 四如系合伙营业股东几人所占股份 五经理人姓名住址 六营业设立之年月日 七营业所在地

第二十七条 前项志愿书由执委会调查后，召集会员代表大会，该请愿入会者是否合格，用无记名投票法决定之。

---

① 参见王子建、赵履谦《天津之银号》，河北省立法商学院研究室 1936 年初版，附录三章则，第 37—39 页。此处的章程与民国十九年（1930 年）钱业公会所规定章程一致，参见《天津市各行业同业公会档案：天津市钱业同业公会民国十九年度（案卷级）》（1930 年 1 月 1日），天津市档案馆藏，档号：401206800 - J0129 - 2 - 001569。

第二十八条 凡加入本公会之会员，均得推派代表出席公会，但最近一年间，其平均使用人数超过十人者，得添派一人。

第二十九条 本公会会员代表皆有表决权及选举权被选举权。

第三十一条 入会之会员应将本章第二十六条所列各款详明登记于本公会会员簿，并注明入会之年月日备查。

第三十二条 入会之会员，如有变更登记之事项时，须据实声请本公会执委员更改之，但于变更事项未登记以前，该会员不得以其变更事故对抗本公会及第三者。

出会：

第三十条 凡有左列情事之一者，不得在本公会为会员之代表：

一 有反革命行为者

二 褫夺公权者

三 无行为能力者

四 经法院宣告破产尚未复权者

第三十三条 会员有犯左列情事者，经会员代表三分之二以上之出席，代表三分之二以上之同意，应即出会

一 有不正当之商事行为，妨害本公会名誉信用者

二 丧失营业之能力者

三 容心破坏公益事项者

四 不服从本公会规章者

第三十四条 会员请求退会者，应写具退会志愿书，声明退会理由。经本公会执委会，审查决定后，方得退会，其营业改组者，声请退会之手续亦同。

第三十五条 会员出会及退会者，须将其事由，及年月日，记载于会员簿注销其会员之资格，其业经缴纳之各项会费概不退还。

1931 年（民国二十年）与 1928 年（民国十七年）的入会与出会要求相比，实质内容并未有变化。变化主要在于条目更较以前清晰，即会员的权利义务以及出入会要求更加明确。总的来看，到 1930 年前后，钱业公会不是普遍性行业组织，而是类似精英制，依据在于"须有会

员二人推荐"——其中最关键的入会规定——一直延续下来。1940 年
（民国二十九年）钱业公会入会依旧坚持推荐入会，以厚丰宏记银号入
会①为例。其请求书如下：

（红字纸头：）天津市钱业同业公会文电摘由纸

日期：廿九年六月廿五日

事由：厚丰宏记银号函 为愿加入公会请示手续以便遵办由

拟办：（钱业批示）候照章审查及再为合办

迳启者敝号现拟加入公会，以求诸多便利，一切规章均愿遵
守，祈即查照是荷 此致钱业公会台照（厚丰宏记章）天津 厚丰
宏记银号书东 六月廿五日

两封介绍信如下：

迳启者 兹有同业"厚丰宏记银号"，依照公会规章，声请入
会。该号经理刘子厚谆托敝人函请执事介绍入会。敝人深知厚丰宏
记银号，经营存放款项及范围内生意，确系正当营业，出资人实在
富有，资产用特具函保证，即请台端准予介绍，在入会志愿书上署
名盖章，为荷至此 世卿仁兄先生台照（笔者注：世卿即在任钱
业公会主席焦世卿）

个人图章：刘信之（笔者注：刘信之为在任钱业董事）七月
二十九日

（红字纸头：）天津信德银号信笺

迳启者兹有同业厚丰宏记银号，依照公会规章，声请入会。该
号经理刘子厚谆托敝人函请执事介绍入会。敝人深知厚丰宏记银
号，经营存放款项及范围内生意，确系正当营业，出资人实在富
有，资产特用具函保证，即请台端准予介绍，在入会志愿书上署名

---

① 参见《天津市钱业同业公会档案：天津市钱业同业公会关于奉令续加会员各号声请
入会事项（案卷级）》［1930 年 6 月 1 日（误：应是 1940 年）］，天津市档案馆藏，档号：
401206800 - J0129 - 2 - 001703。

盖章，为荷至此　梁绥臣先生　台照　刘凤翼　袁瑞卿　谨启（章）

介绍入会实质上是为了解决入会银号和钱业公会之间的信用问题。从以上的介绍信中，体现出入会要求的重点："经营存放款项及范围内生意"，及"出资人实在富有"。两封信中，这种要求成为某种"固定套语"。那么，这是否为一句套语，或是真的成为入会的实质规则？需要考察入会实质条件为何。

二　公会实质入会要求——经营稳健与实在富有

钱业公会接纳会员，是一件严肃慎重的事情。实质要求有两个方面：

第一是"经营稳健"。要求会员营业范围主要为存放款、汇兑等传统业务，不接受做投机生意的银号。如介绍信中所言的"经营存放款项及范围内生意，确系正当营业"，此言是有实指之处。天津银号传统上有"东街"与"西街"之分。[①]"东街"指在天津旧城东的宫南、宫北大街一带，而"西街"指在天津旧城西的针市街、估衣街及竹竿巷一带。东西之分不但是地理上的，也是业务上的。"东街"银号主要做投机性业务，如买卖金银、足金期货、国外货币［包括"羌帖"（卢布）、"老头票"（日元）、"马克"（德币）等］、东汇（对日汇兑）、证券股票、公债等，凡是有金融市场买卖差价的生意都可以做，也称为"做现事"或"做浮事"，这些银号的存放款业务反而是次要的。

而"西街"银号，营业以存放款为主。庚子之乱后有的又做汇兑、期票贴现、代客办理收交申汇等业务，而投机性业务几乎不涉及或不作为主营。市面上称为"做架子"，官民都认为这类银号作风殷实可靠。钱业公会的组成以主要"西街"银号为主，并且"钱业公会历届会长

---

① 关于天津钱业业务区别记载颇多。参见杨固之、谈在唐、张章翔《天津钱业史略》，《天津文史资料选辑（第20辑）》1982年，第112—113页。刘嘉琛《解放前天津钱业析述》，《天津文史资料选辑（第20辑）》1982年，第164—166页。刘信之、曹雅斋《天津钱业琐记》，《天津文史资料选辑（总第106辑）》2005年，第60—61页。王子建、赵履谦《天津之银号》，河北省立法商学院研究室1936年初版，第6—7页。

多由西街银号中选任"，"如张云峰、朱余斋、王晓岩、范雅林、焦世卿、王西铭等人"。① 经营的稳健性是公会对会员的核心要求。

第二是"实在富有"。这需要考察公会的资本实力。1935年（民国二十四年）调查，"公会会员银号共47家，此数在全体银号142家中，仅占1/3"，但是从资本量上讲，这47家银号的资本总额有391万元，在估计的全市银号资本总额1000万元中占39%。"由是可见公会会员银号之资力，高于一般银号之平均数，谓为全市银号之中坚，亦无不可也。"② 这说明会员组成大多为资本雄厚者，入会银号基本是"实在富有"。

三 地缘还是行业？——公会"保守性"剖析

明清时期，会馆作为行业组织缘起是基于强烈的地缘因素。地缘成为一种商业结构选择。到近代，地缘意义在商业中的淡化，需要走向一种业缘关系的结合。钱业公会无法回避这个问题。公会对会员经营的稳健的承认，入会要求之一是同业的认可。在上文所提的1930年钱业公会章程第二十七条中规定："前项志愿书由执委会调查后，召集会员代表大会，该请愿入会者是否合格，用无记名投票法决定之"，表明实际上入会需要会员大会通过，这成为日后的争议焦点，争议的表达和话语因由便归结于地缘问题。

在钱业公会成立之初，即嘉庆年间，便未包含天津本地银号以外的经营者。"当时执钱业牛耳的山西帮票号，因属客帮，不参加此组织。"③ 1929年（民国十八年）之前，客帮银号都没有加入其中。到了1929年，南京国民政府颁布了《工商同业公会法》，要求公会切实依法整顿，最关键的是要求一个行业原则上仅有一个公会。这样客帮银号便有加入公会的要求。在钱业公会章程第二十七条中规定："前项志愿书

---

① 刘嘉琛：《解放前天津钱业析述》，《天津文史资料选辑（第20辑）》1982年，第164页。

② 刘信之、曹雅斋：《天津钱业琐记》，《天津文史资料选辑（总第106辑）》2005年，第58页。

③ 杨固之、谈在唐、张章翔：《天津钱业史略》，《天津文史资料选辑（第20辑）》1982年，第150页。

由执委会调查后，召集会员代表大会，该请愿入会者是否合格，用无记名投票法决定之"①，此条款引起客帮中京帮银号的反对。"在天津久有基础的北京帮钱庄聚泰祥、聚义、聚盛源、祥瑞兴、敦泰永、广业、全记、致昌、同德、隆远十家联名于1933年1月申请入会，并指出章程第二十七条的规定是不合理的"。同时在会外给钱业公会以舆论压力，"如公会不收，我们自行另组公会，作为客帮同业自己的公会，换言之原来的钱业公会将成为天津本地帮的公会了。后来，公会接受了意见，复函以章程第二十六条为根据，有两家会员的介绍即可入会"。②但即使如此，钱业公会会员组成依旧是本地帮为主，并且会员数量限制严格。到1935年（民国二十四年）年终统计，"公会会员银号共47家，此数在全体银号142家中，仅占1/3"③，在47家中，天津本地37家，北京帮占9家，山西帮1家。

如何理解钱业公会这种看似保守的入会规则？当时有两种代表性的观点。

一种认为这是少数人把持公会，是排外的表现。④刘信之⑤是京帮银号选出来的钱业代表，在他的回忆中，对此颇有怨言。他回忆一次外帮银号入会的争执：

> 七七事变前，天津共有钱铺一百四十余家，实际上只有四十余家参加入会，其余均被摒弃。那时公会常委为范雅林（益兴珍银号经理），他认为，公会应由天津老字号掌握，稍一松手，大权旁落，老字号的信用、名誉就有损失，因而坚决拒却新会员入会，被摒弃之银号，以既经政府公布法令准许入会，就推举代表向范交

---

① 王子建、赵履谦：《天津之银号》，河北省立法商学院研究室1936年初版，附录三 章则，第38页。
② 杨固之、谈在唐、张章翔：《天津钱业史略》，《天津文史资料选辑（第20辑）》1982年，第153页。
③ 王子建、赵履谦：《天津之银号》，河北省立法商学院研究室1936年初版，第58页。
④ 参见杨固之、谈在唐、张章翔《天津钱业史略》，《天津文史资料选辑（第20辑）》1982年，第112页。
⑤ 参见刘嘉琛《解放前天津钱业析述》，《天津文史资料选辑（第20辑）》1982年，第164页："只有最后一任会长刘信之，是由京帮银号选举出来。"

涉，范雅林理屈词穷，勃然大怒说："公会是我们天津老字号组成的，绝不能叫外帮加入。"在僵持局面下，公会秘书徐慰如曾竭力转圜解释公会章程，但范仍怒不可遏，拂袖而去。①

另一种观点以《天津之银号》作者王子建、赵履谦为代表。认为这种限制严格的会员制，实际上使得钱业公会成功做到"同业间安全之保障，以及信用之巩固"。公会入会要求严格，并不是刻意排外。"公会之所以能具有此种能力，完全基于本身组织之健全；而组织之所以能健全，则惟严格审查会员至资格是赖。""据公会章程所载，同业入会，须有会员二人以上之介绍，写具志愿书，提交公会执委会调查，然后召集会员代表大会提出审议，用无记名投票法决定之。其所谓调查，并非虚应故事，而确实调查其财东之资力、经理者之人格以及营业之性质等等。且会员投票亦颇郑重。"②

（一）银号经营与入会要求分析

如何看待天津钱业公会看似严苛的入会审查要求？首先要厘清钱业公会到底坚持的是什么原则，是偏重地缘因素还是偏重经营因素？下面为1935年（民国二十四年）年底加入钱业公会和未加入钱业公会的钱业经营情况对照。

表8-1　　　1935年（民国二十四年）加入钱业公会会员情况

属地	业务种类	数量
天津本地帮	折交	15
	折交 浮事	6
	折交 汇兑	6
	折交 浮事 汇兑	6
	折交 浮事 仓库	2
		总计：35

① 参见刘信之、曹雅斋《天津钱业琐记》，《天津文史资料选辑（总第106辑）》2005年，第67页。

② 王子建、赵履谦：《天津之银号》，河北省立法商学院研究室1936年初版，第58页。

续表

属地	业务种类	数量
京帮	折交	2
	折交 汇兑	3
	折交 浮事	2
	折交 仓库	1
		总计：8
山西帮	折交 汇兑	1

表8-2　　　1935年（民国二十四年）未加入钱业公会会员情况

属地	业务种类	数量
天津本地帮	折交	12
	折交 票行	1
	折交 浮事	4
	折交 汇兑	2
	折交 门市	1
	浮事	7
	浮事 门市 票行	1
	浮事 门市 折交	1
	浮事 门市	3
	浮事 汇兑	3
	浮事 票行	1
	浮事 折交	1
	门市	5
	门市 票行	1
	门市 浮事	1
	票行 门市	2
		总计：46

续表

属地	业务种类	数量
京帮	折交	17
	折交 汇兑	2
	汇兑 折交	1
	汇兑 浮事	1
	门市 折交	1
		总计：22
山西帮	折交	2
	折交 浮事	1
	折交 汇兑	1
	汇兑 折交	1
	汇兑	5
		总计：10
山东帮	折交	2
	折交 汇兑	1
	汇兑	1
		总计：4
东帮（东北）	折交	1
	汇兑	1
	浮事 汇兑	2
		总计：4
河南帮	汇兑	3
南宫帮	折交	2

表 8－3　1935 年（民国二十四年）加入钱业公会会员情况统计

业务　　　　　属地	仅经营存放款	主营存放款，兼营其他	主营其他	总计
天津帮	15	20	0	35
北京帮	2	6	0	8
山西帮	0	1	0	1
总计	17	27	0	44

表 8 - 4　　1935 年（民国二十四年）未加入钱业公会会员情况统计

业务 属地	仅经营存放款	主营存放款，兼营其他	主营其他	总计
天津帮	12	8	26	46
北京帮	17	2	3	22
山西帮	2	2	6	10
山东帮	2	1	1	4
东北帮	1	0	3	4
河南帮	0	0	3	3
南宫帮	2	0	0	2
总计	36	13	42	91

资料来源：王子建、赵履谦：《天津之银号》，河北省立法商学院研究室 1936 年初版附录一 统计表，第 1—9 页。

说明：业务种类的顺序代表业务对于银号的重要性排序，因此所列业务顺序不能颠倒。折交即存放款传统业务；浮事即做投机业务；票行是代理银行发行纸币等；门市则是用银号名义，并不经营银号业务，内部组织简单，多由三五人成立，租一二门脸。门市业务主要为彩票、赛马票、兑换银元、买卖有价证券、生银、外币及香烟等。对门市系记述详见刘信之、曹雅斋《天津钱业琐记》，《天津文史资料选辑（总第 106 辑）》2005 年，第 62 页。此外，《天津之银号》正文中所述 47 家入会银号，除一家裕津银行也是钱业会员之外，其余与表内44 家相差 2 家，特此说明。以下计算均以表内统计为准。

可见，虽地域有别，但未加入公会与加入公会的区别在于业务上。加入公会的会员 100% 是以存放款为主要业务。未加入公会的银号业务颇显驳杂，这其中以存放款为主业的仅占比 53%。天津本地银号具有地域优势不言而喻，差异是存在的。但不至于比肩营业要求而成为一种门槛。这也印证了前文入会推荐信中的"经营存放款项及范围内生意，确系正当营业"。

（二）天津银号经营特点：稳健性要求

对这个问题进行判断，需要对天津的银号经营特点有所了解。天津的银号大多是靠吸收资本金运作，而自有资本金所占比例很低。1935年（民国二十四年）调查 30 家主要银号[1]，资本总额为 2470000 元，

---

① 数据来源于王子建、赵履谦《天津之银号》，河北省立法商学院研究室 1936 年初版，第 16—17 页。

而存款总额为 18387017 元，前者只占后者 13.43%。平均 30 家统计结果，1000 元的资本金，可以吸收存款 7444 元，放款 7548 元。平均一个银号运作相当于自有资本 7 倍左右的资金。

《天津通志·金融志》中所载天津银号各资本、存款和总资力也可反映这种情况。

表 8-5　　　　　　　　天津银号各年末资本、存款和资力　　　　单位：万元

年份	家数	总资本额	存款总数	资本与存款比	总资力
1934	269	622	2471	1:4	3093
1937	200	400 余	3000 余	1:7.5	4000 余
1940	223	1503	10006	1:6.7	11509

资料来源：天津市地方志编修委员会：《天津通志·金融志》，天津社会科学科学院出版社 1995 年版，第 289 页。

说明：1934、1937 年为法币，1940 年为伪联银券。

银号自有资本金在出现问题的时候，根本不足以支撑自身信用。这样的经营模式，需要有整体上相互之间的支撑，进行调剂余缺并维持银号信用，才不至于因为个别资金头寸引起信用风险而牵连整个行业。在现代金融业中，银行对于资金头寸调剂采取的办法分中长期与短期两种，中长期是向中央银行进行再贷款，短期则在隔夜拆借市场进行银行间拆借和大额存单的买卖。民国时期，中央银行作为主体的金融体系并未完整建立，类似中央银行"最后贷款人"对金融行业信用的支持功能，就落在钱业公会身上。

加入公会之后，会员之间实际上互相都有潜在的信用联系，承担了其他会员信用支持的责任。1909 年（宣统元年）恢复之后，公会章程便中规定："各号倘有一切意外难防之事，或遇有交往之家倒骗等事，可径到公会公同筹办，合群力争，应由公众列名具禀追偿。由本会盖戳呈递，以期于事有益。其不入公会之家，遇事概不闻问。"[1] 1928 年

_____

[1]　天津市档案馆编：《天津商会档案钱业卷（一）》，天津古籍出版社 2010 年版，第 410 页。

（民国十七年）《天津钱商公会暂行章程》第 9 条第 7 款"董事应尽义务"中规定："会内同业各字号对于业务遇有周转不灵时，该号得向本公会报告，由本公会调查该号账目。如无亏累，实系一时周转不灵，经全体会员开会表决，取有确实保证后由全体会员各字号按照等级分别担任暂行垫款以资维持，事后应偿还本息若干，由该号如数照还勿误。此项办法全体董事均须担负责任。"① 可见，钱业公会对会员确有信用支持责任。

这种信用联系的另一具体表现是前文所述的川换与拨码的保证。公会对会员间的川换账目负有维持责任，加入会员便可以与会内字号进行川换，没有这种信用，便需要"跑拨码"进行划账。因此，钱业公会在吸收会员上需要进行各方面考察，排除机会主义者以及经营风险较高的银号，以免因亏累出现整体的信用危机。

如此看来，看似对会员严苛的要求，是有一定道理的。据钱业从业人员回忆："1928 年之前，政府无具体管理的政策，只是同业之间，按实际情况，订有严密的业规，互相遵守，彼此督促。"② 即使在政府颁布《工商同业公会法》之后，会员入会依旧严格。正如《天津之银号》所论："盖一经加入为会员，则会员间彼此皆有帮助接济之义务，可谓休戚与共，自非于事前加以审慎之考虑不可"，"此种认真不苟，实事求是之精神，可谓为天津钱业公会之特色。钱业信用之所以能维持久远者，不可谓非公会维护之功也"。③

而地缘因素则不是绝对的。从地缘的分类上来分析，天津本地帮银号共 81 家，入会的有 35 家，入会比例为 43.21%。对比京帮银号共 30 家，入会的有 8 家，入会比例为 26.67%。确实显示出本地帮银号占有优势，这种优势两者在相对比例上相差 16.54%。

拒绝加入的最重要理由也是经营信用的保证。作为一个维持秩序的行业组织，钱业在初期就拒绝接纳没有资信保证的银号。如前文所述，

---

① 《天津市各行业同业公会档案：天津市钱业同业公会民国十七年度副卷（案卷级）》（1928 年 1 月 1 日），天津市档案馆藏，档号：401206800－J0129－2－001567。

② 杨固之、谈在唐、张章翔：《天津钱业史略》，《天津文史资料选辑（第 20 辑）》1982 年，第 116 页。

③ 王子建、赵履谦：《天津之银号》，河北省立法商学院研究室 1936 年初版，第 58 页。

1909 年（宣统元年）钱业公会拒绝偏僻之地，开设无根基之小钱铺，不得滥入。① 此项作为条款，写入了当时钱业公会章程内。到 1935 年（民国二十四年），仍是"往往有屡请加入为会员而不果者，即因多数会员对于该号之信仰尚未成立，不敢贸然承认"。② 即使如刘信之所回忆的钱业公会争执中，会长范雅林所考虑的理由之一仍为"老字号的信用、名誉就有损失"。可以说入会条件的核心是业务的稳健以及经营信用的保证，以此为出发点对入会商号经营和信用有着较高的要求，其中夹杂了地缘之别，非刻意排斥外地银号。

第二节　钱业公会组织管理

一　钱业公会管理层遴选

在公会成立初始，董事遴选办法主要是"同业公推"③，并一直延续下来。例如 1924 年（民国十三年）6 月 27 日，钱业公会向商会致函关于添举董事，提及仍是通过"公举""兹查有敝会同业中永豫银号经理王君文骏，恩庆永银号经理赵君恩第，该二君颇具长才，对于会务素有热心。并且劳怨不避，遇事直陈。兹之敝会公举为本会董事，以得群策力之助"④。

1928 年（民国十七年）《天津钱商公会暂行章程》中，详细规定了董事制的任选和职权范围：

> 采用董事制，设董事九人皆名誉职（以附属于总商会故不设会长副会长）；董事由会员中推举，推定后不得借词推却；
>
> 董事以二年为一任期，如有中途补充者按前任者之任期接算；
>
> 董事任期满后续被举者亦得连任；

---

① 参见天津市档案馆编《天津商会档案钱业卷（一）》，天津古籍出版社 2010 年版，第187—193 页。
② 王子建、赵履谦：《天津之银号》，河北省立法商学院研究室 1936 年初版，第 58 页。
③ 王子建、赵履谦：《天津之银号》，附录三章则，第 31—34 页。
④ 《天津钱商公会为王君文赵君恩为本会董事等致天津总商会函》（1924 年 5 月 26 日），天津市档案馆藏，档号：401206800 - J0128 - 2 - 001318 - 009。

董事遇有事故不能到会时得委妥人执行代理之权，但所委之人须完全负责，与董事本人无异；

董事表决执行之件全体会员均须服从办理，不得借故有所争执，倘表决之件与会员中实有单独不利益者，亦得提出理由再行讨论；

每届开会时董事或所委之代理人不得相连三次缺席有旷职责；

遇有交涉事件，全体董事临时当场推定几人办理以专责成。①

除了钱业公会主席同时也是商会常委之外，九位董事之间的关系是平行的，共同对钱业公会的事务负责。

《工商同业公会法》颁布之后，要求工商团体改为委员制，天津钱业公会在同年（1929 年）11 月，遵照改制。由会员代表大会选举十五人为执行委员，五人为候补执行委员。又由执行委员互选五人为常务委员，并由常务委员选任主席。1938 年天津沦陷，奉令改为董事制。1946 年抗战胜利，又奉令改组为理事制。

二　钱业公会管理层构成

无论公会的选拔机制做何种变化，实质上董事的条件主要有两点：即在业内经营成功的权威，以及声望、经验的积累。

以 1928 年（民国十七年）钱业公会董事情况为例。

表 8 - 6　　　　1928 年（民国十七年）天津钱业公会董事情况

姓名	年龄	籍贯	所属商号	相关商号情况
张玉珍 （字云峰）	74 岁	天津 特别市人	洽源银号	成立于 1903 年，资本 10 万元，西街代表，作风稳重。经营存贷款为主。1905 年，接办汇丰华账房，开此先例
朱嘉宽 （字馀斋）	65 岁	天津 特别市人	晋丰银号	成立于 1915 年，资本 10 万两行化银。由棉布业四家合资。西街代表，作风稳重。1934 年结束时，公积 100 多万元

① 参见《天津市各行业同业公会档案：天津市钱业同业公会民国十七年度副卷（案卷级）》（1928 年 1 月 1 日），天津市档案馆藏，档号：401206800 - J0129 - 2 - 001567。

姓名	年龄	籍贯	所属商号	相关商号情况
王学源（字子清）	63 岁	天津特别市人	敦庆长银号	由敦庆隆绸布店纪慰瞻、乔泽颂合资经营。是天津绸布纱商业"新八大家"之一
毛文榕（字敏斋）	55 岁	天津特别市人	德源银号	裕元纱厂经理独资。西街代表，作风稳重
沈梦兰（字雨香）	53 岁	天津特别市人	裕津银行	前身为永康银号。东街代表
王凤鸣（字晓岩）	50 岁	天津特别市人	余大昌银号	1913 年（民国二年）成立。是 1930 年成立的余大亨银号前身。资本 15 万元，王晓岩与盐业人员合资所办。西街开明派
曹如麟（字趾厚）	48 岁	山西灵石县人	鸿记银号	1916 年成立。资本 20 万元
赵恩第（字品臣）	46 岁	天津特别市人	恩庆永银号	租界银号代表。资本不大。通过兑换业务起家。赵品臣借此提高身价，与工部局、金城银行、聚立洋行买办来往，发展其他业务
么宝琛（字献臣）	46 岁	天津特别市人	利和银号	成立于 1913 年（民国二年），资本 4 万元，旧官吏甘肃藩台彭炳东独资。西街开明派。业务广泛灵活

资料来源：《1928 年钱商公会董事姓名年龄籍贯商号清摺》（1928 年 1 月 1 日），天津档案馆藏，档号：401206800－J0128－2－001319－005；《1946 年钱业公会本会会员名册（内有银号成立时间）》（1946 年 1 月 1 日），天津档案馆藏，档号：401206800－J0025－3－005339－005；刘嘉琛：《解放前天津钱业析述》，《天津文史资料选辑（第 20 辑）》1982 年，第 159—168 页；刘信之、曹雅斋：《天津钱业琐记》，《天津文史资料选辑（总第 106 辑）》2005 年，第 68—70 页；谢鹤声、刘嘉琛：《忆早年天津的竹竿巷》，《天津老城忆旧——天津文史资料选辑（第 76 辑）》1997 年，第 64—70 页；杨固之、谈在唐、张章翔：《天津钱业史略》，《天津文史资料选辑（第 20 辑）》1982 年，第 127—132 页。

由上表可看出，董事中年龄最大为 74 岁，最小为 46 岁，平均年龄为 55 岁。出身均是行内经营实力较强的银号，相对来讲这些银号经营集中在传统业务——存放款上。人数上，虽然"西街"银号占优势，但董事组成分布广泛，有"西街"的正宗派、开明派、"东街"派、山西帮、租界银号以及天津布业为背景的银号，管理层构成涵盖了各个层面的代表。

三 钱业公会董事的职能

董事责任在于维持钱业的行业信用和钱业的利益。董事的职能在最初没有明确规定。1909 年（宣统元年），公会章程中只规定了各号铺掌每月集议事务。"每逢三六九日，期各号铺掌齐集公会研究各事，以期兴利除弊，藉资合群，于众有益，非浅鲜研究。时刻三月至九月上午八点钟开至十一点钟止。十月至二月上午九点钟开至十一点。"①

1928 年（民国十七年），则明确规定董事有以下几个方面的职责。（1）维持行业信用。"会内同业各字号对于业务遇有周转不灵时，该号得向本公会报告，由本公会调查该号账目，如无亏累，实系一时周转不灵，经全体会员开会表决，取有确实保证后由全体会员各字号按照等级分别担任暂行垫款以资维持，事后应偿还本息若干，由该号如数照还勿误。此项办法全体董事均须担负责任。"②（2）调节商业纠纷。"同业商号因商事行为有争执时得由本公会董事调解之。"③（3）监理公会附设市场职责。主要监督方面如下：他业或客帮与同业收交电汇及买卖银元，并有价证券收取手续费及票贴转账费，附设市场内有无会外同业各字号街友，调解市场纠纷和组织相关会议等，以期维持金融流通、交易安全，巩固公共信用。（4）保管重要物件及账目职责。"本公会董事轮流值年，凡公会重要物件应存在保管箱者，由值年董事督同本公会人员存放或取还之。至本细则第三款所载之月报账簿，由全体董事查阅后送交值年董事处保存。"④ 1930 年（民国十九年）章程中⑤，因改为委员制，着重对

① 天津市档案馆编：《天津商会档案钱业卷（一）》，天津古籍出版社 2010 年版，第 409 页。

② 《天津市各行业同业公会档案：天津市钱业同业公会民国十七年度副卷（案卷级）》（1928 年 1 月 1 日），天津市档案馆藏，档号：401206800 - J0129 - 2 - 001567。

③ 同上。

④ 监理公会附设市场职责和保管重要物件及账目职责相关条目，参见《天津钱商公会办事细则》，《天津市各行业同业公会档案：天津市钱业同业公会民国十七年度副卷（案卷级）》（1928 年 1 月 1 日），天津市档案馆藏，档号：401206800 - J0129 - 2 - 001567。

⑤ 王子建、赵履谦：《天津之银号》，河北省立法商学院研究室 1936 年初版，附录三章则，第 39—40 页。此处的章程与民国十九年（1930 年）钱业公会所定章程相同，参见《天津市各行业同业公会档案：天津市钱业同业公会民国十九年度副卷（案卷级）》，天津市档案馆藏，档号：401206800 - J0129 - 2 - 001569。

会员大会和主席的权限进行规定，而将委员责任规定去掉了。

公会管理层存在一个有意思的现象：主动请辞。总体看来，钱业公会对董事的要求集中在有何职能、对何事负责，而不强调董事能否享有权利。从钱业公会的账目中可以了解到，董事不支取薪水。董事职责多且事务烦琐，常与经营自己银号经营相冲突。如前文所述 1928 年（民国十七年）明文规定："推定后不得藉词推却。"实际上确有董事主动退职不干的情况。庚子事变后，市面萧瑟，1903 年（光绪二十九年）袁世凯批准设立商务公所以维市面。此时需要推举得力之人主持行业恢复。随后钱业公举董事同益号、中裕厚、公裕厚、和盛益，但此 4 家上书恳请不就，主要因自己的商号经营与公会事务有冲突。理由呈词为"当此市廛奇滞之时，仅商号之经，已觉万分竭蹶。若遇事上承顾问，维持商埠全局，必至陨越，时形有负委任。"并且 4 家联保，推荐候选"董事桐达号郑金鼎"，能"虑事周详，不避劳怨，颇称熟手，若仍以充当钱行董事，自必和衷共济，无忝厥职"。① 最后因实在难以选任，袁世凯便直接下令由平市官钱局推选董事。

1908 年（光绪三十四年）四月初十日，钱商董事朱余斋、王少山、郑金鼎、郭宝光上书商会请辞，理由仍是自己的商号经营出现了问题。

> 禀为津市艰窘，各业惶恐，追究原因，皆称铜元亏折，捐税加重，生意益形□，直有朝不保夕之虑，公同叩求仁宪恩施，格外准董等告退，另选贤能，以免贻误事。窃查钱商为各行枢纽，各商亏累，必致牵动钱商，一定之理。此兵灾之余，元气未复，已受亏折，若再重叠加捐，特恐一蹶不起。倘出意外之虞，董等担架不起。惟有伏乞商务总会宪大人，恩准告退，另选贤能以免贻误。②

其中的桐达号郑金鼎，在光绪二十九年（1903 年）四家钱商辞职后将其推举，到 1908 年（光绪三十四年），因自己生意原因又主动请辞。

---

① 天津市档案馆编：《天津商会档案钱业卷（二十）》，天津古籍出版社 2010 年版，第 17803—17805 页。

② 参见《钱商董事为辞董职务事禀商务总会大人》（1908 年 4 月 10 日），天津市档案馆藏，档号：401206800 - J0128 - 2 - 00471 - 001。

钱业公会附设于商会是在 1905 年（光绪三十一年），之后公会主席实际上具有半官方的背景，权力大于一般民间的行业组织。即使如此，仍有请辞不就情况。可见钱业公会的董事，有维持会务、同业秩序等责任。相对于实际利益，责任是董事首先考虑的。并且会务很可能与董事自己银号经营产生冲突。这些构成了公会董事选拔外在的"硬约束"。若要在"任人为贤"和"任人为亲"中抉择，会更偏向于选拔有能力的人担任董事。

以举荐为主的制度，或许会强化地缘因素和相关利益，但是董事无论怎么选出，都要面临着外在严苛的检验：能力与认可。董事必须得到行内的认可，这种认可是在业缘内逐步积累，非一朝一夕之事。而公会对内对外需要承担各种责任，对政府有义务，对同业有维持重任，便构成了外在的检验条件。董事需要去证明自己是称职的。因此在选拔中，外在的"硬约束"会压缩地缘因素，突出能力。

四　公会的代表性：以主席王晓岩为例

从实践层面来看，作为行业代表，钱业公会能否维护钱业的利益、促进钱业发展，抑或是仅限于某种地缘性派系之别和局部利益而裹足不前？此处以公会主席王凤鸣（晓岩）为例来考察这个问题。

王凤鸣是天津馀大亨银号的合伙财东之一（共 3 人），此银号资本 15 万元。同时，他也是天津振义银号的合伙财东之一（共 2 人），此银号资本 10 万元。他属于西街银号代表，是只做存放款的本地帮。但西街银号内部分为正宗派和开明派两种经营理念。"正宗派"以洽源银号为代表，历史悠久且经营严格谨慎，只放款给殷实富户。"开明派"则广泛开展业务，与大中小企业都建立关系，也不限于本地厂店，业务灵活。王晓岩所经营的馀大亨和振义属于"开明派"。[①] 可见，他出身虽是传统西街银号，但是不乏稳中求进的开明作风。

王凤鸣从 1918 年增选为董事整理会务，在 1930 年、1933 年均被

---

① 此处详见王子建、赵履谦《天津之银号》，河北省立法商学院研究室 1936 年初版，附录一统计表，第 9—11 页；刘信之、曹雅斋《天津钱业琐记》，《天津文史资料选辑（总第 106 辑）》2005 年，第 68—69 页；杨固之、谈在唐、张章翔《天津钱业史略》，《天津文史资料选辑（第 20 辑）》1982 年，第 127—132 页。

选为主席，到 1936 年改选的时候才因病卸职。他任钱业公会的核心职务前后共 18 年①。这期间，他积极代表钱业公会参与其他行业的合作。如 1934 年平津联合发行铜元券，由他代表天津方面往来磋商②。

对外维护行业利益上，典型体现在法币改革时期。1935 年法币改革，他代表钱业加入发行准备管理委员会天津分会，并向钱业报告详细情况。到 1936 年天津钱业与中国、交通银行发行钞票合作中，关于延续钱业发行优惠问题，平津地区与两行存有争议③，他又被公推作为平、津两地代表④向两行商讨，并同时函询上海钱业公会。当时上海方面还未进行商洽，王凤鸣便向两行提出了解决办法⑤。同时，他还提出银号现洋兑换法币的办法⑥，这些从整体上维持了法币发行时天津银号

① 参见杨固之、谈在唐、张章翔《天津钱业史略》，《天津文史资料选辑（第 20 辑）》1982 年，第 151—154 页。天津市地方志编修委员会《天津通志·金融志》，天津社会科学院出版社 1995 年版，第 251 页。

② 参见尚绥珊《北京市铜元券发行机构及发行概况》，《天津文史资料选辑（第 40 辑）》1987 年，第 191 页。

③ 参见杨固之、谈在唐、张章翔《天津钱业史略》，《天津文史资料选辑（第 20 辑）》1982 年，第 122 页。

④ 此事详见杨固之、谈在唐、张章翔《天津钱业史略》，《天津文史资料选辑（第 20 辑）》，第 122—124 页。"钱业向中、交、河北省以及其他发行钞票的银行领用钞票，代为发行，双方约定数额订立合同，在钞票上加印牌号，习惯上称之为'领用暗记券'，一般银行都有给钱庄发行优惠。""中、交两行为了顺利约束并避免截然中止领用暗记券的原合同起见，提出所谓优待领用行庄的办法，凡领券期限超过三年者，按照原订用现金准备给总办法，给予前项利益六个月，不满三年者给予三个月。"最开始中交两行的办法钱业不能接受。"1936 年年初钱业公会在举办春节全体会员恳亲会中提出讨论，各会员表示不能同意，要求应与北平钱业公会联系，会同向两行交涉，并函请平会领衔，当接平会函复同意会同办理，但领衔不敢，并请津会就近与两行交涉。于是，津会推主席王晓岩代表平、津两会向两行商讨，并函询上海钱业公会如何解决领用暗记券问题。经沪会函复，仍照旧办法，尚未进行商洽。一面由王晓岩以公会主席名义，函请交通银行董事长胡笔江、总经理唐寿民要求从优解决，经唐寿民函复，沪市尚未提出条件，可先按平津办法办理，容后再改。"随后，王晓岩便提出了解决办法。

⑤ 解决办法为："领用期在六年以上者，给予二年，三年以上者给予一年，未满三年者给予六个月。两行为求双方圆满起见，决定领用期在六年以上者给予一年半，其余照办。双方同意，由两行函复平、津两会圆满解决。"参见杨固之、谈在唐、张章翔《天津钱业史略》，《天津文史资料选辑（第 20 辑）》1982 年，第 123 页。

⑥ "各钱庄存在公库的现洋，经王晓岩向发行准备管理委员会要求，依照四成保证、六成现金的办法、兑换成法币。四成保证，定期一年，到期用现款取回保证品，以示优待。"参见杨固之、谈在唐、张章翔《天津钱业史略》，《天津文史资料选辑（第 20 辑）》1982 年，第 124 页。

的利益，也平缓了货币改制的冲突。

促进行业改良方面，他能够突破眼前行业利益，在长远层面上考虑。（1）在改进拨码制度上①，他多次呼吁建立银钱两业票据划账制度，但因保守力量过大未能实现。最终，1933 年因市场流动性问题，钱业不得不与银行业组成票据清算中心，结束了拨码制度，印证了他的想法。（2）钱业公会附设金融交易市场中，在 1924 年之前，他主动提议对羌帖（卢布）交易禁开行市，阻止钱业会员进行交易②。

对钱业整体人员素质提高大有裨益的钱业补习学校也是在他的提倡下开办的。民国时期，随着经济金融的发展深化，尤其是银行业的兴起，钱业面临着改革的压力，较集中地体现在学徒制度上。1931 年（民国二十年），潘子豪对钱庄缺陷的看法就有学徒制度的问题，其中所言："学徒在钱庄学习，仅在店柜一部分，其余如内账房、外账房之学识，学习甚少。故有知珠算而不知书商业信件，知此而不知彼，练习三年，不过造就一种被动物，其养成创造人才者，则罕见也。"③ 换言之，学徒制度使得钱业人才难以具备更宽阔的眼光和综合的能力。这成为制约钱业发展的重要因素。而王凤鸣主动力促补习学校开办，正是由此出发。

1931 年（民国二十年），《大公报》对此事进行报道："市钱商同业公会主席王凤鸣，为造就钱业人材，□补习学校"，"于本月六日下午八时举行开学式，据王君谈，创办该校，完全为造就钱业人材，所有课程，除党义外均系与商业有关者，业聘请富有经验之教师数人担任教授，时间规定每日下午八时至十时"。

学校开学时学生并不多，"惟同业会员共计五十余人，至今报名仅十余人，或系同业未能明了补习学校意义，抑或因其他困难所致，想将来定不难普遍就教云"。④ 学校经费由两部分组成，"钱业公会每

---

① 参见刘嘉琛、谢鹤声《浅谈天津钱业的拨码》，《天津文史资料选辑（第 40 辑）》，第 196 页。

② 参见王子建、赵履谦《天津之银号》，附录三章则，第 33 页。

③ 潘子豪：《中国钱庄概要》，华通书局民国二十年（1931 年）版，第 246 页。

④ 《钱业补习学校筹备就绪六日开学》，《大公报（天津版）》，民国二十年七月四日第 7版。

月资助 150 元，社会局补助 20 元"。① 到 1932 年（民国二十一年），钱业学校对外招收学生，当时《大公报》刊登的招生广告上体现出学校已初具制度。学校为"天津市教育局备案，天津市钱业公会主办"，全称"天津市私立钱业补习学校"。"分初高两级。初级 1 年，高级 2 年"，要求生源为"高级小学毕业或有同等学力年在 15 岁以上 20 岁以下者为合格"，入校需要考试"初级班考试党义、国语、算术。高级一年班级生兼考簿记学"，"全年学费 24 元，分四期缴纳"，课程"初级班暂定党义、算术、簿记学、商业道德、商业尺牍、商事要项。高级班暂定党义、算术、簿记学、经济学、应用文、英文"。② 到 1935 年（民国二十四年），"有学员 60 余人，已有 3 班卒业，成绩颇称良好"。③

以王凤鸣的经历可见：（1）他虽然属于本地银号，但思想开明，乐于接纳外地工商户开展业务。他的选任说明钱业中保守的本地"西街正宗派"并不受欢迎。他任主席并在管理层 18 年之久，除了能力之外，也是钱业朝着更广泛行业性组织发展的潜在要求。（2）从法币改革、改进拨码制度、停止卢布交易及开办钱业学校上，体现出他在与政府和其他行业交往中能较好代表钱业利益，并能超越同业的保守态度，不拘泥于眼前利益。钱业公会能够选出这样一位人物作为会长，并长期主持会务，说明行业能够形成人事上的理性选择，以钱业为整体来考虑行业发展。

第三节　钱业公会的财务管理

一　公会章程中所规定的财务管理

1909 年（宣统元年）《天津钱商公会章程》中规定所收取日常费用有两项。（1）因为要办公估局，由钱业承担日常维持费用，入会各家银号均要缴纳。"创设公估局，暨钱商公会各号，自应仍遵前议，

① 王子建、赵履谦：《天津之银号》，河北省立法商学院研究室 1936 年初版，第 59 页。
② 《天津市私立钱业补习学校招生广告》，《大公报（天津版）》，民国二十一年六月二十八日第 5 版。
③ 王子建、赵履谦：《天津之银号》，河北省立法商学院研究室 1936 年初版，第 59 页。

每月交公估经费洋四元，其次二元，按月凭收照交付，以资办公。此外别无花费"。（2）开汇市抽取津贴的费用（非日常）。具体规定如下：

> 一议定跑合经手取交电汇及京申汇票，每万两交主出脚力洋五角，收主出脚力洋一元五角，再提交公会津贴大洋五角，是收主仍照旧章，共出二圆，其数目多少以此类推，违者收主包赔。
>
> 一议定跑合经手收交电汇及京申汇票，若遇行市稍快，收主不出脚力者，应由交主每万两出脚力洋二元，仍由收主每万两提交公会津贴大洋五角，其数目多少以此类推，违者收主包赔。
>
> 一兑手收交电汇及京申汇票，不出脚力，仅由收主每万两提交公会津贴大洋五角以符定章。
>
> 一收交电汇及京申汇票，并外国番纸汇京申者，或凭信汇兑者，无论经跑合手或兑手，均按以上公议章程，每万两提交公会津贴大洋五角，数极细微，祈各号勿惜小费而顾公益。倘有不报者，或以多报少者，查出罚公会一个月经费，以昭儆戒。①

此时，对经费如何管理，章程中并未详细表述。

1928 年（民国十七年），钱业公会便对财务管理进行详细的规定，一是费用来源，包括入会费和经常费，以及市场佣金等问题。另一层面是费用管理，主要为经费使用的公开和编制预算。

首先是对经费来源的规定。经费由两部分组成。一是会员缴纳的会费。《天津钱商公会暂行章程》② 第九章规定："第十七条 本公会经费由会员全体担任之。入会费：甲等二百元，乙等一百五十元，丙等一百元。经常费：甲等每月四元，乙等每月二元。"二是对附设市场收费。"第六条：凡他业或客帮向我同业收交电汇及买卖银元并有价证券等等，均应照交手续费及票贴转账费"。

---

① 参见天津市档案馆编《天津商会档案钱业卷（一）》，天津古籍出版社 2010 年版，第410—412 页。

② 参见《天津市各行业同业公会档案：天津市钱业同业公会民国十七年度副卷（案卷级）》（1928 年 1 月 1 日），天津市档案馆藏，档号：401206800－J0129－2－001567。

其次便是对经费管理的规定。《天津钱商公会暂行章程》① 中第十八、十九两条便是财务管理公开原则的体现：

> 第十八条 本公会经常岁支，由全体董事列为预算，就会内各项进款酌为开销。于每年开年会时，将收支各项账目报告全体会员以昭大信。
>
> 第十九条 会中用款，由全体董事管理，不得超过预算表之数目，倘有特别要需，会中款项不敷支用者，得召集会员共商担任办法。

而在《天津钱商公会办事细则》② 中规定了财务管理的具体要求。

> 第三款 本公会收支各款由会计员经理一切，每月底缮具月报账簿。于开常会时交全体董事查阅。
>
> 第六款 年会应议之事如左
>
> 一 报告上年账簿 二 酌定本年预算 三 筹画一切进行
>
> 第十四款 本公会市场经费，由在会各字号共同分担。该市场管理员，用量出为入之法，于每月底清结之。不得亏欠，亦不得盈余。至详细出项，每月缮具清单，在市场内公布周知，如有名实不符者，准在会各字号据情质问，以昭核实。

之后1931年（民国二十年），在《天津市钱业同业公会章程》③ 中，对经费及管理办法的规定如下：

---

① 参见《天津市各行业同业公会档案：天津市钱业同业公会民国十七年度副卷（案卷级）》（1928年1月1日），天津市档案馆藏，档号：401206800－J0129－2－001567。

② 同上。

③ 参见王子建、赵履谦《天津之银号》，河北省立法商学院研究室1936年初版，附录三章则，第39—40页。此处的章程与民国十九年（1930年）钱业公会所定章程相同。参见《天津市各行业同业公会档案：天津市钱业同业公会民国十九年度（案卷级）》（1930年1月1日），天津市档案馆藏，档号：401206800－J0129－2－001569。

第六章 经费

第三十六条 本公会经费由全体会员担任之

一入会费 甲级二百元 乙级一百五十元 丙级一百元

二常年费 头级每月八元 二级每月四元

三特别费 临时公同议定之

第三十七条 本公会经常岁支，由常委员于岁首编制本年预算交执委会审查，并须经会员代表大会通过，至年度终了，实行开销若干。于次年一月十五日，开会员代表大会时，除将上年收支各项帐目暨主要会务办理情形，报告全体会员外并呈报天津市党部及天津市社会会局备案。

二 财务管理的核心原则——公开

从 1909 年（宣统元年）到 1931 年（民国二十年），钱业公会的财务管理核心原则是"公开"，并且自始至终都贯彻下来了。宣统元年声明了"此外别无花费"，而 1931 年的规定中，虽然有灵活的"特别费"规定，但要求仍是"公同议定"。所不同的是之后体现出一些现代财政的思想——编制预算，以及政府的监察——要求报送社会局和党部。

具体公会财务管理情况，以 1929 年（民国十八年）钱业年总收支账为例进行说明。

表8-7 1929 年（民国十八年）天津钱业公会年总收支账细目表

名目	金额	批注（批注均为毛笔小字）
账略		批注：全体董事核准
民国十八年二月至十九年一月十二个月 收支账略（1929年2月—1930年1月）		批注：即已巳年正月至十二月，十八年二月至十九年一月，系按国历计算
计开上年余存	洋一千九百六十三元零三分（1963.03）	
本年收入项下		
一收会费	洋三千四百零八元（3408.00）	

续表

名目	金额	批注（批注均为毛笔小字）
一收息	洋二千五百八十元零零一分 （2580.01）	
一收估银费	洋一千一百八十一元三角二分 （1181.32）	批注：计估银 29533 百万 每百两按四分合洋（阿拉伯数字系苏州码）
以上共收	洋七千一百六十九元三角三分 （7169.33）	
连上年余共	洋九千一百三十二元三角六分 （9132.36）	
开除项下		
一支秘书徐蔚如一年薪水	洋九百八十元（980.00）	批注：内有双月洋十四元
一支书记黄云汉一年薪水	洋二百三十八元（238.00）	批注：内有双月洋三十四元
一支夏琴西两节束修	洋二百元（200.00）	批注：原章一节一百元，五月节八月节两节照支，由九月起改为全年四百元
一支刘明阳半季顾问费（笔者注：刘明阳是钱业公会的法律顾问）	洋二百元（200.00）	批注：十八年下半年季
一支夏琴西半季顾问费	洋二百元（200.00）	批注：十八年下半年季
一支张紫庵一年优待费	洋二百四十元（240.00）	批注：每月二十元
一支公估局同人一年薪金	洋二千二百十二元（2212.00）	批注：内有双月洋三十六元
一支公估局同人一年饭银	洋五百七十六元（576.00）	
一支茶房一年工食	洋六百三十六元（636.00）	批注：内有双月洋八十二元
一支茶房一年饭银	洋三百四十三元（343.00）	
一支天棚	洋七十元（70.00）	
一支金荷生一年优待	洋二百四十元（240.00）	批注：每月二十元
一支登广告费	洋一百元（100.00）	批注：因聘请法律顾问
一支公立医院戏票	洋一百二十元（120.00）	
一支崇化学会捐	洋二百二十元（220.00）	
一支庆祝新年大会捐	洋二十五元（25.00）	
一支国庆会捐	洋六十元（60.00）	批注：十月十日
一支反俄会捐	洋五十元（50.00）	

续表

名目	金额	批注（批注均为毛笔小字）
一支市民大会捐	洋三十元（30.00）	批注：庆祝胜利
一支撤销领事裁判权捐	洋三十元（30.00）	批注：市民大会
一支一年各项杂费	洋一千三百七十四元一角 （1374.10）	
以上共支	洋八千一百四十四元一角 （8144.10）	
本年除收净不敷	洋九百七十四元七角七分 （974.77）	
连上年余存净存	洋九百八十八元二角六分 （988.26）	

毛笔字批注：此项账略于十九年二月二十日开年会时，全体董事公推陆君松岩，当场报告。列席全体会员并连同年总说明一切〔徐蔚如章（作者注：公会秘书）〕。

资料来源：《天津市各行业同业公会档案：天津市钱业同业公会民国十九年度（案卷级）》（1930年1月1日），天津市档案馆藏，档号：401206800-J0129-2-001569

公会确如规定所言，在每年年初进行财务的总结与公开，账目管理清楚透明。

第四节　小结与评论

一　公会组织结构与政府政策

天津钱业公会自嘉庆年间成立至1952年结束，从一个松散的公所发展到有一定建制的同业公会，这种转变的促成是市场和政府的综合作用。公会制度化的重要因素之一是1929年南京国民政府颁布的《工商同业公会法》[①]，该法要求"凡在同一区域内经营各种正当之工业或商业者，均得依本法设立同业公会"，"工商同业公会章程，须有该地同业公司、行号代表三分二以上之出席，方得议决"，"同一区域内之同业设立公会，以一会为限"。这些规定潜在地消弭地缘特性，促进了同业的融合，所以才会出现在此法颁布之后，除津帮以外的银号加入公会

[①]　参见徐百齐《中华民国法规大全》，商务印书馆1937年初版，第3463页。

的强烈要求。之后所改组的"天津市钱业同业公会"，一直延续到1951年结束。

二　公会组织的结构分析

从天津钱业公会的入会要求和实际情况来看，它是一个精英性质的组织。会员主要由钱业中资本、经营均属良好的银号组成，是天津钱业的中坚力量。要求会员经营业务范围和资本实力，意味着在盈利与稳健之间，偏好后者。公会的稳健还需要从金融行业信用关联角度理解，它在当时提供着任何单个银号难以替代的行业信用支持，因此对银号有更严格的信用诉求。市场组织所代表的某种理性与保守，是超越了单个银号利益最大化的追求。

同时，公会仍坚持传统商业组织所贯彻的"公"原则，体现在两方面：人事和财务。人事方面，董事的举荐有强烈责任诉求。董事不支付薪水，但任务繁重，且往往和自己银号的经营难以协调。董事的任选是能力与资历的综合，需要在行业内积累一定的经验和声望。财务方面，会费的征收是公开透明的，公会经费的使用也严格遵守公开原则。不仅需要董事签字同意，也需要全体会员大会的通过。公会的组织效果，可以从历任18年主席的王凤鸣身上得到验证。钱业公会严格的会员入会条件，互相支持的信用关系以及对董事的要求，构成了钱业公会运作的根本保证。

三　地缘还是业缘：走向现代

在近代，伴随着社会环境变化及政府角色调整，天津钱业公会的组织结构展示了地缘因素逐步退却，行业性因素占主导的过程。首先是会员构成上的突破。虽然本地银号在组成中占优势，但地缘因素逐步衰退。1930年以后，随着政府政策实施和外帮银号的抗议，会员接纳从制度层面上进一步开放。从入会要求上看，严格的约束在于营业范围和资本实力，地缘不构成决定因素。其次是董事构成与选拔层面。举荐制下，看似有一定保守性，且历任会长大都由本地人担任。但董事构成上显示出具有广泛的代表性，且董事面临着实质性的责任，偏重能力，这也要求公会管理层要能超越地缘性等局部利益，将行业整体发展放在首位。以钱业主席王凤鸣为例，他的出任与他的行为能够说明公会确把钱业作为一个整体对待，着重长远利益，没有严格的地缘性偏见。

　　明清时期，地缘因素并不构成商业扩展的阻碍，相反地，地缘是最根本的认同。地缘因素成为商业人员和资本组织的脉络，也成为商业拓展的依凭，地缘性的会馆是行业秩序重要的维持机构。晚清民国时期，随着社会的发展和商业关系的扩展，本土商业需要突破地缘限制，以行业本身为新的结合要素。天津钱业公会组织结构展示了业缘性要素的发展过程，它渗透在地缘性要素中，渗透在组织制度及组织管理层个人中，通过社会与政府等外在条件，逐步显现。由此可见，传统行业组织中的保守性，是可以通过行业发展的深化和社会条件变化逐步突破的，类似"行业性"的现代因素，例如广泛的参与、公开性的管理等实际上孕于传统组织中。

第九章　再论政府、社会与行业组织

在明清乃至民国时期，工商业整体对社会的适应性、创新性以及与政府打交道的途径，是以行业组织为核心的。顾琳[①]（Linda Grove）教授对华北高阳纺织业兴衰——跨越民国到当代的研究中，展示出行业组织在不同历史时期对市场和政府的意义。在探寻农村工业的兴起和传统现代之间的接续与差异中，顾琳教授认为，民国时期高阳商会（本质上是同业公会，高阳商会仅以纺织一业组成）是高阳地区农村工业成功的关键之一。商会不是传统绅商，而完全由职业商人组成，有强烈的凝聚力并能代表高阳工商业。商会之角色体现在引进新技术、培训新人和保障稳定的商业环境上。例如，赞助了最成功的商业学校——高阳商校和高阳商业工艺研究所。商会还在税收、交通等事情上向政府争取自己的利益。以商会为组织，高阳商人在全国推广着成功的经验，塑造自己的商业影响力，这些与当地经济发展相辅相成。

到1978年后，高阳纺织业再度兴起。由于民间性工商业组织缺乏，民国时期所形成的高阳商会职能被分裂开来，一部分由当地政府承担，如提供商业环境等；另一部分通过乡缘网络等传统方式，交流技术与市场信息。但是，经济中的公共事务没有民间自主的发声，而企业家与政府不再互动，而是保持着某种距离与冷漠。地方政府与工商业之间，既不存在企业家组织，也没有固定的互动结构。政府与经济看似紧密的关系，背后浮现出的多是地方经济发展表现出的"政绩"意义，而非深层次的经济社会生发机制构建。

[①]　参见［日］顾琳《中国的经济革命——二十世纪的乡村工业》，江苏人民出版社2009年版。

顾琳教授的研究并非针对行业组织，但他观察到了长时段（从晚清到新中国改革开放）中行业组织的意义。民国时期，组织和其权威性对行业发展的重要职能得到证实。由此反观当下，来自民间自主的行业组织缺乏，或许是造成政府与市场相处失措的因素之一。本文探讨行业组织，背后的现实关怀仍是政府与市场之间如何相处。仅将同业公会作为政府与社会的"中间组织"的视角，是不够的。因为"中间"包含有太多模糊的地方，功能、意义、价值等问题的实现，不是因为行业组织处于中间而实现的，毋宁说行业组织是因何而成为一种社会经济治理的中间组织。

行业组织存在的意义不仅是功能性的，因此这种相处，并非仅就经济意义上政府与市场关系来探讨，而是在关注本土历史实践中，寻找在现代经济意义中存在和转化的可能性。进一步地，那些决定着一个国家特有的、建立在文化与社会性之上的经济结构，如何面对一种既定的现代（通常以欧美为主）经济社会框架？

明清商业社会与经济秩序

明清社会的发展造成的巨大张力便是农业社会的传统如何面对生机蓬勃的商业社会。两者之间的紧张感焦点便是秩序问题。相对于晚清民国时期政府管理模式转变的急迫，此时的紧张感能够通过长时段的延展，从而以传统因素的伸发作为脉络来解决。与其说是政府将商业留给了民间，不如说是政府自身与社会发展（例如商业流动性增强）产生了不同步性，而这种不同步性才产生出商业组织的社会意义。

明清时期的研究者都指出了政府与社会的一种"距离感"。这说明了两方面的问题：商业在政府眼中属于民间事务以及政府管理民间社会的间接性。政府的间接除了社会变迁中的职能滞后、政治制度设计上逐步转向集权、制衡性发展，以及效率低下、官僚腐败等问题之外，传统政治治理理念并没有赋予政府管理基层社会的主动性，政府对自身也保有某种克制。从《论语》中"为政以德，譬如北辰，居其所而众星共之"、"无为而治者，其舜也与？夫何为哉？恭己正南面而已矣"这些章句中所含对政府内省的要求，到宋儒将"修齐治平"内外统一的结合。从思想史上讨论这些极其复杂精微，但从经济社会管理角度上看，此种理念赋予了政府面对民间社会的宽容和消极。不愿过多干扰，也不愿过多参与，这构成了明清行业组织生发的空间。

相对近代，明清时期的工商业嵌入农业的状态更强，工商业既以农业为基础，又以农业为一种风险的缓冲与保证——不仅是物质层面的，包括农业社会的伦理、理念和原则，延伸至工商业是很自然的。会馆便是其一。会馆首先需要满足政府管理社会的要求，既关乎人口流动，也关乎社会风化。但意义与功能往往是分开的，会馆立足之意义并不在管理功能上，而是满足农业社会的乡土情结，即一种文化社会诉求。经商的奔波与劳碌，在传统中国农业文明中的语境，是无奈且值得同情的。脱离乡土的商人，在精神上仍需回向乡土。在商人眼里，"四海为家"的生活仍是一种苦难，这与西方商业文化的开拓精神形成鲜明对比。"异乡异客"漂泊成为另一种乡土诗意和现实回望。"四海为家任去留，也无春夏也无秋"① 是当时商人的心声写照。无论财富与成功于个人和家族多么重要，最后依旧是对本源的追溯。这些因素交叠在一起，构成了会馆存在发展的依凭。只有担负起对乡土众人的精神慰藉，会馆才具有合理性，才具有权威性，规则和秩序才会被遵守（而不是靠外在的监督与惩罚），进而才能担负起政府的要求。最初的商业团体——商人的集体意识便寄于此中。

慈善、宗教、节日庆典、聚会、戏曲表演等活动，成为会馆的重要活动。通过这些会馆强化着商人的集体意识，规则的遵守最基本的来自对会馆的认可。应对政府差役、赋税，以及与当地社会的融合，则是上述功能的延伸。对逐利行为的规范和市场公平的实现，是会馆所实现的社会意义。在传统中国，市场理性恰也是通过这种方式实现的。

近代转向与行业组织

近代社会的转向，最大的特点是政府与社会不再疏离。政府与社会的距离被不断缩短——典型的是来自西方入侵的压力，使得政府需要将

---

① （明）李晋德：《客商一览醒迷》，山西人民出版社1992年版，第298页。

掌握和调用社会力量制度化，以回应在近代西方政府与社会关系参照系下中国的诉求。传统中国的力量是松散的、无目的的，但在近代却有了凝聚性要求。尽管对中国近代社会变迁的理解已经不仅仅停留在"冲击—反应"说，但西方强国的存在和"商业加武力"的方式大规模接触中国，使得晚清社会有着强烈的崛起与对抗意识。在西方的压力下，传统中国行业组织有了一种新的空间。

首先是国家层面上对商业力量的确认。商业不再是农业社会的一种补充性存在，而是"富强"之基础，"商"之于"富强"的关系认识，源于西方经验；但回应此种要求的，仍是传统行业组织的转化。1903年（光绪二十九年）国家设商部。同年，便有了《商部奏定商会简明章程》，所言"泰西向重上学，列为专门。其为商人者，皆以经营贸易之阁，视同身心性命之事，用能任重致远，凌驾五洲"，"纵览东西诸国交商互市，殆莫不以商战角胜，驯致富强"。而商会所设，是为了改变"中国历来商务素未讲求"的一种官商相隔的状态——"不特官与商隔阂，即商与商亦不相闻问，不特彼业与此业隔阂，即同业之商，亦不相闻问"。进一步的还面临着利权问题，"近数十年间，开埠商埠制三十余处，各国群趋争利，而华商势涣力微，相形见绌，坐使利权旁落"。① 这代表着政府不再把商业和市场视为一种民间的、自然的存在状态，而是需要商业能够作为"富强"的社会基础。

但是，政府比照西方设立的机构，并不能从上至下地提供具体的组织建构，更不可能在短时间内建立起相应的社会结构。因此，奏议中说"惟商会之设，其中详细节目，应由各商自行集议酌定会章"，更不用说基层的行会。晚清政府对商业社会重新建构管理的需求和无法给予更具体的制度设计，构成了传统行业组织新的发展契机和空间。1915年（民国四年），《商会法》颁行，1918年（民国七年）《工商同业公会规则》颁行，规定同业公会设立，"须由同业中三人以上之资望素孚者发起，并要订规章经该处总商会、商会查明，由地方长官呈候地方主管官厅或地方最高行政长官核准，并汇报农商部备案"。② 进一步将同业公

---

① 彭泽益：《中国工商行会史料集（下册）》，中华书局1995年版，第970页。
② 同上书，第985页。

会也纳入管理之中，以商会——同业公会为格局的秩序模式逐步被确立。

其次，晚清工商业与制度改革的关系，给予工商业一种全新的话语。工商业的兴发，从明清时期回应传统乡土的诉求，转化到一种对国家富强以及宪政的回应，工商业新的舆论力量由此而来。

1909 年（宣统元年），度支部拟筹备发行统一纸币，上书皇帝定夺。认为海外诸国货币均统一于中央。"查东西各国发行纸币，大部统其权于中央，政府委其事于国家银行，间有采用多数银行发行之制者。"以前"国家政尚宽大，事关商务，向听商人自行经理"，现在"以一纸空据，代表金银，既侵纸币之特权，更兹架空之敝害"，"行号林立，票纸日多，官视为筹款之方，商倚为谋利之具"，"物价腾贵，民生困穷，其危害何堪设想"。① 可见，在西方经验的基础上，清政府希望确立货币的统一，是为了能更好地建立经济秩序。度支部拟发行银钱票，要求商人回收商业银钱票，但这不能被当时的商业社会所接受。

同年 6 月 1 日，京师商人上书强烈回应，请将回收十日的期限宽限为十年，理由有以下几点。（1）发行权本是商人自由。"银钱票或收或发，商人本有自治之权"。即使收回，时间所设也不合理，比照国家改制，对商人要求苛刻。"朝廷不立宪则已，果真立宪，衡以八年之期相去亦不甚远。"（2）商人有市场信誉制约，不会乱发纸币。"殷实之家出若干之银币，必先有若干之的款，万不敢凭空驾驭，坏商号之名誉。是架空者，诚百无一二也。"（3）如果要发行，要中外统一收回，不能厚彼薄此。"京师大资本家，以英之汇丰、德之德华、法之汇理、俄之道胜、日本之正金为最，其出票不下千万"，应"令该银行一律遵办"，否则"其利必至外溢，度支部将何以抵制乎"。（4）政策不必强令，应听行市场选择。"查咸丰年间，户部所出银钞，通行天下，军民称便。官号声价日增，商号声价日减，未及年余而商家之票销灭无迹"，此次"果人民信用而商家之票窒碍难行，有不待

① 天津市档案馆编：《天津商会档案钱业卷（一）》，天津古籍出版社 2010 年版，第392—394 页。

禁止而自绝者"。① 不论统一货币之利弊得失，以及此时政府信用本受怀疑等因素，此案中民间与政府对抗，理由所列涉及市场自由、外国利权、权利与宪政改革。这些商业话语要素，恰好是工商业回应晚清主题进而塑造政府与市场关系的关键。

作为 1945 年之前近代市场管理的模式，晚清塑造了商会——同业公会这种结构，是外部压力与延续明清的行业组织结构一种新的结合。政府逐步对商业社会有了更统一和集中的制度要求，也参考西方经验建立了相应的机构，却难以深入建立一种以政府意志为主的基层经济管理模式。因此，政府的要求和传统行业组织对此的回应，在现实的外部压力下，才构成了晚清到民国行业组织生存发展的空间。

构建行业整体：天津钱业公会组织的变迁

在近代天津，钱业公会的变迁便是晚清民国行业组织发展的典型之一。天津钱业同业组织始于钱业公所。钱业公所起初设立就是本地人主导，与会馆作为异乡异客聚集之所大有不同，代表着业缘因素的核心意义。晚清政府与社会诉诸于"富强"的意愿，表现之一便是商务的独立意义增强。钱业公会恰好借力。1909 年（宣统元年），公会主动请求附设在商会中，是希望借商会半官方的权威性，在组织上能够提供发展的整体性，逐步走出困境，克服钱业组织松散、事务简单的弊端。其次，在政府规定一个地区一个行业仅只能有一个同业公会时，钱业公会彻底突破了地缘的束缚。地缘因素是明清时期行业组织合理性和凝聚力最重要的因素，但它逐步被工商业发展中的业缘因素所替代。

在晚清恢复后的钱业公会，明文规定的职能均集中在经济领域。传统会馆中的祭祀、赈济等人文关怀未纳入制度化的组织职能中，而是内化成一种同行间感情的交往。1909 年（宣统元年），《天津钱商公会章程》中便体现了这种转变。"每年正月初二日，准早九点钟，各号铺掌自带官垫衣冠，齐集商务总会假罩棚内，公众团拜，以免躬亲往拜徒

---

① 天津市档案馆编：《天津商会档案钱业卷（一）》，天津古籍出版社 2010 年版，第366—367 页。

劳。惟应优给下人赏钱以示体恤。"①　之后的章程中甚至连这一点都隐去。但乡土文化在行业组织中逐步淡化，却不易消除。在钱业公会入会问题上，本地外帮银号利害冲突成为公会发展的问题之一。钱业公会的入会原则实质是行业控制风险的趋向。入会要求资产和经营范围，并不刻意在地缘分界上，也并不以此为门槛。但外帮银号面对本地银号时，利益分割等问题很容易被归为典型的土客地缘界限。公会需要对地缘因素作出新的表态。政府的规定，或许以便利管理、规范市场为出发点，但无形中给予公会突破狭隘的地缘以契机。钱业公会随后逐步转变为具有现代意义的行业团体组织。

继承与边界：钱业公会的组织逻辑

从明清时期到近代，行业组织的内部治理理念是最具继承性的，即坚持了公开与透明，以及核心领导层的举荐制。在晚清湖南商事习惯统计中，行业组织"公事公办"的制度规定已经成为一种体系。同样在钱业公会中，"公事"的合理性和执行力在于广泛的参与和公开性，包括每年的财务公开，等等。公会并不能以自己的权威代替公议。

公会的公开与透明，与管理层的权威责任结合在一起。管理层的推举不是民主形式，但这并不代表能任意独裁。典型的为王凤鸣会长，无论是禁行卢布交易、兴办钱业补习学校，还是废两改元时为钱业争得利益、调停同业纠纷等，他的精干开明，较好地维护了行业利益和社会诉求。

延续着明清的传统，钱业公会体现出一种权威性与普遍性的融合。钱业公会权威的意见是重要的，比如王凤鸣任会长时，常常向公会会议提议各种改良事宜。权威性意见的实际效力，则依靠公会集体意志的表决，例如关于司法实践中钱业公会对道胜银行的怒诉，在市场改良中钱业对行平的统一使用邀请了会外人员。权威并不带来实际层面的公会专制。这种组织模式——权威性与普遍性的结合，是基于传统中国文化的

---

①　天津市档案馆编：《天津商会档案钱业卷（一）》，天津古籍出版社2010年版，第412页。

产物。它存在某种程度的集权，但作为行业的权威性代表需要担负相应的责任，同时实现了公开性与公正性。追求"公事"的合理、公正，正是中国文化赋予"公事"的意义，"公"不仅指某种场合和形式，而是追求公事之理性。承担公事的主体，便需要去实现这种理性。因此，公事公办构成了钱业公会最主要的自律边界。而组织的管理威权，不仅受"公事公办"的制约，还需要在具体的实践中不断去证明自身和承担责任。核心人员不仅需要在行业内积累声望，还需要具备一定的精力和能力处理会务、与政府交涉、协调行业内部问题以及与其他行业打交道。因此，核心人员的能力与声望是首要的，且需要承担各方压力。所能看到的是，董事提出退职这类现象。**因为责任权威的存在，行业组织的管理层职位，并不是想象的那么诱人，更多的是责任与能力的诉求。**

比较特殊的是，钱业并不是普遍入会制，而是精英式的介绍入会，这与行业有关。精英式的组成，不构成在政府层面的特权，也不会因为加入公会而获得额外收益。入会要求银号的经营状况和信用，排斥那些经营不稳定，或者经营存在高风险的银号。加入公会的利益，除了声望之外，还在于公会对入会银号的信用支持。这主要来自两方面：川换拨码账目建立以及在危机时公会的疏通和周转。这在当时金融体系不健全的市场环境中至关重要。

钱业公会与市场建构

随着政府规制的细化和加强，同业公会被要求承担着管理基层市场的职能。在顾琳教授的研究中，他观察到了从晚清开始地方政府（主要以天津和华北为主）结构与职能的问题。首先是晚清制度改革对地方政府的压力。"随着袁世凯新政策的推行，地方行政部门的压力越来越大。他们不仅要完成传统的任务，包括税收、公共安全保障和司法任务，还要承担新的任务，包括建立现代的公共学校，组建警卫力量，鼓励经济发展，建立公共交通和通信设施（包括电报和邮政服务），以及开展革除有害社会习惯的运动，如吸食鸦片和缠足。他们还要应付各种调查，汇报各种任务的完成情况。虽然任务增加了，但是处理这些新任务的财力却迟迟不能到位。"其次是地方政府仍具有传统的弊端。"民国的前 20 年期间，正式的县级行政，仍然采取的是封建帝制时的做法。"① 地方政府职能的要求和传统行政机制的矛盾，将新的要求越来越多地赋予民间组织，也使得民间组织有了比明清时期更强的社会权威——虽然这种权威一部分来自政府。这种权威似乎很难被替代，政府也无意去构建新的管理体系，行业组织反而承担越来越多的事务。

1. 市场理性的代表

从明清至近代，行业组织均担负着基层市场秩序维持的职能，天津钱业公会亦是如此。简单来说，公会提供的市场秩序有两个维度：内在的克制与外在的规范。内在的克制表现于理性节制与信用扩展的谨慎。单个个体进入市场是逐利的，市场理性不会简单地由个体来代表。理性成为一种制度，在近代天津钱业中典型地表现在公会上。金融业是基于信用上的行业，业务具有扩张信用的冲动，即使在现代金融业中也一样。扩张背后是风险的同步加剧。究竟偏好扩张还是稳健？单个银号或许还能在这两者之间权衡。而公会则坚定地选择了稳健。

金融业的信用很容易牵连在一起，单个银号的信用一旦出问题，容易引起整个行业信用的波动。这种矛盾在现代金融制度下，主要通过业务审查、隔离、监管和中央银行制度等外在的制度框架来解决。近代天津钱业公会的谨慎，在此恰好成为克制行业过度逐利的一种张力，对比现代金融，这种克制是内在的。对会员的要求可以看成一种严肃谨慎的风险意识，除此之外，公会对钱业的潜在风险非常警觉与果断，从主动禁行卢布交易就能看出。对川换拨码账目的抵押担保，体现出公会对行业风险的责任意识。近代天津金融市场的理性明显来自钱业公会。

2. 市场秩序的维持

外在的规范典型表现在秩序层面。公会对市场秩序的维持首先在提供制度上。从钱业恢复之际的汇票行市到后期的金融交易市场，公会提供一个相对制度化的交易平台。其次，在晚清货币问题上，钱业对公估

---

① ［日］顾琳：《中国的经济革命——二十世纪的乡村工业》，江苏人民出版社 2009 年版，第 146—157 页。

局设立的坚持，是平息市面混乱的重要因素。最后，在铜元问题、灾后维持、市面行情波动等事务上，需要承担相应的维持职能，公会也主动承担，间接参与了秩序的恢复。

作为钱业的代表，公会甚至拥有了解释司法实践规则的权威。斯普林克尔[①]在研究清代法律传统后认为：法律制度仅是支持社会秩序——道德、习俗、公约、教育等中的一个，不是独立于此也不超越于此。法制目标在于恢复秩序而不是分配权力。在天津钱业中，依照习惯成为对市场行为的内在性约束，对习惯的违背就是对秩序的破坏。习惯构成商业秩序有两个层面：首先是各种具体的商事习惯，其次是习惯作为司法实践的判决依据。在司法实践中，官方追求也是秩序恢复，因此解释权要能利于秩序恢复，最好是与当事人最切近的权威来承担。晚清湖南行规分析中，已经可见一套以行业组织为核心的商事习惯体系，并存在调整空间。而天津钱业公会和商事司法之间，我们看到了一种新的关系：习惯逐步成为近代商事司法判决之依据。

但是，在行业的习惯——川换拨码的维持上，公会的表现显得颇为复杂。公会在此习惯的维持上表现稳重，但在改良上表现保守。一个行业内习惯，即使非常重要，在政府眼中也难以上升为整体性的法规，也难以被他业轻易认可。并且随着商业环境的变化，习惯也具有局限性。川换拨码这种行业习惯更基于市场本身公会的保守性在市场面前能够得到突破。

开放性：行业组织约束与市场

在观察近代天津钱业公会历史中，一个非常强烈的感觉是公会拥有很强大的市场权威。它既能建构基层市场秩序，又能代表行业理性，甚至作为国家治理的实践依赖。这些能否构成组织的垄断意义？答案是否定的。除了上述公会需要代表"行业公意"的内部约束外，它面临着两种外部约束：政府和市场。

---

① 参见［英］S. 斯普林克尔《清代法制导论——从社会学角度加以分析》，张守东译，中国政法大学出版社2000年版。

首先，政府倾向保证基层经济的开放性。这与明清时期会馆与牙行对抗中的政府理念是一致的。政府不因钱业公会的唯一性和承担职能有所偏向。例如公会希望取缔证券交易所，但政府仍支持市场准入是开放的。同时，政府对于基层经济实践仍秉持轻易不干预的态度，既给予钱业公会很大的自主空间，如设立交易市场等，还明确了行业之间的博弈框架——没有人能借助市场以外的力量。

其次，市场约束体系存在于行业之间平等的关系结构中。在行业组织框架下，与其他行业之间的关系也需通过组织维持，构成了一种平等共存的行业间交往基础。这种基础能够使得行业意见有博弈的空间，既制约钱业公会，又免除了政府过度参与。

最后，公会的效力永远需要面向市场。它需要实现市面交易对秩序的需求，更需要对信用稳定进行保证，公会保持了谨慎保守的组织结构和行事作风，恰恰是对市场责任的回应。并且，市场也能够成为公会面对的深层约束，即使公会存在顽固的保守性，市场力量也能迫使其放弃——从川换拨码到票据交换所的建立。因此，公会无法形成经济垄断势力，一切都需要被实践和市场来检验。

秩序的实现：钱业公会与政府

观察行业组织与政府之间的互动，秩序视角非常重要。从秩序视角，可以体现行业组织生存方式和空间。明清时期，行业组织孕于民间社会范畴中，政府倾向一种放任态度。明清承袭中国传统治理社会思维，政府视经济为民生事务，而非一种国家力量。因此，工商业地位并不高，但也因此不受政府过多干预。明清的工商业自身才发展出遍及全国的行业组织体系，承担着行业规则、调解、劳役、征税等事务。到了近代，西方压力下产生的国家对经济认识的转变，经济不再仅仅是民生，而是"富强"之基础。国家希望能够仿照西方强国，建立起重视发展工商业的政策和制度框架。经历明清社会的行业组织，成为国家建制经济管理体系的原始基础。

但即使如此，行业组织仍然保有一定的独立意义。首先，在经济生活中，民间已经建立的规则和体系，其中含有对社会（包含市场）权威性的认可，国家难以改变。1903 年（光绪二十九年）袁世凯筹办官银号（天津银号）时，给天津府正堂的札子中写道："非得本地富绅招集股本辅以官款开设银行，不足取信于人。"① 即使袁世凯推行新政，也离不开社会权威的支持。如钱业争讼案中，平野秀三引起的对票据效力之解释，商会和当事人都希望由钱业公会以恰当的方式进行认定。反而商会失去了公信力。这些都说明，行业组织在实践中积累的市场权威难以被替代。

其次，政府职能转变的空当与整个国家对政府职能的期许之间，产生的矛盾与压力，恰好是行业组织发展的新出口。在关于市场秩序事务中，政府需要钱业公会配合维持货币稳定、上报经济信息、承担灾后维持、参与司法实践，等等。公会通过回应这些新的要求，发展壮大自己。与明清时期相比，公会既回应了社会也回应了政府。

政府能提供一种更高层次的权威性，表现在整个社会层面进行商业领域的秩序维持和利益关系协调。但是，政府潜意识中，仍将传统治理理念继承下来。观察政府与钱业公会对不同事件的态度就可看出。公估局的设立基本上是政府主导的，但前提是市场调剂货币机制已经崩溃（由此成为钱业公会恢复的契机）。之后附设汇票行市以及各种交易行市，政府参与相对较少。而在钱业清算习惯川换拨码维持上，政府倾向中立，希望能够将此习惯调查清楚再行定夺。在司法实践中，司法部门的态度是谨慎的。随后的票据习惯等协调上，则是听任市场自己争论出结果。例如铜币问题的敏感慎重，在整个天津市面维持上，对货币的稳定排在首位（货币的稳定是历代政府关注的重中之重。《大清律例》中，将"私铸铜钱"归于刑律，附后例文十五条②，足见清政府对此事之重视）。政府对商业进行干预的理由，最重要的出发点还是对社会秩序的维持，或者说政府将能够通过行业组织调解又不涉及秩序的部分留给了市场与社会。因此，即使到了1945 年，政府对银号整治中也采纳了公会的意见。

---

① 天津市档案馆编：《天津商会档案钱业卷（二十）》，天津古籍出版社 2010 年版，第 17780—17781 页。

② 参见马建石、杨育裳《大清律例通考校注》，中国政法大学出版社 1992 年版，第 933—938 页。

近代行业组织：观点、方法与展望

1. 行业组织结构与市场治理

从明清到近代，行业组织始终是市场治理的核心单位，是一个系统性的市场治理机制。行业组织是诞生于民间而面向政府，组织形式的变化反映了政府与社会之需要，组织精神逐步抽离了单纯的乡土情结，走向了行业认同。在历史变迁中，行业组织似乎很少被其他社会机构所替代，说明组织内部和外部具有某种生发和制约的机制，具有很强的社会和经济意义。

生发机制在于从传统衍生出的"公事公办"的原则，成为组织合理性最重要的来源。组织必须代表公意，才能被认可和遵守。外部制约的显著特征是任何一个行业组织都没有垄断的地位。即使行业组织在近代具有了被政府确认的唯一性，但不因此具有所谓"永久的""超越的"地位，唯一性不代表具有垄断意义。行业组织的逻辑和认可的方式，不是西方民主与权利式的，更多指向责任。组织必须回应市场与政府，必须向此两者承担责任。

承袭明清传统相对自由发展的行业组织，到晚清民国逐步由国家制度化时，已经具备比较成熟的发展体系。政府的制度化并没有影响行业组织的实质运行逻辑和市场权威。政府能够利用这种社会管理结构，也能够引导它，却很难重塑。这样的历史过程，向我们展示了一种传统社会结构面向现代的可能路径。

近代中国构建调整经济秩序的框架是"同业公会—商会—政府"。以天津钱业为例，在公会—商会—政府这三层关系中，钱业公会作为专业化组织，对市场秩序的权威性体现在行业意见以及行业秩序一般性维持。商会体现出政府与市场沟通的桥梁。而政府的权威性则是政治性的，或者说是社会性的，政府不具备行业权威性，但是有干预市场秩序的权力。政府要稳定市场秩序，需要考虑钱业公会的意见和态度。在近代天津市场上，秩序的稳定依赖一种多中心权威的维持结构，而不是简单的科层式管理扩大化，也不是任意自由发展。权威分属不同的组织，使市场秩序的协调有了集中的意见机构以及互相采纳的可能。

政府—商会—钱业公会形成了一个多权威中心的市场治理模式。政府的权威来自政治，钱业公会的权威来自行业，而商会的权威来自商界整体。这样的治理结构不同于"权利—义务"的对应模式，而是一种"权威—责任"的模式。"权威—责任"的结构来自传统社会政治组织精神，权威的背后含有强烈的责任意识。而责任的归属决定了钱业公会、商会、政府的边界，三者都不能无限扩展。三者在各自权威所控的领域中，相互协调合作。存在各自的边界，实际上加强了这种多权威中心市场治理的稳定性。这种秩序结构既不是法律意义上的，也不是一种完全任由习惯发展的，而是一个行业和市场长期博弈和实践的结果，它包含有近代国家意志、商业崛起以及行业组织的发展各种因素。

2. 如何观察中国的组织：一个批判视角

本书对明清和近代行业组织的研究，是在一种组织、社会和政府的关系结构中，将此结构还原到历史实践中去探讨。既异于将民间组织看作习惯与规则的集合，从而仅以一个实体去观察；又异于将行业组织看成是"中间"性的——虽然行业组织起到连接国家与社会的作用。习惯的视角，潜在具有将行为划分为"正规的、国家的"和"非正规的、民间的"如此这般相对意义。而中间组织的概念背景，则是西方的"公共领域"话语，是除了"私人"和"政府"之外，基于个人自由意志面向公共事务的领域。它实际上是政府与社会抗争关系的结果。西方学者眼中，常常将会馆和行会看成精英扩展权利的标志，不自觉地走向了公共领域的探讨，而却很难看到会馆和行会具有一套自身完整的社会意义。这种社会意义中很难严格区别何为"政府"、何为"社会"，也很难分割经济与社会其他部分。西方学者的研究思路，也不自觉地影响到本土学者（典型的为传统中国的行业组织独立性跟权利并没有太大关系。行业组织中的广泛参与，并不能代表不同意见的交锋，也不是实质上的意见征询过程，更不是树立反对派，而是增强参与感、认可和凝聚力，是一种权威与普遍性的结合）。

"习惯的"和"中间的"这两种视角，都忽视了明清乃至近代中国的社会逻辑——政府和社会在本质上不具有对抗性，政府在治理社会过程中，不会随意地强调民间与正规与否的关系。毋宁说，官方常常指向秩序的边界，如规定秩序的禁止性行为等。而秩序的内容基本是由民间决定，此种并不含有"官方的法律"与"民间的习惯"之间的等级性，而是两者共同遵循社会整体的诉求。法律与习惯同时在一个秩序理念框架中。"民间""中间性"的组织，丝毫不存在与政府对抗的意味，是在一个指向共同性的理念中进行商讨，而非主张自我权利。组织的存在不针对组织自我意识等主体意义构建，而是面向社会和政府，是一种实践性的关系性的建构。例如天津钱业解释权纠纷中，某种公共领域似乎在政府和舆论中被创造，但这种领域界限并不分明，也没有严格的权威意义，更没有独立性，一切的公共性均指向某种实践经验的问题。

因此与其将组织本身或者组织生成的习惯作为研究对象，不如着眼于组织、国家、社会（市场）之间的关系。而用"中间组织"为切入点所做的研究，暗含一种粗糙的功能指向，因为任何社会中都具有顶层权力和基础统治之间的距离，这种距离本身就是"中间"性的存在。使用"中间"之时，起码首先要解释"中间"在中国的历史实践中究竟何意？"中间"究竟在哪里有限度？"中间"包含的行为规则又是怎么承上启下的？简单套用，既无法解释组织变迁的过程和意义，也不能回答本土经验的合理性和特殊性。将功能置于国家、社会与市场之间的动态关系中，或许更能解释行业组织的生存与发展的历史逻辑。

3. 再论中国商业社会的构建

一切的学术研究，无论使用何种方法，终究是指向对现实的关注。研究最根本的是要能较好回答问题——问题便是研究的旨趣和关怀的着眼点，也是研究者行文的理解语境。行业组织构成了明清和民国时期整个中国市场治理的核心结构。但是这种结构因为历史的选择而销声匿迹，等到人们能磨洗辨认的时候，无意中将行业组织放置在两种语境中：一个是对行业组织比拟于西方的行会，是批判的对象；另一个是潜在地希望行业组织能够成为市场独立意义的代表，或者是实现了市场的公权力，因此强调组织的自为性。当前一种被突破时，后一种更加主流。

本书所展示的，则是另一种思路与语境。这种语境基于历史实践和传统诉求，希望能够梳理出指向本土特征和意义的行业组织生发变迁的理路。在中国的思维逻辑中，并不重实体，也不重视存在本身，无论是个人还是团体，都是在一种动态的关系中去理解和定义自己。"关系"在此处是中性意义的。解释组织、政府与社会的关系，或许能够从历史中展现某种新的可能性。

行业组织可以看成连接中国从农业社会到工商业社会的转变结构。在工商业还未脱离农业时，行业组织便以强调乡土意义为重，而随着工商业的发展，行业组织走向某种业缘性结合。能够加入行业组织，代表着个体商业发展成熟，被同行认可，同时也需要承担责任。工商业秩序不能简单地依托习惯与某种乡土式的道德信任，因为遵守规则对于个体工商业是一种成本，必须能有切实可信的市场权威来保证，行业组织便是此种权威的代表。政府对行业组织有要求，相对于行业组织是上位的，具有重要的影响，组织也需要回应政府才能生存，但是行业组织的市场权威不来自政府。正是因为行业组织不具有某种固定的政治权威，它才没有超越市场和行业的地位，反而需要尊重市场与行业。这无法用现代经济治理中"政府—市场"的二元模式去理解。两者不表现为对立，它们之间的限度与关系，需要在实践中试探与摸索。

行业组织是中国传统市场理性的代表，这种理性包含在对市场公平与平等的追求、对规则的尊重、对行业集体意义的维护以及对短期过度逐利行为的克制。同时，它是工商业在传统农业社会中建构自身的基础，它也构建了传统中国的商业社会政府与市场打交道的模式。

这种模式发展到近代并没有消失，反而在西方压力下被强化。传统官商之间的问题之一，是没有能够走出靠私人关系维系以及靠商人以"捐输"形式，商人很多时候的赎买，其实是对一种正常的市场和制度环境的诉求。行业组织的发展，正是工商业以集体姿态与政府构建长期合理的制度环境之历史过程。明清和近代的历史经验向我们展示出这样一种可能性：诞生于民间的行业组织，能够实现市场理性和行业自律。它不以政府为对立，而是在构建自身公信力的基础上，构建着与政府的关系，构建着整个社会的商业规则。如何在当代中国实现它，这又是另一个有意义的课题。

4. 研究展望

本书仅仅是一个尝试。研究的第一个局限是以天津钱业公会为例。天津属于开放口岸，又是城市环境，因此经济力量旺盛。在袁世凯施行新政之际，又给予工商业较好的社会和舆论环境。这些因素肯定会影响工商业组织的行为。或许在天津，工商业显得更有自信，行动更积极。因此，如果要深入探讨近代转型中的行业组织与政府关系，还需要再观察内地和经济不发达地区，地区在距离上构成的治理层级需要进一步探讨。其次，虽然不能比照西方行会来理解，但西方从农业社会到工商业社会的过渡时期，行业组织的意义之异同需要去探讨。研究需要对比，中国经验需要更开放的视野来表达和检验。再次，本书试图将行业组织放置到政府与社会的关系中探讨，这样便难以形成某种规范的研究范式，本书也无意去构造范式，而是以问题互相串联，这使得研究看起来显得零散。如果将这种范式应用得更加成熟，研究或许能有所助益。最后，一切的研究都可以被讨论、被质疑甚至被推翻，本书也不例外。如果能够从其他角度充实、完善甚至超越既成的研究结论，一个学者应该对此感到由衷的欣喜，尔曹身与名俱灭，不废江河万古流。

尾论：市场是一种社会生活

关注一种本土经济生活的意义，或许很早以前就进入了笔者的视野。记得姥姥说过，以前村里开面馆，会自然隔着三五个门面，或者一个在村头，一个在村尾。同种生意，两不相争。但是在当下，她感叹说世道变了，大家爱争着挤在一起，其实谁也没得到更多好处，还伤了情面。等到研修经济学，后来又接触到了历史，这些机缘便成了研究问题的视阈的起点：究竟什么才是好的市场？

关注商业与市场是从 2009 年开始，正值研究生阶段，读书的过程中，有一种强烈的观念在冲击着笔者：经济学的研究，恰恰有一种反特殊的趋势。它追求规律性，追求普遍意义。但是，普遍意义的理解，却难以把握中国经济结构的重点。过分割裂的因素，被抽象之后，似乎失去了一种解释的完整性，也不能提供对中国本土经济现象理解的更宽阔视角。本土意义的经济结构，到底如何用经济理论去解释？又该如何理解判定近代以及之前的经济社会于当下的意义？这些都构成了内心的一种思索和苦闷。

直到此书形成，算算已过了七八年。向历史追问，成为笔者选择面对当下经济问题的依托。经济学研究中，最大的问题是它弥漫着一种单向度。除了表现在对数据代表的模型追求"最优解"、追求"极值"的理性之外，还表现出面对现实时经济意义的单一化。例如，以增长作为目标。或许经济在历史中，结果性意义更强。以结果性意义来表达经济的发展，成为我们认识经济史的一种坐标。例如：达到某种增长工业化率、城市化率等，西方国家也是如此。面对建构性问题时，着眼点不应在此。我们反而应该探寻什么导致了经济的某种结果，而不是把经济作为解释的原因。

从微观的市场来观察，市场本身绝对不是自然而然趋向于"完全竞争"，反而是力图摆脱一种同质化的竞争格局。经济学的理论中，好像市场天生就应该去满足消费、满足竞争关系。其实，市场在历史中更接近一种社会生活，它需要被某种社会认可的价值或理念去构建，才能实现经济意义。逐利是市场交易的动力，但逐利绝对无法构建市场。传统中国所诞生的行业组织，力图回避竞争，构造的不仅是交易场所，更是一种社会生活秩序。是鼓励极端的优胜劣汰，还是把市场机会看作一种生计，保持市场权力分配的公平性？不同文明对此便有了不同的答案。传统中国选择了后者。这是在农业社会发展的一种保守性结果，但也包含经济于文化和社会的意义实现。

市场中的价值观念如"诚信""公正"，它是实践性的，背后有着市场利益支撑。历经明清民国几百年的商业洗礼，秉持"诚信"和"公正"的商户，能够在市场中走得更远更好，才能够形成观念与行动的循环反馈。延伸至市场中个体相处之方式，传统意义中适度地保持距离（"礼让"）和西方所理解的市场高扬竞争，未必前者比后者略逊一筹。中国传统社会中，不乏竞争，但竞争决不能解释全部。在市场中那些既仅非道德，又仅非功利的社会意义，必须还原到经济实践过程中去理解。市场的构建，也未必如某种自治意义下的民间社会一般，而是政府、社会与经济力量之间的一种张力。

市场与一国的经济实力，也不能单向度地去理解。明清时期，中国的市场结构更接近自由选择，却没有能够形成一种显扬的"国力"以对抗西方。或许，国家的崛起才是导致近代中西方分化的最主要因素。对市场的理解应该是多维的，在公平与利益、短期与长期之间有所权衡也是一种。因此，不能将市场等同于一种国家层面的经济力量。市场在传统中国，更具有民生意义。

种种这些使笔者认为，市场问题具有一种浑厚和整体的历史性。它不能被分割，更不能简单提炼，而是去讲述和解释。以明清为起点，探索中国社会、文化及经济意义下的市场构建问题，或许能够更加接近当下一些问题的本质。

当下中国社会在经济规则上，其实比西方更彻底地走向了极端的优胜劣汰，无休止地对个人努力与利益的赞颂，市场成了"机制"，即作为一种实现利益的手段和个体成功的证明。它不再拥有理性与克制，它抛弃了那些需要实现的经济生活公共性和长期性的因素，这些因素难以从个人层面去实现。在研究行业组织的过程中，历史开启了更多的可能性，提供了一种纵向理解当下的维度。市场同样也需要公共性层次的规则，而重构经济生活中的公共性，可以通过对传统的剖析得到启发。经济发展应该能够实现更加丰富的意义，不应仅停留在某种指标和规划上。历史的梳理和回溯中，市场应该能够指向中国人生活的本身和特有的意味，不是去向外的显扬与比较，而是向内的满足与实现——在经济生活中与他人相处的某种姿态，一种中国人特有的分寸感，一种坚守自我而悠然的从容。

参 考 文 献

一 史料部分

（一）档案

1. 《钱商董事为辞董职务事禀商务总会大人》（1908 年 4 月 10 日），天津市档案馆藏，档号：401206800 - J0128 - 2 - 00471 - 001。

2. 《天津钱商公会档案：1909 年钱商公会章程》（1909 年 1 月 1 日），天津档案馆藏，档号：401206800 - J0128 - 2 - 001323 - 001。

3. 《天津钱商公会为王君文赵君恩为本会董事等致天津总商会函》（1924 年 5 月 26 日），天津市档案馆藏，档号：401206800 - J0128 - 2 - 001318 - 009。

4. 《天津市钱业同业公会民国十六年度卷外文件》（1927 年 5 月 1 日），天津市档案馆藏，档号：000125356 - Y - J0129 - 002 - 001566。

5. 《为津地钱业各字号彼此川换帐款等事致天津商会函》（1927 年 7 月 21 日），天津市档案馆藏，档号：401206800 - J0128 - 2 - 001318 - 010。

6. 《为天津钱商同业拨码等事给天津商会指令》（1927 年 8 月 23 日），天津市档案馆藏，档号：401206800 - J0128 - 2 - 001318 - 011。

7. 《天津市各行业同业公会档案：天津市钱业同业公会民国十七年度副卷（案卷级）》（1928 年 1 月 1 日），天津市档案馆藏，档号：401206800 - J0129 - 2 - 001567。

8. 《天津市各行业同业公会档案：民国十八年度"天津市钱业同业公会民国七年附该市简章等各项文件"（案卷级）》（1929 年 1 月 1 日），天津市档案馆藏，档号：401206800 - J0129 - 3 - 005549。

9. 《天津市各行业同业公会档案：天津市钱业同业公会民国十九年度

（案卷级）》（1930 年 1 月 1 日），天津市档案馆藏，档号：401206800 –
J0129 – 2 – 001569。

10. 《天津市钱业同业公会档案：天津市钱业同业公会关于奉令续加会
员各号声请入会事项（案卷级）》"1930 年 6 月 1 日（误：应是 1940
年）"，天津市档案馆藏，档号：401206800 – J0129 – 2 – 001703。

11. 《天津市钱业同业公会关于查复各处调查事项》（1942 年 5 月），天
津市档案馆藏，档号：401206800 – J0129 – 2 – 001043。

12. 《1945 年钱业同业公会 陈述津市钱业同业困难致天津市长的呈》
（1945 年 12 月 10 日），天津市档案馆藏，档号：401206800 – J0002 –
2 – 00416 – 022。

13. 《天津市政府社会局：为银号改称钱庄备案事给钱商公会指令（附
呈）》（1947 年 7 月 9 日），天津市档案馆藏，档号：401206800 –
J0025 – 2 – 001805 – 011。

（二）报刊

1. 《益世报（天津）》，民国七年（1918 年）九月十九号。

2. 《益世报（天津）》，民国十三年（1924 年）四月十五号。

3. 《益世报（天津）》，民国十三年（1924 年）七月十六号。

4. 《益世报（天津）》，民国十三年（1924 年）七月十九号。

5. 《益世报（天津）》，民国十六年（1927 年）九月二十九号。

6. 《益世报（天津）》，民国十七年（1928 年）十月三十号。

7. 《大公报（天津版）》，民国二十年（1931 年）七月四日。

8. 《大公报（天津版）》，民国二十一年（1932 年）六月二十八日。

9. 《钱业月报》1929 年第 9 卷第 2 期。

（三）资料集

1. 天津市档案馆编：《天津商会档案钱业卷（一）》，天津古籍出版社
2010 年版。

2. 天津市档案馆编：《天津商会档案钱业卷（二）》，天津古籍出版社
2010 年版。

3. 天津市档案馆编：《天津商会档案钱业卷（四）》，天津古籍出版社
2010 年版。

4. 天津市档案馆编：《天津商会档案钱业卷（五）》，天津古籍出版社

2010 年版。

5. 天津市档案馆编：《天津商会档案钱业卷（六）》，天津古籍出版社2010 年版。

6. 天津市档案馆编：《天津商会档案钱业卷（九）》，天津古籍出版社2010 年版。

7. 天津市档案馆编：《天津商会档案钱业卷（十一）》，天津古籍出版社 2010 年版。

8. 天津市档案馆编：《天津商会档案钱业卷（十二）》，天津古籍出版社 2010 年版。

9. 天津市档案馆编：《天津商会档案钱业卷（十三）》，天津古籍出版社 2010 年版。

10. 天津市档案馆编：《天津商会档案钱业卷（十四）》，天津古籍出版社 2010 年版。

11. 天津市档案馆编：《天津商会档案钱业卷（十五）》，天津古籍出版社 2010 年版。

12. 天津市档案馆编：《天津商会档案钱业卷（十六）》，天津古籍出版社 2010 年版。

13. 天津市档案馆编：《天津商会档案钱业卷（十七）》，天津古籍出版社 2010 年版。

14. 天津市档案馆编：《天津商会档案钱业卷（十八）》，天津古籍出版社 2010 年版。

15. 天津市档案馆编：《天津商会档案钱业卷（十九）》，天津古籍出版社 2010 年版。

16. 天津市档案馆编：《天津商会档案钱业卷（二十）》，天津古籍出版社 2010 年版。

17. 天津市档案馆编：《天津商会档案钱业卷（二十一）》，天津古籍出版社 2010 年版。

18. 天津市档案馆编：《天津商会档案钱业卷（二十三）》，天津古籍出版社 2010 年版。

19. 天津市档案馆编：《天津商会档案钱业卷（二十五）》，天津古籍出版社 2010 年版。

20. 天津市档案馆等编：《天津商会档案汇编（1903—1911）》，天津人民出版社1987年版。

21. 天津市地方志编修委员会：《天津通志·金融志》，天津社会科学院出版社1995年版。

22. 天津市地方志编修委员会办公室、天津图书馆编：《〈益世报〉天津资料点校汇编（二）》，天津社会科学院出版社2001年版。

23. 天津市地方志编修委员会办公室、天津图书馆编：《〈益世报〉天津资料点校汇编（三）》，天津社会科学院出版社2001年版。

24. 政协天津市委编：《天津文史资料选辑（第5辑）》，天津人民出版社1979年版。

25. 政协天津市委编：《天津文史资料选辑（第20辑）》，天津人民出版社1979年版。

26. 政协天津市委编：《天津文史资料选辑（第40辑）》，天津人民出版社1979年版。

27. 政协天津市委编：《天津文史资料选辑（总第70辑）》，天津人民出版社1979年版。

28. 政协天津市委编：《天津文史资料选辑（第76辑）》，天津人民出版社1979年版。

29. 政协天津市委编：《大津文史资料选辑（总第106辑）》，天津人民出版社1979年版。

30. 彭泽益：《中国工商行会史料集》，中华书局1995年版。

31. 潘子豪：《中国钱庄概要》，华通书局民国二十年（1931年）版。

32. 徐百齐：《中华民国法规大全》，商务印书馆1937年版。

33. 马建石、杨育棠：《大清律例通考校注》，中国政法大学出版社1992年版。

34. 江苏省博物馆编：《江苏省明清以来碑刻资料选集》，生活·读书·新知三联书店1959年版。

35. 李华：《明清以来北京工商会馆碑刻选编》，文物出版社1980年版。

36. 中国人民银行上海市分行编：《上海钱庄史料》，上海人民出版社1960年版。

37. （明）李晋德：《客商一览醒迷》，山西人民出版社1992年版。

（四）民国论著

1. 王子建、赵履谦：《天津之银号》，河北省立法商学院研究室 1936 年初版。

2. 吴志铎：《北通县第一区平民借贷状况之研究》，北平燕京大学经济学系民国二十四年（1935 年）版。

二 著作

1. ［美］道格拉斯·诺斯罗伯斯·托马斯：《西方世界的兴起》，厉以平、蔡磊译，华夏出版社 1999 年版。

2. ［美］道格拉斯·诺斯：《经济史中的结构与变迁》，陈郁、罗华平译，上海三联书店 1994 年版。

3. ［美］道格拉斯·诺斯：《理解经济变迁过程》，钟正生等译，中国人民大学出版社 2008 年版。

4. ［美］道格拉斯·诺斯：《制度、制度变迁与经济绩效》，杭行译，韦森校，上海三联书店 2008 年版。

5. ［美］步济时：《北京的行会》，赵晓阳译，清华大学出版社 2011 年版。

6. ［美］科斯：《企业、市场与法律》，盛洪、陈郁译，上海三联书店 2009 年版。

7. ［美］阿夫纳·格雷夫：《大裂变：中世纪贸易制度比较和西方的兴起》，郑江淮等译，中信出版社 2008 年版。

8. ［美］孔飞力：《中国现代国家的起源》，陈兼、陈之宏译，生活·读书·新知三联书店 2013 年版。

9. ［美］马克·格兰诺维特：《镶嵌：社会网与经济行动》，罗家德译，社会科学文献出版社 2007 年版。

10. ［美］罗威廉：《汉口：一个中国城市的商业和社会（1796—1889）》，江溶、鲁西奇译，彭雨新、鲁西奇校，中国人民大学出版社 2005 年版。

11. ［美］施坚雅：《中国农村的市场和社会结构》，中国社会科学出版社 1998 年版。

12. ［美］施坚雅：《中华帝国晚期的城市》，中华书局 2000 年版。

13. ［美］王国斌：《转变的中国——历史变迁与欧洲经验的局限》，李伯重、连玲玲译，江苏人民出版社 2010 年版。

14. ［英］科大卫：《近代中国商业的发展》，周琳、李旭佳译，浙江大学出版社 2010 年版。

15. ［英］S. 斯普林克尔：《清代法制导论——从社会学角度加以分析》，张守东译，中国政法大学出版社 2000 年版。

16. ［加］卜正民：《纵乐的困惑——明代的商业与文化》，生活·读书·新知三联书店 2004 年版。

17. ［日］顾琳：《中国的经济革命——二十世纪的乡村工业》，江苏人民出版社 2009 年版。

18. ［日］沟口雄三：《中国的公与私·公私》，郑静译，孙歌校，生活·读书·新知三联书店 2011 年版。

19. 吴承明：《经济史理论与实证——吴承明文集》，刘兰兮整理，浙江大学出版社 2012 年版。

20. 方行、经君健、魏金玉：《中国经济通史清代经济卷（下）》，中国社会科学出版社 2007 年版。

21. 高其才：《中国习惯法论》，中国法制出版社 2008 年版。

22. 何炳棣：《中国会馆史论》，台湾学生书局 1966 年版。

23. 胡德平等：《中国会馆志》，方志出版社 2002 年版。

24. 黄仁宇：《明代的财政管理》，《剑桥中国明代史（下卷）》，中国社会科学出版社 2006 年版。

25. 黄仁宇：《十六世纪明代中国之财政与税收》，生活·读书·新知三联书店 2001 年版。

26. 黄宗智：《法典、习俗与司法实践：清代与民国的比较》，世纪出版集团/上海书店 2003 年版。

27. 李卫东：《民初民法中的民事习惯与习惯法》，中国社会科学出版社 2005 年版。

28. 梁治平：《清代习惯法：社会与国家》，中国政法大学出版社 1996 年版。

29. 林满红：《银线——19 世纪的世界与中国》，江苏人民出版社 2011 年版。

30. 罗澍伟编：《近代天津城市史》，中国社会科学出版社 1993 年版。

31. 牛贯杰：《17—19 世纪中国的市场与经济发展》，黄山书社 2008 年版。

32. 彭南生：《行会制度的近代命运》，人民出版社 2003 年版。

33. 瞿同祖：《清代地方政府》，范忠信、何鹏、晏锋译，法律出版社 2011 年版。

34. 全汉昇：《中国行会制度史》，百花文艺出版社 2007 年版。

35. 孙丽娟：《清代商业社会的规则与秩序》，中国社会科学出版社 2005 年版。

36. 唐力行：《商人与中国近世社会》，浙江人民出版社 1993 年版。

37. 王日根：《明清民间社会秩序》，岳麓书社 2003 年版。

38. 王日根：《中国会馆史》，东方出版中心 2007 年版。

39. 魏文享：《中间组织——近代工商同业公会研究（1918—1949）》，华中师范大学出版社 2007 年版。

40. 余英时：《儒家伦理与商人精神》，广西师范大学出版社 2004 年版。

41. 余英时：《中国近世宗教伦理与商人精神》，安徽教育出版社 2001 年版。

42. 张海英：《明清江南商品流通与市场体系》，华东师范大学出版社 2002 年版。

43. 张正明：《晋商与经营文化》，世界图书出版公司 1998 年版。

44. 张忠民等：《近代中国的企业、政府与社会》，上海社会科学院出版社 2008 年版。

45. 赵汀阳：《天下体系——世界制度哲学导论》，中国人民大学出版社 2011 年版。

46. 朱英：《近代中国经济发展和社会变迁》，湖北人民出版社 2008 年版。

47. 朱英：《近代中国商会、行会及商团新论》，中国人民大学出版社 2008 年版。

三　论文

1. ［韩］林地焕：《20 世纪初金融风潮与天津钱庄》，《城市史研究》

1998 年第 1 期。

2. ［韩］林地焕：《论 20 世纪前期天津钱庄业的繁荣》，《史学月刊》2000 年第 1 期。

3. ［韩］林地焕：《清末民初天津金融市场的帮派》，《城市史研究》2000 年第 1 期。

4. 陈亚平：《清代商人组织的概念分析——以 18—19 世纪重庆为例》，《清史研究》2009 年第 1 期。

5. 陈忠平：《明清时期江南市镇的牙人与牙行》，《中国经济史研究》1987 年第 2 期。

6. 丁长清：《试析商人会馆公所与商会的联系和区别》，《近代史研究》1996 年第 3 期。

7. 杜希英：《民国时期天津货栈业同业公会探析》，《邯郸学院学报》2013 年第 2 期。

8. 杜恂诚：《二十世纪二三十年代中国信用制度的演进》，《中国社会科学》2002 年第 4 期。

9. 韩晓莉：《新旧之间：近代山西的商会与行会》，《山西大学学报》（哲学社会科学版）2005 年第 1 期。

10. 何新会：《晚清上海四明公所初探》，《中共郑州市委党校学报》2007 年第 6 期。

11. 胡铁球：《"歇家牙行"经营模式的形成与演变》，《历史研究》2007 年第 3 期。

12. 黄福才、李永乐：《论清末商会与行会并存的原因》，《中国社会经济史研究》1999 年第 3 期。

13. 黄汉民：《近代上海行业管理组织在企业发展与城市社会进步中的作用》，《中国近代城市企业·社会·空间》，上海社会科学院出版社 1998 年版。

14. 贾战伟、郑阳：《乾嘉时期苏州织造衙门下辖的梨园公所》，《艺海》2013 年第 10 期。

15. 李伯重：《十九世纪初期中国全国市场：规模与空间结构》，《浙江学刊》2010 年第 4 期。

16. 李伯重：《中国全国市场的形成：1500—1840》，《清华大学学报》

（哲学社会科学版）1999 年第 4 期。

17. 刘燕武：《天津行化银由宝银转为"虚银两"的过程》，《中国钱币》2011 年第 2 期。

18. 罗志田：《国进民退：清季兴起的一个持续倾向》，《四川大学学报》（哲学社会科学版）2012 年第 5 期。

19. 彭南生：《近代工商同业公会制度的现代性刍论》，《江苏社会科学》2002 年第 2 期。

20. 彭南生：《近代中国行会到同业公会的制度变迁历程及其方式》，《华中师范大学学报》（人文社会科学版）2004 年第 3 期。

21. 彭泽益：《民国时期北京的手工业和工商同业公会》，《中国经济史研究》1990 年第 1 期。

22. 彭泽益：《中国行会史研究的几个问题》，《历史研究》1988 年第 6 期。

23. 宋钻友：《从会馆、公所到同业公会的制度变迁——兼论政府与同业组织现代化的关系》，《档案与史学》2001 年第 3 期。

24. 王静：《清末民初天津市场上的"红帖"》，《历史教学》2006 年第 7 期。

25. 王日根：《晚清至民国时期会馆演进的多维趋向》，《厦门大学学报》（哲学社会科学版）2004 年第 2 期。

26. 王翔：《从云锦公所到铁机公会——近代苏州丝织业同业组织的嬗变》，《近代史研究》2001 年第 3 期。

27. 魏文享：《行业意识、组织网络与社会资本——江浙皖丝茧总公所的兴起与运作（1910—1930)》，《近代史学刊》第 2 辑。

28. 魏文享：《近代工商同业公会的社会功能分析（1918—1937）——以上海、苏州为例》，《近代史学刊》第 1 辑。

29. 吴慧：《会馆、公所、行会：清代商人组织演变述要》，《中国经济史研究》1999 年第 3 期。

30. 吴慧：《会馆、公所、行会：清代商人组织演变述要》，《中国经济史研究》1999 年第 3 期。

31. 徐鼎新：《旧上海工商会馆、公所、同业公会的历史考察》，《上海研究论丛（第 5 辑)》1990 年版。

32. 燕红忠、李凤：《清代的牙商及其经营特点》，《中国社会经济史研究》2013年第1期。

33. 燕红忠：《清政府对牙行的管理及其问题》，《清华大学学报》（哲学社会科学版）2012年第4期。

34. 虞和平：《鸦片战争后通商口岸行会的近代化》，《历史研究》1991年第6期。

35. 张芳霖、李大鹏：《政府、商会、同业公会关系研究——以1906—1937年江西南昌为例》，《江西社会科学》2013年第1期。

36. 赵良宇：《近代商业组织的嬗变与城市社会变迁》，《河南师范大学学报》（哲学社会科学版）2010年第4期。

37. 朱榕：《上海木业同业公会的近代化——以震巽木商公所为例》，《档案与史学》2001年第3期。

38. 朱英：《近代中国同业公会的传统特色》，《华中师范大学学报》（人文社会科学版）2004年第3期。

39. 朱英：《中国传统行会在近代的发展演变》，《江苏社会科学》2004年第2期。

40. 邱澎生：《商人团体与社会变迁：清代苏州会馆、公所与商会》，博士学位论文，台湾大学，1995年。

41. 胡铁球：《明清歇家研究》，博士学位论文，华东师范大学，2010年。

致　谢

　　此书是我对市场秩序与传统中国经验中的现代意义一个探索，其中包含种种的不成熟和不完善，首先感谢各位读者的担待。

　　在成书之际，非常感谢中国社会科学出版社以及编辑吴丽平女士和相关工作人员，对书稿仔细认真不厌其烦的编审。没有他们的辛劳此书是无法呈现在读者面前的。

　　其次要感谢我的工作单位——中国人民大学经济学院经济史系的各位老师，包括博士后期间的合作导师贺耀敏教授的关心和指点，以及陈勇勤老师、高德步老师、王珏老师、经济思想史系的黄淳老师等的教导，常常一起参加学术研讨活动，为本书的写作开拓了很多思路。学术上下求索有赖于这样一个极佳的研究环境。

　　还要感谢复旦大学朱荫贵老师，他是近代金融研究的权威，在非常繁忙的工作中能得到他的意见并悉心为本书作序实感荣幸。最要感谢的是博士导师刘兰兮先生，三年中间，刘老师和乐坦诚，严谨求实，无论是学术上、生活上的，还是回忆前辈学人往事，每每有豁然之感。三年来，除了对我学识方面的积累要求之外，刘老师亦强调研究中严谨、求真、创新的学风养成，这使我获益终生。社科院经济所经济史研究室的其他老师们，如魏明孔老师、徐建生老师、徐卫国老师、袁为鹏老师以及高超群老师等，在博士期间对我的学术研究亦关心有加。封越建老师向我提供了宝贵的报刊资料，对完成本书帮助良多，在此一并致谢。

　　同时，还要感谢北京大学的萧国亮老师、南开大学的赵津老师，对论文缺憾和问题的提点才有今日的专著。并感谢我的师兄张伟东，同门博士后武汉大学刁莉师姐和山西大学魏晓锴师兄，与他们交流讨论，能够更清晰地梳理思路。

当然最要感谢的还有父母。十年多的客居京城，多少心念牵挂。难为他们包容我的固执和任性，选择默默支持我。以及中央财经大学经济学院的徐华老师，他对我治学道路影响很深远，十年的亦师亦友，心里由衷感激。同时感谢我的朋友们，相交数年，同在北京有如亲人。学术研究难免孤苦，如果不是她们，我的生活将黯然失色。

学术乃天下公器。本书的完成，离不开前辈学人的研究积累。在此，我对所有经济史前辈学人表示感谢，并对这些年在学习生活中给予我帮助指导的所有老师表示感谢。写作于我所引发的思考，远远大于它所能解释和说明的问题。随着涉及问题的增加，愈觉自己学识积累还远远不足。本书疏漏与不足肯定存在。诚恳期待各方的批评，无论怎样，人生所遇种种都是一种恩赐。